SECCIÓN DE OBRAS DE HISTORIA
FIDEICOMISO HISTORIA DE LAS AMÉRICAS

Serie
HISTORIAS BREVES

Dirección académica editorial: ALICIA HERNÁNDEZ CHÁVEZ
Coordinación editorial: YOVANA CELAYA NÁNDEZ

ESTADO DE MÉXICO

MARÍA TERESA JARQUÍN ORTEGA
MANUEL MIÑO GRIJALVA
CECILIA CADENA INOSTROZA

Estado de México

HISTORIA BREVE

EL COLEGIO DE MÉXICO
FIDEICOMISO HISTORIA DE LAS AMÉRICAS
FONDO DE CULTURA ECONÓMICA

Primera edición,   2010
Segunda edición,   2011
  Primera reimpresión, 2013

Jarquín Ortega, María Teresa, Manuel Miño Grijalva y Cecilia Cadena Inostroza
    Estado de México. Historia breve / Jarquín Ortega, María Teresa, Manuel Miño
Grijalva y Cecilia Cadena Inostroza ; preámbulo de Alicia Hernández Chávez. — 2ª.
ed. México : FCE, Colmex, FHA, 2011
    262 p., 104 p. en color : ilus. ; 23 × 17 cm — (Colec. Fideicomiso Historia de las
Américas. Ser. Historias Breves)
    ISBN 978-607-16-0593-1

    1. Historia — Estado de México (México) I. Miño Grijalva, Manuel, coaut. II. Ca-
dena Inostroza, Cecilia, coaut. III. Hernández Chávez, Alicia, preámbulo IV. Ser. V. t.

LC F1301   Dewey 972.725 2 C115e

Distribución mundial

D. R. © 2010, Fideicomiso Historia de las Américas
D. R. © 2010, El Colegio de México
Camino al Ajusco, 20; 10740 México, D. F.

D. R. © 2010, Fondo de Cultura Económica
Carretera Picacho-Ajusco, 227; 14738 México, D. F.
www.fondodeculturaeconomica.com
Empresa certificada ISO 9001:2008

Diseño de portada: Laura Esponda Aguilar

Comentarios: editorial@fondodeculturaeconomica.com
Tel.: (55)5227-4672. Fax: (55)5227-4694

ISBN 978-607-16-0593-1

Impreso en México • *Printed in Mexico*

PREÁMBULO

LAS HISTORIAS BREVES de la República Mexicana representan un esfuerzo colectivo de colegas y amigos. Hace unos años nos propusimos exponer, por orden temático y cronológico, los grandes momentos de la historia de cada entidad; explicar su geografía y su historia: el mundo prehispánico, el colonial, los siglos XIX y XX y aun el primer decenio del siglo XXI. Se realizó una investigación iconográfica amplia —que acompaña cada libro— y se hizo hincapié en destacar los rasgos que identifican a los distintos territorios que componen la actual República. Pero ¿cómo explicar el hecho de que a través del tiempo se mantuviera unido lo que fue Mesoamérica, el reino de la Nueva España y el actual México como república soberana?

El elemento esencial que caracteriza a las 31 entidades federativas es el cimiento mesoamericano, una trama en la que destacan ciertos elementos, por ejemplo, una particular capacidad para ordenar los territorios y las sociedades, o el papel de las ciudades como goznes del mundo mesoamericano. Teotihuacan fue sin duda el centro gravitacional, sin que esto signifique que restemos importancia al papel y a la autonomía de ciudades tan extremas como Paquimé, al norte; Tikal y Calakmul, al sureste; Cacaxtla y Tajín, en el oriente, y el reino purépecha michoacano en el occidente: ciudades extremas que se interconectan con otras intermedias igualmente importantes. Ciencia, religión, conocimientos, bienes de intercambio fluyeron a lo largo y ancho de Mesoamérica mediante redes de ciudades.

Cuando los conquistadores españoles llegaron, la trama social y política india era vigorosa; sólo así se explica el establecimiento de alianzas entre algunos señores indios y los invasores. Estas alianzas y los derechos que esos señoríos indios obtuvieron de la Corona española dieron vida a una de las experiencias históricas más complejas: un Nuevo Mundo, ni español ni indio, sino propiamente mexicano. El matrimonio entre indios, españoles, criollos y africanos generó un México con modulaciones interétnicas regionales, que perduran hasta hoy y que se fortalecen y expanden de México a Estados Unidos y aun hasta Alaska.

Usos y costumbres indios se entreveran con tres siglos de Colonia, diferenciados según los territorios; todo ello le da características específicas a cada región mexicana. Hasta el día de hoy pervive una cultura mestiza compuesta por ritos, cultura, alimentos, santoral, música, instrumentos, vestimenta, habitación, concepciones y modos de ser que son el resultado de la mezcla de dos culturas totalmente diferentes. Las modalidades de lo mexicano, sus variantes, ocurren en buena medida por las distancias y formas sociales que se adecuan y adaptan a las condiciones y necesidades de cada región.

Las ciudades, tanto en el periodo prehispánico y colonial como en el presente mexicano, son los nodos organizadores de la vida social, y entre ellas destaca de manera primordial, por haber desempeñado siempre una centralidad particular nunca cedida, la primigenia Tenochtitlan, la noble y soberana Ciudad de México, cabeza de ciudades. Esta centralidad explica en gran parte el que fuera reconocida por todas las cabeceras regionales como la capital del naciente Estado soberano en 1821. Conocer cómo se desenvolvieron las provincias es fundamental para comprender cómo se superaron retos y desafíos y convergieron 31 entidades para conformar el Estado federal de 1824.

El éxito de mantener unidas las antiguas provincias de la Nueva España fue un logro mayor, y se obtuvo gracias a que la representación política de cada territorio aceptó y respetó la diversidad regional al unirse bajo una forma nueva de organización: la federal, que exigió ajustes y reformas hasta su triunfo durante la República Restaurada, en 1867.

La segunda mitad del siglo XIX marca la nueva relación entre la federación y los estados, que se afirma mediante la Constitución de 1857 y políticas manifiestas en una gran obra pública y social, con una especial atención a la educación y a la extensión de la

justicia federal a lo largo del territorio nacional. Durante los siglos
XIX y XX se da una gran interacción entre los estados y la federación; se interiorizan las experiencias vividas, la idea de nación
mexicana, de defensa de su soberanía, de la universalidad de los
derechos políticos y, con la Constitución de 1917, la extensión de
los derechos sociales a todos los habitantes de la República.

En el curso de estos dos últimos siglos nos hemos sentido *mexicanos*, y hemos preservado igualmente nuestra identidad estatal;
ésta nos ha permitido defendernos y moderar las arbitrariedades
del excesivo poder que eventualmente pudiera ejercer el gobierno
federal.

Mi agradecimiento a la Secretaría de Educación Pública, por el
apoyo recibido para la realización de esta obra. A Joaquín Díez-
Canedo, Consuelo Sáizar, Miguel de la Madrid y a todo el equipo
de esa gran editorial que es el Fondo de Cultura Económica. Quiero
agradecer y reconocer también la valiosa ayuda en materia iconográfica de Rosa Casanova y, en particular, el incesante y entusiasta
apoyo de Yovana Celaya, Laura Villanueva, Miriam Teodoro González y Alejandra García. Mi institución, El Colegio de México, y su
presidente, Javier Garciadiego, han sido soportes fundamentales.

Sólo falta la aceptación del público lector, en quien espero in-
fundir una mayor comprensión del México que hoy vivimos, para
que pueda apreciar los logros alcanzados en más de cinco siglos
de historia.

ALICIA HERNÁNDEZ CHÁVEZ
Presidenta y fundadora del
Fideicomiso Historia de las Américas

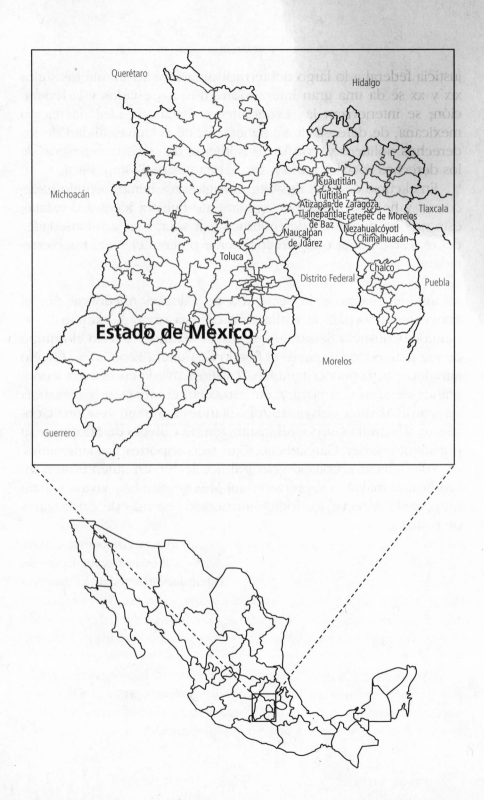

INTRODUCCIÓN

L A HISTORIA QUE EL LECTOR tiene en sus manos es una breve
síntesis del proceso histórico que ha vivido el Estado de México desde sus primeros pobladores hasta sus manifestaciones sociales más amplias y complejas, visibles sobre todo a principios
del siglo XXI. Se trata de un texto que intenta incorporar la mayor
cantidad de aspectos relevantes para dos tipos de público: uno
universitario y otro general, al cual le interese conocer la historia
de la entidad. La originalidad de esta obra radica, además de en su
carácter sintético, en la reflexión que hace sobre los diversos periodos, que nos permite comprender el papel de la historia más allá de
la mera ilustración anecdótica del pasado. Este texto muestra el proceso general del estado así como también los ejes para su futuro,
sin olvidar que es el corazón del país y que sus múltiples fronteras
han visto el trajinar de un intenso proceso social y político en el
marco de la formación del Estado nacional, pues, en términos de la
cultura, el Estado de México es, sin duda, la síntesis del "México múl-
tiple" y la esencia del "México profundo".

Los capítulos reviven el interés por adentrarse en el misterio de
las culturas prehispánicas partiendo de una base geográfica, cultural y territorial cambiante a través del tiempo. A la aportación arqueológica que ha servido para tener presentes nuestras raíces ha
venido a sumarse la comprensión de ese intenso proceso de conquista y sometimiento, así como de la formación del propio sistema
virreinal o colonial en sus aspectos más importantes, proceso que
culmina con la fractura del sistema colonial para dar paso a los ava-
tares de la lucha por la formación del estado. La crisis del Imperio y
la consecuente Guerra de Independencia muestran ya la complejidad social y la lucha por un proyecto común en el marco de las
sucesivas demembraciones del estado y de su participación en el
federalismo, en el centralismo y en el segundo Imperio.

Por su parte, la época de Villada es identificable con el Porfiriato y corresponde a un periodo de crecimiento, de innovación tecnológica y de una política con la Iglesia más definida y estable; todo con un trasfondo rural y agrario donde los pueblos y las haciendas, por lo menos en el caso del Estado de México, mantuvieron sus límites. En contraposición a este periodo, el impacto de la Revolución se dejó sentir de manera acentuada a partir de 1913. La inestabilidad fue tanto política y agraria como del sistema hacendario en su conjunto, por lo menos hasta 1930. No obstante, entre 1920 y 1942 el estado tuvo rasgos de impulso económico y reconstitución institucional.

Después de 1942, cuando empieza el periodo de Isidro Fabela, la historia es un campo cultivado, de manera predominante, por los profesionales provenientes de las ciencias sociales. Con instrumentos teóricos propios de sus disciplinas: la demografía, la economía, la política, en sus más amplios aspectos, han abordado sus preocupaciones analíticas en dos fases: la primera, la de la dinámica general, que va de 1942 a 1982, con problemáticas que son el eje de la vida de la entidad, y la segunda, de 1982 a 2009, etapa durante la cual se reconocen los rasgos de un sistema global en la vida de la entidad, particularmente en su economía, planteada dentro de los esquemas del libre mercado.

Pero el Estado de México, además de padecer los problemas globales, ha tenido que enfrentar los suyos propios, pues el establecimiento de una frontera física, económica o social, particularmente con el Distrito Federal, ha sido un problema complejo, en vista de que la entidad está enclavada en una de las áreas que han tenido una intensa actividad humana desde la época prehispánica y que en el futuro necesitará una redefinición permanente. Así, la utilidad de esta historia radica en su carácter de balance y en la posibilidad de ofrecer a los actores sociales y políticos líneas de acción en el marco complejo de una experiencia acumulada por siglos, tanto en prácticas como en saberes que, de una u otra manera, son parte de esa pluralidad cultural y social que debe ser entendida siempre dentro de los parámetros de la igualdad y la libertad.

Armar todo este complejo andamiaje sólo ha sido posible con la colaboración de muchas personas; ha sido especial la efectiva y amistosa de Susana Machuca y Graciela Cruz Jiménez, al igual que la visión crítica de la doctora Gloria Guadarrama en temas importantes de este texto.

MANUEL MIÑO GRIJALVA
El Colegio de México

Primera Parte

EL TERRITORIO, LOS PUEBLOS ORIGINARIOS Y LA ÉPOCA VIRREINAL

I. LAS BASES GEOGRÁFICAS Y CULTURALES

LA GEOGRAFÍA

E L ACTUAL ESTADO DE MÉXICO se localiza en el centro de la República. A pesar de su pequeña extensión —23 244 km²—, posee una notable variedad de regiones geográficas: desde cumbres heladas hasta cañadas de tierra caliente. Es importante recalcar que los elementos del medio físico y del desarrollo histórico en su conjunto se enlazaron de modo que dieron como resultado una integración que se puede calificar como ecológica. Por un lado, la configuración del relieve en esta parte del continente sitúa al Altiplano en una posición central y casi equidistante de uno y otro litoral de la República Mexicana. Además, la diferencia de altitud, que es mayor a 2 000 msnm, establece un contraste muy nítido entre estas tierras, como lo señala Bernardo García. Así, es posible identificar una zona que merece el calificativo de nuclear o central y otras que resultan subalternas o complementarias y que irradian de aquélla, lo que nos lleva a percibir una geografía congruente con la historia del lugar.

La geomorfología y la geología del espacio que corresponde al actual Estado de México no han cambiado sus características, aunque sí ha variado la explotación minera. Las posibles alteraciones en el clima y en los suelos tampoco tienen repercusiones significativas en el acontecer histórico. Pero la hidrología ha sido sustancialmente trastocada: los manantiales y acuíferos han sido agotados; varias lagunas han desaparecido o se han convertido en ciénagas y pantanos, y se han construido presas y almacenamientos hidráulicos artificiales que han modificado la ecología. La vegetación también ha sido alterada por la sobreexplotación silvícola: inmensas áreas boscosas han desaparecido. El suelo como elemento dinámico presenta evidentes cambios históricos del medio geográfico:

las manchas urbanas han avanzado mientras que los métodos y la producción agrícola se han modificado; no obstante, por razones culturales y necesidades de supervivencia la agricultura y sus productos tradicionales siguen vigentes.

En cuanto a la geomorfología, el Estado de México está localizado en las provincias denominadas Eje Neovolcánico y Sierra Madre del Sur. El Eje Neovolcánico es una cadena de volcanes que parecen estar alineados. Se inicia con la Sierra de los Tuxtlas, en las inmediaciones del Golfo de México, donde destaca el Volcán San Martín. Continúa rumbo al poniente, donde se suceden el Pico de Orizaba, la Malinche, el conjunto Popocatépetl-Iztaccíhuatl, el Xinantécatl o Nevado de Toluca, el Tancítaro y el Paricutín. Termina casi en el Pacífico con los volcanes de Fuego y de Colima. Hacia el occidente, pero fuera de esta provincia, en las Islas Revillagigedo, queda el volcán más joven de México, el Everman, que se localiza en la Falla Clarión. En esta amplia y peculiar provincia fisiográfica se encuentra la mayor parte del Estado de México, en particular dentro de sus tres subprovincias, llamadas Mil Cumbres, Llanos y Sierra de Querétaro y Lagos y Volcanes de Anáhuac. La provincia de la Sierra Madre del Sur, por su parte, abarca por completo el estado de Guerrero y parte de los estados de México, Jalisco, Michoacán, Colima, Morelos, Puebla, Oaxaca y Veracruz. En la subprovincia de las Sierras y Valles Guerrerenses están Ixtapan de la Sal, Tonatico y Zumpahuacan, y parte de Coatepec Harinas, Malinalco, Ocuilan, Tenancingo, Villa Guerrero y Zacualpan.

Hay que destacar la subregión Lagos y Volcanes de Anáhuac, por ser una zona muy poblada cuyo territorio se localiza arriba de 1 500 msnm, con un clima templado y húmedo que ha favorecido el desarrollo de las grandes ciudades del Altiplano como México, Toluca, Pachuca, Tlaxcala, Puebla y Cuernavaca. En ella se distinguen contrastantes paisajes de grandes sierras volcánicas o aparatos volcánicos individuales muy altos que se desplantan desde amplios vasos lacustres. Entre los volcanes más importantes dentro de la geografía del Estado de México resaltan el Popocatépetl y el Iztaccíhuatl, el Xinantécatl, así como el Tláloc y el Ajusco, pero existen otros muchos más pequeños. Antiguos lagos se encuentran distribuidos entre sierras y volcanes. Los mayores están ubicados en la cuenca del Valle de México en su conjunto lacustre Zumpango-Texcoco-Xochimilco-Chalco. Y en el Valle de Toluca formaron la antigua región lacustre de la cuenca del Río Lerma. Esta subprovincia ocupa 14 315.69 km² correspondientes a los antiguos distritos de Chalco, Texcoco, Teotihuacan-Otumba, Zumpango, Cuautitlán, Tlalnepantla, Ixtlahuaca, Toluca y Tenango.

En relación con la hidrología, la República Mexicana se divide en regiones cuyos límites están definidos por las cuencas de los ríos principales; éstas, a su vez, se subdividen teniendo en cuenta las cuencas de los afluentes. En el Estado de México, por su gran altitud, las aguas escurren en ríos no muy grandes que después desembocan en otros mayores. Por su parte, las regiones hidrológicas se ubican en el centro y el oeste, la del Lerma-Chapala-Santiago, con una superficie de 5 548.54 km²; en el sur y el oeste, la del Río Balsas con 9 761.85 km², y en el norte y el extremo oriente del estado, la del alto Pánuco con 7 933.83 km². Con fines de riego y como parte de este sistema se han realizado muchas obras de almacenamiento hidráulico, así como las presas Tepetitlán, con capacidad de 70 millones de metros cúbicos de agua; la José Antonio Alzate, con 35.3 millones, y la Ignacio Ramírez, con 20.5 millones.

Entre las cuencas hidrológicas que se ubican en la entidad se pueden citar las de los ríos Balsas, Atoyac y Balsas-Zirándaro; la denominada del Río Grande de Amacuzac, y la del Río Cutzamala, que en el estado drena las aguas de los ríos Ixtapan, Temascaltepec y Tilostoc. Dentro de esta región hidrológica son pocos los embalses o almacenamientos; sin embargo, sobresalen la presa de Valle de Bravo, con 401 millones de metros cúbicos de capacidad (la más importante en el estado), y la presa de Villa Victoria, cuya capacidad de almacenaje es de 218 millones; además, hay otras pertenecientes al Sistema de Electrificación Miguel Alemán con capacidad mayor de un millón de metros cúbicos. Finalmente, se pueden mencionar la cuenca del alto Río Pánuco y la del Río Moctezuma. Las subcuencas intermedias corresponden a los ríos Prieto, Arroyo

Zarco, Tula, Rosas, Tlantla, El Salto, Tepotzotlán, Salado y Tezonte-
pec y a los lagos de Texcoco, Zumpango, Tochac y Tecocomulco.

En cuanto al clima, el del Estado de México es templado, pero
al aumentar la altitud la temperatura disminuye; por ello las serra-
nías tienen clima semifrío y en las cumbres de los volcanes más
altos se presentan climas fríos y muy fríos, como es el caso del
Popocatépetl y el Iztaccíhuatl —que conservan nieves perpetuas—,
y el Xinantécatl o Nevado de Toluca. En contraste, al suroeste del
estado, en los límites con Guerrero y Morelos, se encuentran amplias áreas de clima cálido. Finalmente, en el noreste hay una franja con clima seco. En el grupo de climas templados existen subgrupos desde el semicálido hasta el templado subhúmedo en los
cuales se desarrollan praderas templadas, pastizales, bosques de
pino, de encino y mixtos. Este tipo de climas se presenta en la mayor parte del estado. También existen áreas de clima cálido que
tienen una temperatura media y altas precipitaciones de junio a
septiembre, con una precipitación menor de lluvia invernal. En
este grupo se presentan algunas variaciones de temperatura y precipitación que dan origen, en la clasificación, a subgrupos de climas cálidos. En las regiones con este tipo de climas se desarrollan
selvas bajas, matorral subtropical, pastizales y chaparrales. Las poblaciones de Ixtapan de la Sal y Tonatico y sus alrededores disfrutan de este régimen climático. Del grupo de climas secos, el único
que se presenta en el estado es el seco estepario, cuya característica principal es que la evaporación excede a la precipitación. Hay
lluvias regulares en verano y las de invierno varían. Las comunidades vegetales que se desarrollan en estas regiones son pastizales y xerófitas o plantas de zonas áridas. Teotihuacan, Nezahualcóyotl, Tezoyuca, Acolman y Ecatepec son algunas poblaciones donde
predomina este clima. Además, dos factores del régimen climático
inciden sustancialmente en el desarrollo de las actividades agropecuarias: las heladas y las granizadas. Las primeras limitan el uso
de la tierra, pues al presentarse impiden obtener más de una cosecha anual. Las granizadas, a su vez, ocurren en menos de cuatro días
al año en la mayor parte del territorio estatal y en un máximo de
20 días en las zonas frías.

El Estado de México tiene en la actualidad una extensión de 388 484 ha de áreas naturales, las cuales están distribuidas en 10 parques nacionales, 21 estatales y cuatro municipales, y una reserva ecológica que comprende el Desierto del Carmen, Bosencheve, las Lagunas de Zempoala, Rayón, El Cantador, Sierra del Carmen, Los Remedios, Nezahualcóyotl, Zoquiapan, Iztaccíhuatl, Popocatépetl (donde se localizan comunidades de origen nahua), El Sacromonte, Insurgente Miguel Hidalgo y Costilla (La Marquesa), Molino de las Flores y Nevado de Toluca, zona de la mariposa monarca.

LA BASE HUMANA

En general, la población del estado a lo largo de los últimos 60 años ha mostrado cambios en su distribución. En 1950, 73.6% de esta población habitaba en áreas rurales y 26.4% en zonas urbanas; tan sólo dos décadas después las proporciones casi se habían invertido, puesto que la población urbana representaba 62.4% y la rural 37.7%. El fenómeno de "metropolización" del estado ha continuado, como lo refleja el hecho de que, de un total aproximado de 14 millones de habitantes registrados en 2005, 87% vivían en zonas urbanas y sólo 13% en rurales.

Según el entonces Instituto Nacional de Estadística, Geografía e Informática (INEGI), en 2005 el Estado de México tenía 312 319 personas de cinco años o más hablantes de alguna lengua indígena; de ellas, 182 899 correspondían a los pueblos indígenas originarios del Estado de México y los 129 420 restantes eran indígenas de otras entidades de la República. Los pueblos indígenas que históricamente han compartido el territorio mexiquense son cinco; en orden descendente según el tamaño de su población, son: el pueblo mazahua, con una población total de 95 411 hablantes (45.6% de la población originaria); el otomí, con 83 352 hablantes (3.8%); el nahua, con 2 367 (1.3%); el matlatzinca, con 952 hablantes (0.5%), y finalmente el tlahuica, con una población total de 817 personas (0.4%). La población indígena originaria de la entidad se encuentra mayoritariamente asentada en 886 localidades con 10 o más hablantes de lengua indígena en 44 municipios.

El pueblo mazahua, el más numeroso de la entidad, está asentado en la región noroccidental y centro-occidental del estado, que comprende las cumbres occidentales, los valles centrales, las sierras del Monte Alto y Las Cruces, principalmente en 427 comunidades de 13 municipios rurales: Villa Victoria, San Felipe del Progreso, San José del Rincón, Donato Guerra, Ixtapan del Oro, Villa de Allende, Almoloya de Juárez, Ixtlahuaca, Temascalcingo, El Oro, Jocotitlán, Atlacomulco y Valle de Bravo. Históricamente, los mazahuas han ocupado esta zona integrada por montañas, lomas y valles en los que predomina el clima frío, a excepción de Donato Guerra, Ixtapan del Oro, Valle de Bravo y Temascalcingo, que son lugares semicálidos.

Entre los pueblos restantes, el otomí se localiza en una gran porción del territorio estatal, aunque su mayor concentración se encuentra en la región centro-norte: las zonas de los llanos, valles centrales y sierras de Monte Alto y Las Cruces, que abarcan los municipios de Aculco, Acambay, Amanalco, Temoaya, Chapa de Mota, Villa del Carbón, Morelos, Jilotepec, Soyaniquilpan, Jiquipilco, Otzolotepec, Xonacatlán, Zinacantepec, Lerma, Ocoyoacac, Tianguistenco, Capulhuac, Toluca y Metepec. La población otomí de esos municipios se distribuye en 352 comunidades. El pueblo nahua se localiza en 34 comunidades de las sierras de Monte Alto, Las Cruces y cuenca de México, que se extienden en los municipios de Sultepec, Tejupilco, Malinalco, Joquicingo, Xalatlaco, Tenango del Valle, Amecameca y Texcoco. El pueblo matlatzinca se localiza al sur de las cumbres occidentales, en la comunidad de San Francisco Oxtotilpan, municipio de Temascaltepec. El pueblo tlahuica tiene una gran afinidad histórico-cultural con los matlatzincas y, como se dijo, de los pueblos indígenas originarios es el que tiene un menor número de miembros. Se localiza en las comunidades de San Juan Atzingo, Lomas de Teocalzingo, Santa Lucía, Colonia Gustavo Baz y El Toloc, del municipio de Ocuilan. En la actualidad San Juan Atzingo es la comunidad donde existen hablantes de lengua tlahuica.

RASGOS DE LA CULTURA MEXIQUENSE

Fiestas, danzas y tradiciones

Las fiestas populares, que son las fiestas patronales, se realizan con gran algarabía desde hace mucho tiempo. Alfonso Sánchez García y Alfonso Sánchez Arteche dibujan un panorama completo de las diversas manifestaciones de la cultura popular toluqueña y mexiquense. Entre las principales fiestas sobresalen la del 19 de marzo, dedicada a San José; la del 16 de julio, a nuestra Señora del Carmen, y la del 24 de septiembre, a nuestra Señora de la Merced. En los barrios de San Sebastián, San Buenaventura, Santa Clara, San Luis Obispo, Santa Bárbara y otros se celebran diversas fiestas a lo largo del año. Los santos patronos de Toluca son san Marcos, la Santa Cruz, san Felipe, san Antonio de Padua, san Pedro y san Pablo, san Buenaventura, Santiago Apóstol, san Cristóbal, santa Ana, san Lorenzo, santa María, san Mateo, san Francisco y san Andrés.

Otras tradiciones que se mantienen son la bendición de los animales el día de san Antonio Abad, el ofrecimiento de flores a la virgen, la venta y bendición de las palmas el Domingo de Ramos, la venta de "mulitas" el día de Corpus Christi y la tradicional exposición anual de calaveras y dulces que con motivo del Día de Muertos se instala en los portales de Toluca, hoy conocida como Feria del Alfeñique. En las zonas populares se realizan las tradicionales "posadas". Una tradición colorida ya desaparecida era la que se daba en el Jardín de los Mártires durante la Semana Santa: se colocaban puestos de nieve de diferentes sabores, mientras los mercaderes ambulantes vendían matracas, silbatos y "judas" de cartón que eran quemados el Sábado de Gloria. La "Procesión del Silencio" vino a remplazar a esta tradicional fiesta.

Música y danza

Las bandas filarmónicas en su momento fueron famosas. En algunas instituciones de educación superior se han formado estudiantinas y rondallas y en otras se han creado "bandas de marcha". En los pueblos existen bandas de viento.

En lo que se refiere a las danzas, según los cronistas Sánchez García y Sánchez Arteche, son el Instituto Mexiquense de Cultura, el Instituto Mexicano del Seguro Social (IMSS) y diversas instituciones del Distrito Federal los que forman a estudiantes y éstos a los grupos. Además de la Escuela de Bellas Artes y la Universidad Autónoma del Estado de México (UAEM), en los pueblos se encuentran grupos que ejecutan danzas autóctonas: en San Pablo Autopan los hay de Concheros y Moros y Cristianos; en San Juan Tilapa se practica la Danza de los Caballitos; en San Pedro Totoltepec la Danza Azteca; en Santiago Tlacotepec Los Concheros y Los Vaqueros; en San Juan Tilapa Los Concheros y Los Caballitos; en Cacalomacán se baila la Danza de los Doce Pares de Francia, y en Texcoco la Danza de los Sembradores. La Danza de Tzimara-Cu era característica de Xonacatlán, Temoaya y Villa Cuauhtémoc, y era ejecutada antes de las peregrinaciones o después de los casamientos. En Zinacantepec, San Francisco Tlacilalcalpan y Mextepec se bailaba la Danza de los Tecomates, referida a las labores agrícolas; mientras la Contradanza, relacionada con la fertilidad de la tierra, se ejecutaba principalmente en Tonatico, Sultepec, Zacualpan y Amatepec.

Artesanías

La Casa de las Artesanías (Casart) es un espacio al que concurren artesanos de distintos lugares del estado para vender sus trabajos al público. Tecaxic y Calixtlahuaca sobresalen por su cerámica y alfarería, así como Metepec, que figura como el principal centro productor de esta actividad, particularmente con su árbol de la vida. San Felipe Tlamimilolpan se distingue por sus rebozos y otros tex-

tiles; Santa Ana Tlapaltitlan, por sus tejidos de canastas; Cuexconti-
tlán y Huichochitlán, por sus tejidos de palma para sombreros; San
Pablo Autopan, Totoltepec y otros pueblos, por sus tejidos de es-
tambre de lana para guantes y gorros. Son famosas las artesanías
en lana de Texcoco, así como las alfombras y tapetes de Temoaya.

Gastronomía

Sin lugar a dudas, ocupa un puesto histórico la elaboración del
chorizo (rojo y verde almendrado), alimento característico de Toluca. Se elabora con carne de puerco molida, pimienta, clavo, jen-
gibre, semilla de cilantro y otras especias. Pero lo que hace distinto
a este chorizo es la inclusión del chile jaral o ancho. Se le agrega
vinagre o, si de lucirse se trata, vino blanco. Al chorizo se puede
añadir otro plato importante elaborado con cecina fresca y longani-
za, productos que sin duda también se encuentran en otros estados, con sus variaciones.

La gastronomía del estado es muy variada. Los platillos cotidia-
nos incluyen quelites, quintoniles, espinacas, verdolagas, papas,
zanahorias, nabos y papas de agua. Los guisados se condimentan
con bastante chile y llevan pequeños trozos de carne de res y de
puerco para darles sabor, aunque la carne no sea la base del guiso.
El "taco de plaza", también famoso, puede ser de barbacoa, carni-
tas o chicharrón acompañado de cilantro, pápalo o berros, acociles, crema y otros aderezos. En el Valle de México sobresale
también la elaboración de la barbacoa. De Aculco es famoso su
queso.

Los dulces en un tiempo dieron colorido a los portales; se ha
perdido algo de su tradición pero se siguen elaborando, sobre todo
como industria doméstica. En los mismos portales de la ciudad se
consigue la fría "garapiña" y el famoso "mosquito", bebida de licor
de frutas. Son conocidos el "alfeñique" y los dulces de Sultepec y
Villa Victoria. En Tenancingo, los helados de nanche. Es visible la
difusión del llamado "queso de puerco". En Malinalco se disfrutan
la trucha, el pan y las nieves.

Festivales

Las diversas ferias y festivales que se realizan en el estado son importantes. Destacan en Texcoco la Feria del Caballo, que lleva cerca de 30 ediciones, y la Feria Nacional de la Cultura Rural, destinada a impulsar las actividades económicas y artesanales locales; el Festival del Quinto Sol, que se celebra en diversos municipios; el Festival Cultural Nezahualcóyotl-Texcoco; el Festival Internacional Vallesano de Arte y Cultura; el Festival de las Almas (Valle de Bravo), y el Festival Internacional de Arte y Cultura Quimera, que tiene lugar durante octubre en Metepec y se caracteriza por la presencia de diferentes disciplinas artísticas como el teatro, el canto y la poesía, además de presentar muestras artesanales. También se celebran el Festival Internacional de Cortometraje, cuyo objetivo es llevar el cine a las calles del Distrito Federal, Estado de México, Morelos y Jalisco, entre otros, y el Festival Internacional de Cortometrajes Cine, Cultura y Vida, en Toluca.

Un lugar para grandes acontecimientos deportivos y espectáculos en Toluca es el Teatro Morelos, donde además se realizan actividades políticas y culturales de relevancia en la vida del estado.

¿CÓMO SURGE EL ESTADO DE MÉXICO?

Al consumarse la independencia el país estaba estructurado conforme a una doble división política: la de intendencias y la de Diputaciones Provinciales. La división por intendencias databa de 1786 y una de ellas era la de México, que comprendía los actuales estados de México, Querétaro, Morelos, Hidalgo, la mayor parte de Guerrero y el Distrito Federal. La división por Diputaciones Provinciales era más reciente: se había establecido en la Constitución gaditana de 1812. Podían abarcar una o más intendencias. La Diputación Provincial de la Nueva España no comprendía todo el virreinato, sino sólo la Intendencia de México y, por algún tiempo, otras más. Al igual que las demás diputaciones, siguió funcionando durante el primer Imperio y el periodo preconstitucional, hasta finales

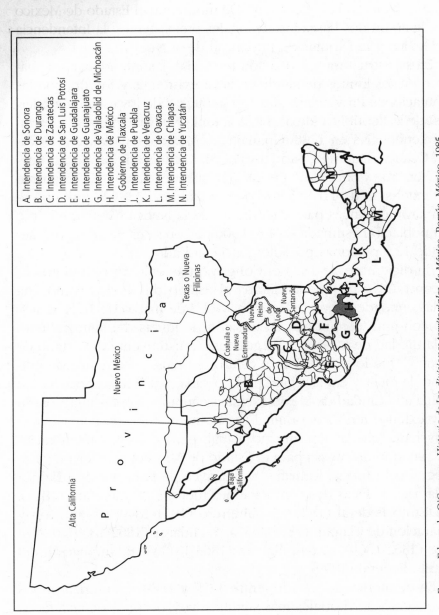

A. Intendencia de Sonora
B. Intendencia de Durango
C. Intendencia de Zacatecas
D. Intendencia de San Luis Potosí
E. Intendencia de Guadalajara
F. Intendencia de Guanajuato
G. Intendencia de Valladolid de Michoacán
H. Intendencia de México
I. Gobierno de Tlaxcala
J. Intendencia de Puebla
K. Intendencia de Veracruz
L. Intendencia de Oaxaca
M. Intendencia de Chiapas
N. Intendencia de Yucatán

FUENTE: Edmundo O'Gorman, *Historia de las divisiones territoriales de México*, Porrúa, México, 1985.

MAPA I.1. *El Estado de México en las intendencias de la Nueva España* de 1823. Su importancia fue grande, pues según Mora "las diputaciones hicieron la Federación". De modo que el Estado de México se originó en dos bases institucionales preexistentes: la Intendencia de México y la Diputación Provincial de la Nueva España.

En su estructura y formación territorial, las intendencias se basaron en los límites de las diócesis ya existentes y fueron, con las Diputaciones Provinciales, las "progenitoras de los estados modernos" de la República Mexicana. Así, en la Nueva España se crearon 12 intendencias en 1786: Guanajuato, México, Guadalajara, Yucatán, Oaxaca, Durango, San Luis Potosí, Michoacán, Zacatecas, Puebla, Veracruz y Sonora. Entre éstas, la Intendencia de México abarcó una extensión de 116 843 km^2 de un total de 2'335 628 km^2 que se estimaron entonces para el conjunto de la Nueva España. Albergó una población estimada en 1'511 900 personas, es decir, un promedio de 12.9 personas por kilómetro cuadrado.

En diciembre de 1823 el Congreso nacional aprobó el artículo constitutivo en que declaraba al Estado de México como una de las entidades de la federación, y el 2 de marzo de 1824 se instaló con gran ceremonia, en el salón de juntas del ayuntamiento de la Ciudad de México, la Legislatura Constituyente del Estado de México. Quedó situado en el centro del país, en el cruce de infinidad de rutas, y era la región más poblada; por si fuera poco, como incluía a la Ciudad de México, tenía asegurados fuertes ingresos. Su muy extenso territorio original fue desmembrado en etapas sucesivas hasta quedar del tamaño actual, pero estas "desmembraciones", aunque dolorosas para el Estado de México, se vuelven parte integral del proceso formativo y dinámico de la evolución histórica de la nación. Estas desmembraciones fueron: *1.* Querétaro (1824), *2.* Distrito Federal (1824), *3.* Guerrero (1841-1849), *4.* anexión y separación de Tlalpan (1854-1857), *5.* Hidalgo (1862-1869), *6.* Morelos (1862-1869), *7.* Calpulalpan (1863-1871) y *8.* ampliación del Distrito Federal (1899).

En el interior del estado, entre 1877 y 1889 se autorizaron los movimientos territoriales más significativos; después de esta fecha sólo destacó la erección del distrito de El Oro, en 1902. Entre las modificaciones político-territoriales que concedieron los diputados, a petición de habitantes o autoridades, constan el cambio de villas a ciudades y de pueblos a villas; la segregación de algunas poblaciones de una municipalidad para agregarlas a otra; la escasa erección de pueblos que habían sido rancherías, y la supresión de algún municipio por carecer de elementos económicos necesarios para mantenerse.

Por otra parte, desaparecieron los partidos como concepto, porque la mayoría de ellos se volvieron distritos. El Estado de México quedó dividido en distritos, y éstos en municipalidades y municipios. En 1854 había cinco distritos divididos en 15 partidos; estos distritos y partidos se transformaron en 1871 en 16 distritos, división político-administrativa que tuvo pocos cambios en los años posteriores del siglo XIX. Cuando Porfirio Díaz inició su gobierno existían 15 distritos y el número de ayuntamientos en municipalidades y municipios había subido a 123, lo que significó un incremento de 10 ayuntamientos en siete años.

De esta manera, el Estado de México llegó al siglo XX con el territorio que actualmente conocemos. Todo ello implicó cambios, pero también continuidades, y éstas fueron evidentes en la geografía y en la organización del espacio. El hecho de que el actual Estado de México haya tenido un intenso proceso de formación externo e interno determinó una gran diversidad sociocultural y una continua y permanente redefinición territorial.

La extensión territorial del estado es de 22 499.95 km², cifra que representa 1.09% del total del país y lo sitúa en el lugar 25 en superficie entre las entidades de la federación. Se encuentra dividido políticamente en 125 municipios, ocho regiones político-administrativas (I. Toluca, II. Zumpango, III. Texcoco, IV. Tejupilco, V. Atlacomulco, VI. Coatepec Harinas, VII. Valle de Bravo y VIII. Jilotepec) y 16 distritos judiciales. Tiene como capital la ciudad de Toluca. Aparte de ésta, las ciudades más importantes son Metepec, Coacalco, Nezahualcóyotl, Naucalpan, Tlalnepantla, Chimalhuacán, Cuautitlán Izcalli, Ecatepec, Atizapán y Texcoco (pertenecientes a la Zona Metropolitana del Valle de México [ZMVM] y a la Zona Metropolitana del Valle de Toluca [ZMVT]).

II. LOS PUEBLOS ORIGINARIOS

PODEMOS RASTREAR LA EVOLUCIÓN de nuestra cultura desde los remotos orígenes de los cazadores-recolectores y su paso hacia la agricultura, hasta la formación social y política caracterizada por gobiernos teocráticos y militares. Nuestro territorio es afortunado, pues el Estado de México guarda testimonios prehistóricos y arqueológicos de las más altas culturas generadas en Mesoamérica. Por medio de los estratos podemos seguir la evolución de asentamientos humanos desde miles de años antes de la era cristiana. Por ejemplo, en la región chalca, el sitio arqueológico de Xico es huella de uno de los asentamientos humanos más antiguos (posiblemente 22 000 o 21 000 años a.C.). Hacia el norte, en la zona texcocana, en Tepexpan y Santa Isabel Ixtapan se han encontrado restos de animales del Pleistoceno asociados a restos humanos y artefactos.

Si iniciamos el recorrido desde el periodo Preclásico admiraremos las figurillas de barro encontradas en Tlatilco, lugar cercano a Naucalpan. Estas pequeñas estatuas son famosas por los atavíos de los personajes, especialmente femeninos, que indican una variedad de adornos y modelos de indumentaria, ya que no podríamos llamarlos vestidos, pues muchas veces son únicamente faldillas, peinados de diferentes estilos, etc. Entre los varones se diferencian sus ocupaciones o entretenimientos: guerreros, chamanes (sacerdotes o brujos), acróbatas y cazadores. Las vasijas muestran los gustos por determinados alimentos como patos, peces y otros animales acuáticos.

Si avanzamos en el tiempo llegamos al periodo Clásico, en que identificamos principalmente a Teotihuacan y a poblados relacionados con esa metrópoli, aunque estuviesen un tanto alejados de ella. El ocaso de las ciudades de este periodo nos lleva a la siguiente época, identificada con Tula-Xicocotitlan. La influencia cultural de esta ciudad se percibe en la cerámica y en los detalles de la arquitectura; por ejemplo, en Calixtlahuaca o en Teotenango. Las referencias históricas provienen de Fernando de Alva Ixtlilxóchitl, cronista texcocano que manifiesta tener conocimientos del parentesco entre la familia real tolteca y gente del Valle de Toluca, porque aquí se refugiaron algunos nobles toltecas a la caída de su metrópoli. Años después, una princesa tolteca se casaría con Nopaltzin, un hijo de Xólotl, el gran Chichimecatecuhtli, principal protagonista de la época siguiente a la tolteca, conocida como chichimeca.

De los tiempos de la irrupción chichimeca nos quedan como testimonio arqueológico dos pequeños centros político-religiosos: Tenayuca y Santa Cecilia, inmersos hoy en la mancha urbana de la Ciudad de México. Los límites entre el Distrito Federal y el Estado de México se sitúan casi en esos puntos de referencia. Tenayuca no tiene la monumentalidad de Teotihuacan, pero de aquélla tenemos más información histórica gracias a las pinturas o códices en los que se guardó la memoria de los fundadores de señoríos que destacaron.

Los señoríos que se formaron en el área geográfica que hoy conocemos como Estado de México no alcanzaron a integrar una entidad política homogénea. Cada población de cierta importancia tuvo territorio y gobierno propios (casi todos conservan sus nombres originales) y algunas destacaron más que otras. Únicamente podríamos considerar como cabeceras políticas de importancia a Chalco y a Texcoco. Las demás eran pequeños gobiernos, propios de sus respectivas etnias; por esta razón se presentan aquí como entidades autónomas.

LOS SEÑORÍOS O *ALTÉPETLS*

Cuautitlán

A raíz de la desmembración del señorío tolteca se produjeron varias migraciones, entre ellas las del grupo conocido posteriormente como cuautitlanense. Espectadores de la decadencia tolteca registraron en sus escritos acontecimientos paralelos en el tiempo, lo sucedido en Tula y lo ocurrido al grupo chichimeca migrante antes de que se asentara definitivamente en Cuautitlán. Ambos lugares (Cuautitlán y Tula) tuvieron, separadamente, gobernantes más o menos contemporáneos: Mixcoamazatzin, en las postrimerías de Tula, y Chicontonatiuh, en los inicios de Cuautitlán. Tula padeció calamidades y desorganización. Mientras tanto, los cuautitlanenses peregrinaron y reconocieron lugares que les sirvieron de sede antes de que fueran a señorear a Cuautitlán; con el tiempo, los cuautitlanenses fueron adquiriendo territorios. Tres veces lo hicieron: la primera durante el reinado de Xiuhneltzin, en el siglo VIII de nuestra era; la segunda en el siglo XIII, después de la guerra de Jaltocan, y la tercera en el siglo XIV, cuando llegaron los acolhuas. En esta ocasión designaron a Cuautitlán como cabecera y la dividieron en cuatro barrios con dos pueblos sujetos cada uno alrededor de un templo que aún existía a la llegada de los españoles. Para el siglo XV varias cabeceras se disputaban la hegemonía política de la región lacustre; Azcapotzalco, Texcoco y Tenochtitlan constituyeron la Triple Alianza y los cauautitlanenses pasaron a ser sus tributarios.

Cuautitlán sobrevivió a las vicisitudes anteriores, y en las primeras décadas del gobierno hispano dejó un recuento de su historia. Como hemos visto, tuvieron una vida nómada seguida de la adopción de la vida sedentaria, gracias a los adelantos culturales que obtenían y a la creación del *altépetl* o ciudad mediante un acuerdo entre nobles y los distintos grupos de una sociedad jerárquica. La tradición oral y escrita constituye una buena información que sitúa a Cuautitlán en la vida política y cultural del centro de México.

Jaltocan

Varios grupos poblaron Jaltocan desde tiempos remotos: los vixtocanos, primero, y después arribaron los nonoalcas, los texcalpanos, los toltecas y los mexicas. Los toltecas llegaron cuando la desintegración de Tula bajo la guía de Yaotl (al parecer, el último gobernante de Tula, el famoso Huémac); esto ocurrió en el año 1 Pedernal, que aproximadamente corresponde al 1064 de nuestra era. Según el profesor Wigberto Jiménez Moreno, la gente que Huémac colocó ahí era otomí, ya que Tula estuvo compuesta por población nahua y otomí. En Tula dos líderes lucharon por la hegemonía político-religiosa: Topiltzin, adorador de Quetzalcóatl, y el sacerdote Huémac, súbdito de Tezcatlipoca; ambos personajes se relacionan con Jaltocan. Topiltzin sólo pasa por Jaltocan; en cambio, Huémac casa a una hija suya, Chalchiuhnenetzin, con Teohtlacozauhqui, señor de Jaltocan. La versión de Pablo Nazareo coincide con la de Ixtlilxóchitl al entroncar la dinastía de Jaltocan con el linaje tolteca de Huémac. Nazareo menciona también a nueve señores de Jaltocan emparentados por línea femenina con la nobleza de Azcapotzalco y Tacuba. Para el siglo XIII el poder político de los tepanecas propició que los enlaces matrimoniales de Jaltocan se inclinaran hacia Azcapotzalco. Una vez que esta capital perdió su poderío, los matrimonios de Jaltocan se realizaron con la nobleza de Texcoxotonco y de Coatlinchan.

Más tarde los acolhuas de Texcoco, ayudados por Azcapotzalco y por los mexicas, lucharon contra Jaltocan. Muerto Tzompan termina la dinastía de Xólotl en Jaltocan. Esa guerra fue cultural y por poder, porque enfrentó a la facción chichimeca, que empezaba a aculturarse, con el grupo otomí, que rechazaba las nuevas formas de vida impuestas por la élite texcocana. Pero no sólo fue la imposición, sino la presión ejercida por Azcapotzalco a través de Cuautitlán y de Texcoco, lo que cercó por el este y el oeste a Jaltocan. Estratégicamente, la situación geográfica de Jaltocan interesó tanto a Azcapotzalco como a Texcoco, y los productos de éstos eran codiciados por miembros de la Triple Alianza. La parte política consistió en disputarse el prestigio político de Xólotl debido a que las alianzas matrimoniales perdían importancia ante sociedades guerreras que optaban por alianzas militares y la repartición de tributos entre los señores de la Triple Alianza: Tenochtitlan, Texcoco y Tacuba.

Texcoco

Población muy antigua, se le conoce con varios nombres: Catlenihco o "lugar de detención"; Texcoco, "acogedero o entretenedero de gentes", etc. Llegó a ser la capital de los acolhuas después de un proceso de aculturación que duró varias generaciones. El paso de nómadas a sedentarios se registró tanto en documentos pictográficos como en historias escritas en náhuatl y en castellano. Los cambios culturales entre dos civilizaciones se observan en la alimentación, las novedades en agricultura, vestuario, armas, vivienda, urbanización, organización política y económica, lengua y religión. La llegada de los chichimecas al Altiplano Central indudablemente obedeció a la búsqueda de mejores condiciones de vida. Para arraigarlos, Xólotl y sus descendientes construyeron corrales para cría de venados, conejos y liebres; Quinatzin, bisnieto de Xólotl, designó a dos señores importantes para la cría de animales.

Algo parecido sucedió con la agricultura. Al dispersarse los toltecas, no se había vuelto a sembrar maíz. Un descendiente de los toltecas llamado Xiuhtalto, que vivía en Cuautepec, había guardado unos granos de maíz que sembró y se fueron multiplicando; chichimecas y toltecas se aficionaron al cultivo del maíz; Nopaltzin, soberano chichimeca, ordenó que se sembrara en todas sus tierras. Tlotzin Póchotl, hijo de Nopaltzin y educado en Chalco, aprendió de su maestro, Tecpoyo Achcauhtli, a cultivar la tierra; vio "cuán necesario era el maíz y las demás semillas y legumbre para el sustento de la vida humana", y obligó a todos sus súbditos a dedicarse a la agricultura. Al igual que con los criaderos de animales, muchos no estuvieron de acuerdo y emigraron a Metztitlan y a Tototepec; eran los otomíes, a los que les resultaba difícil el paso de recolector a agricultor, del nomadismo al sedentarismo.

En la segunda mitad del siglo XIV la ciudad de Texcoco se embelleció con palacios de múltiples habitaciones para el soberano y los nobles. Los recintos personales y los destinados a negocios y al comercio se encontraban encerrados en una verdadera fortaleza; jardines y albercas embellecían las construcciones. Se datan en la época de Nezahualcóyotl los planos de las casas de gobierno del Mapa Quinatzin. En ellos se observa alguna influencia europea debido a que ese documento se elaboró en el siglo XVI. Cundió la fama de los palacios texcocanos, y los de Nezahualcóyotl y Nezahualpilli no fueron superados por sus sucesores. Por ejemplo, la residencia de Cacama, último gobernante prehispánico en Texcoco, tuvo como característica principal un embarcadero situado debajo de ella. A la llegada de los españoles, el núcleo urbano de Texcoco tenía aproximadamente 140 000 casas, y su extensión era de tres o cuatro leguas. Entonces se aceptó el culto cristiano y la ciudad albergó la famosa escuela para indios que fundara fray Pedro de Gante.

Chalco-Amaquemecan

La región de Chalco-Amaquemecan es una de las zonas pobladas desde tiempos antiguos. Después de esos misteriosos autores de los artefactos del "complejo Chalco", tenemos noticias, por documentos escritos, de que los primeros pobladores fueron xuchtecas, con fama de brujos y magos que ejercitaban sus artes adivinatorias en el agua. En orden de aparición les siguen los olmecas, "gente del país del hule", conocidos como los olmecas históricos para diferenciarlos de los olmecas arqueológicos de las costas de Tabasco y Veracruz. Luego llegó gente de Quiyahuiztlan y otros nombrados cocolcas, "que usaban disfraz de jaguar", a quienes los chichimecas atacaron y destruyeron las pertenencias de su brujo. Los grupos mencionados vivieron en el monte Amaqueme, conocido entonces como Chalchiuhmomozco. De allí fueron desalojados por inmigrantes que provenían de diversos sitios: Tlapallan Chicomoztoc, Aztlán, Teoculhacan. Estos individuos no formaban un grupo homogéneo sino que se distinguían entre sí por su dios tutelar, por su lengua o por el nombre del lugar que eligieron como asentamiento. Los tecuanipas, procedentes de Chicomoztoc, el "lugar de las siete cuevas", fueron aceptados en la región chalca gracias a que llevaron productos novedosos como pieles de gato montés, redes de canastas, muñequeras, objetos de caracol, papel de pachtli, arcos y vestidos de pieles. Se les concedió la residencia en calidad de vasallos y con la condición de que hicieran un terraplén. Adoraban a Mixcóatl.

Con este mosaico de gente de distinto nivel cultural, en la región de Chalco-Amaquemecan llegaron a formarse verdaderas "familias reinantes" en las cabeceras, provenientes de cinco grupos étnica y lingüísticamente diferentes: los totolimpanecas-amaquemes, los chichimecas-tecuanipas, los nonohualcas, los poyauhtecas y panohuayas, y los tenancas tlayllotlacas. Todos lograron convivir con cierta tolerancia. Mediante el trabajo de muchos y la administración y la autoridad de pocos lograron hacer de Chalco una región esencialmente agrícola, codiciada por los poderes en juego, a partir del siglo XIV.

Los mexicas, en su isla Tenochtitlan, carecían de tierras cultivables y tuvieron que proveerse de maíz en Chalco; pero entonces los inspectores encargados de la recolección del grano para los mexicas emprendieron represalias en contra de la nobleza chalca con objeto de tener manos libres en la administración de las cosechas. Los nobles huyeron a Totomihuacan, hoy estado de Puebla. El momento era propicio para medir fuerzas. Los chalcas protestaron por la huida de sus señores y trataron de formar una confederación contra los mexicas. Por lo pronto, ambos bandos decidieron ejercitarse en la guerra florida, o caza de esclavos, situación que duraría algunos años, mientras los mexicas consiguieron la alianza de los texcocanos para combatir a Chalco. Estaba en juego el control de la producción de maíz, legumbres, madera, canoas y piedra, además de la indispensable mano de obra bien calificada de los chalcas. La ofensiva mexica en contra de Chalco no fue únicamente económica: se trataba de emparentar a las familias mexicas con las chalcas, porque éstas descendían de los toltecas, de gran prestigio cultural.

Los soberanos mexicas trataron de enmendar errores: Tizoc colocó a dos príncipes chalcas en Amaquemecan, otros dos en Tlalmanalco-Tlacochcalco-Opochuacan y a funcionarios menores en Tenango-Tepopola, Tepetlixpan-Chimalhuacan y Acxotlan Cihuateopan. Moctezuma II, además de reinstalar a la nobleza chalca, casó a una de sus hijas con el señor de Tlalmanalco-Opochuacan. Como dote de ese matrimonio fueron llevados dos barrios de otomíes para cultivar las tierras. Esto aconteció casi al finalizar el poderío mexica, de modo que a la llegada de los españoles éstos aprovecharon las condiciones de sujeción en que estaba Chalco tanto para convertir esa provincia en aliada como para explotar su producción agrícola.

Los señoríos otomíes

La frontera noroccidental del Estado de México estuvo ocupada por siete pueblos "muy poderosos y grandes, todos de gente serrana", es decir, otomíes: Chapa (de Mota), Jilotepec, Jiquipilco, Jocotitlan, Cuahuacan, Cila y Mazahuacan. Los otomíes tuvieron organización política y religiosa, vivían en poblados y contaban con su república, con *mandones* y señores que regían a sus súbditos. En cuanto a la organización religiosa, había un sacerdote supremo con el título de *tecutlato,* y adivinos que se decían *tlaciuhque,* allegados y semejantes a su dios, al que le hablaban y él les respondía. Adoraban a dos dioses principales y a uno menor: los primeros eran Otontecutli y Yocippa, y el menor Atetein.

Su alimentación consistía en maíz, frijoles cocidos, chile, sal y tomate; tamales colorados o xocotamales; zorrillos, culebras y lirones; perritos, conejos, pescado, ratones, comadrejas, sabandijas, venados y topos; también comían yerbas, tunas y raíces. Bebían la miel del maguey. En general, tenían buenas comidas y buenas bebidas.

El grado de cultura era diferente entre los diversos grupos otomíes. Uno de esos grupos, el conocido como tamime, después de labrar sus sementeras trataba de vivir con mexicas o con otros otomíes más adelantados para aprender de ellos sus lenguas y sus costumbres; se les llamaba entonces otonchichimecas o nahuachichimecas. Sus vestidos eran pobres y desaliñados, y tanto hombres como mujeres usaban el cabello largo. Eran expertos cazadores y conocedores de yerbas y raíces con las que comerciaban de casa en casa.

Jilotepec

Jiotepec es mencionado en las fuentes históricas como lugar de paso obligado de las tribus que salieron de Chicomoztoc, ya que unas se quedaron en Tula y otras avanzaron hacia la región poblano-tlaxcalteca. Su posición geográfica, en el corredor de las migraciones, colocó a sus habitantes en un balcón desde el que pudieron observar a sus vecinos y decidir sus alianzas. El prestigio de buenos guerreros de que gozaron los otomíes hizo que fuesen temidos y que se apreciara su ayuda en caso de guerra. Se consideraban más afines a los tepanecas que a los acolhuas, de modo que cuando se enfrentaron a Azcapotzalco y a Texcoco favorecieron a los soberanos tepanecas. Sin embargo, cuando Nezahualcóyotl, soberano de

MAPA II.1. *Sitios arqueológicos del centro de México*

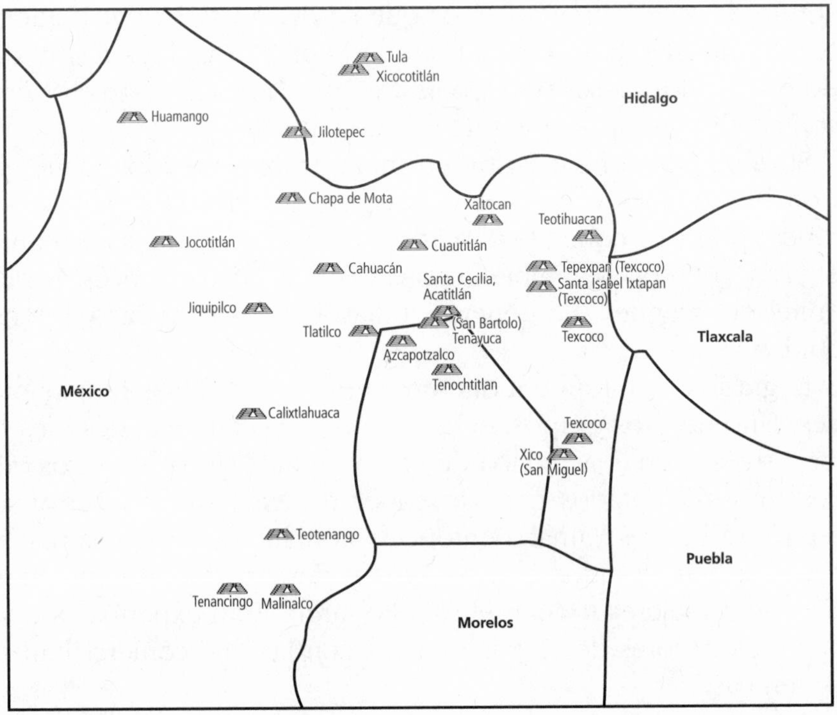

FUENTE: El Colegio Mexiquense/LANSE, 2009.

Texcoco, pretendió llegar a Jilotepec, los otomíes salieron a recibirlo a Cuautitlán sin permitirle llegar a Jilotepec.

En cuanto Tenochtitlan empieza a cobrar poderío, sus monarcas emprenden campañas militares hacia la región otomí. Moctezuma Ilhuicamina conquista Teotlalpan, Jilotepec y Tula. El rey Ahuízotl conquista otra vez Jilotepec, Chapa y su región, con el pretexto de que los otomíes servían de muy mala gana a los mexicas. Éstos se ensañaron con sus enemigos al grado de que los otomíes suplicaron a Ahuízotl que detuviese el saqueo.

Una vez conquistados por los mexicas, Jilotepec y Jocotitlán pasaron a engrosar la lista de tributarios, y por los productos que figuraban en ella podemos darnos cuenta de la economía de la región: conejos, liebres, pájaros y, curiosamente, hongos "de los que emborrachan".

Chapa de Mota

Nombre que significa en náhuatl "en el agua o río de la chía"; en otomí es "Nonthé". Poco sabemos de la época anterior a la conquista mexica: sólo de una pequeña migración del siglo XIII procedente de Chapa, que salió a incursionar por tierras de Teotlalpan y pobló algunos lugares como Ajacuba, Ueipuchtla y Tezcatepec, sitios en que se instalaron familias independientes que más tarde reconocieron a los soberanos mexicas, especialmente a Moctezuma II.

Toluca

Situado en el Valle de Matlatzinco, el asentamiento se identifica por sus pobladores, los matlatzincas. Arqueológicamente, la región fue habitada desde los primeros tiempos del Preclásico y su ocupación ha sido continua hasta nuestros días. Ya en épocas en que encontramos historia "escrita", las fuentes nos dicen que hubo una estrecha relación cultural entre Tula y Toluca, pues esta última ciudad formaba parte del señorío tolteca. Relaciones familiares salvaguardan la cultura tolteca en el Valle de Matlatzinco:

los infantes Pochotl y Xilotzin, hijos de Topiltzin Meconetzin, fueron enviados a los altos montes y tierras de Toluca, en época de la desintegración tolteca, a fin de que no se acabara el linaje real. Esa nobleza se enlaza a su vez con los chichimecas de Xólotl, ya que un hijo de éste se casa con Azcaxóchitl, hija del príncipe Pochotl.

Según Ixtlilxóchitl, el Valle de Toluca fue recorrido por el mismo Xólotl y su hijo Nopaltzin en una de las travesías que hicieron antes de establecerse en Tenayuca. Cuando Azcapotzalco domina la política de los valles centrales, la región de Toluca se liga culturalmente a esa cabecera; un ejemplo de ello es que en ambos lugares se hablan las mismas lenguas, matlatzinca y otomí, y se adora a los mismos dioses. Mas el apogeo tepaneca no dura largo tiempo y su poderío es remplazado por la Triple Alianza. Entonces muchos tepanecas buscan refugio en tierras toluqueñas y algunos se dirigen hacia Ocuila, Xalatlauhco y Atlapulco. La zona de influencia tepaneca, hacia el occidente, va más allá de la sierra de las Cruces; llega a Ixtlahuacan, Quahuacan, Xilotzinco y Ocelotepec, pueblos reclamados por el indio Don Antonio Cortés, cacique de Tlacopan en el siglo XVI.

La situación anterior refleja la dependencia del Valle de Toluca de Azcapotzalco, primero, y de Tlacopan después. Como Tlacopan formó parte de la Triple Alianza, vendrán en seguida las conquistas de esa confederación cuando se expanda hacia el occidente. En ese rumbo se encontraban los michuaques, enemigos de los tenochcas, y para atacarlos —o para defenderse de ellos— era menester apoderarse primeramente de la región matlatzinca; hacia allá se dirigieron los ejércitos de la Triple Alianza.

Axayácatl irrumpe en el Valle de Toluca en el año 12 Tochtli (1478). La guerra tuvo por resultado el reconocimiento, por Axayácatl, del señor de Toluca como principal autoridad de toda la región. Después vendrían el reparto de tierras entre los vencedores y el tributo impuesto a los vencidos. Las cabeceras tripartitas gozarían, entre otras prerrogativas, de tierras labradas por los habitantes matlatzincas. En esa situación los encontró Hernán Cortés.

Cuadro II.1. Cronología de las culturas que habitaron la cuenca de México y el Valle de Toluca

Año	Periodos	Cuenca de México	Valle de Toluca	Teotenango	Año
1500			Techuchulco	5 Muerte (Rokuta Tuwi)	1500
1400		Azteca			1400
1300			Tlaltizapán	4 Fuego (Rokumhowu Chuta'a)	1300
1200	Posclásico				1200
1100		Mazapa	Tlalcilalcapa	3 Viento (Roxu Hupi)	1100
1000					1000
900		Coyotlatelco	Atenco	2 Tierra (Tenowi Hani)	900
800	Epiclásico				800
700				1 Agua (Rawi Tawi)	700
600	Clásico Tardío	Abandono / Metepec	Tejalpa / Tilapa		600
500		Xolalpan	Azcapotzaltongo		500
400					400
300	Clásico Temprano	Tlamimilolpa	Atizapán		300
200		Miccaotli			200
100		Tzacualli			100
0					0
100		Patlachique	Mimiapan		100
200					200
300		Cuanalán / Ticomán	Otzolotepec		300
400					400
500					500
600		Zacatenco	Cuauhtenco		600
700	Preclásico				700
800		Tetelpan			800
900		Manantial	Mextepec		900
1000					1000
1100		Ayotla	Ocotitlán		1100
1200					1200
1300					1300
1400					1400
1500					1500

Fuente: Yoko Sugiura Yamamoto, *Historia general del Estado de México,* vol. I, El Colegio Mexiquense/Gobierno del Estado de México, Zinacantepec, 2010.

Malinalco

Según las fuentes, el poblamiento de Malinalco data del siglo XII de nuestra era, cuando Cuauhtexpetlatzin envió gente de Culhuacan a Ocuila y a Malinalco. Otra migración llegó procedente de Nepopualco, sin que se precise la fecha. La población nahua llegó mucho después con Malinalxóchitl, hechicera, hermana de Huitzilopochtli. Con su arribo se le da el nombre actual a la población. Antes se conocía como Texcaltepeticpac. Al parecer, la impresionante zona ceremonial data de 1476. Según el arqueólogo José García Payón, los templos pudieron haberse construido en tiempos de Ahuízotl y de Moctezuma Xocoyotzin, soberano que ordena proseguir con su construcción. Pocos años después las tropas de Andrés de Tapia incursionarían por esa población.

III. LA CONQUISTA ESPAÑOLA

L A CONQUISTA ESPAÑOLA en tierras del actual Estado de México puede abordarse desde diferentes puntos de vista: la conducta de los indígenas hacia los extranjeros, el itinerario geográfico de Cortés y sus tropas, y las actitudes políticas de conquistadores y conquistados. Su relato nos presenta lo difícil que fue para los españoles lograr el sometimiento de los naturales debido a la complejidad y el carácter del mundo prehispánico en un territorio pluriétnico con una historia propia, pero a la vez diferente en lengua, costumbres y vida cotidiana.

Los indígenas, especialmente el soberano de Tenochtitlan, mostraron actitudes contradictorias hacia los seres extraños provenientes del oriente y que arribaron a tierra firme en el año 1 Ácatl (1519). Moctezuma II, el soberano tenochca, tuvo noticias por sus vigías y mensajeros de la presencia de naves y hombres extranjeros, animales y objetos que "vomitaban" lumbre y causaban muerte. Para descifrar esas apariciones consultó a los hechiceros más famosos. Dos poblados del actual territorio mexiquense gozaron de fama entonces: Malinalco y Chalco. Los malinalcas expresaron que la información de las pinturas heredadas de sus antepasados no coincidían con las descripciones presentadas a Moctezuma. Los de Chalco no hicieron declaraciones y se concretaron a observar y recibir a los enviados que llegaban a su territorio, entre ellos a los nigromantes o brujos más capaces enviados por el soberano de Tenochtitlan.

El cronista chalca Chimalpahin relata escuetamente los primeros contactos de aquellos pueblos con los españoles; registró información sobre la crueldad con que éstos trataron a los prisioneros indios y los estragos causados por la epidemia de viruela. Los chalcas se constituyeron en aliados valiosos de los españoles, y uno de sus logros fue apoderarse del templo de Huitzilopochtli, en

Tenochtitlan, hazaña no lograda por tlaxcaltecas ni por texcocanos. Los señores chalcas llegaron a reconocer la autoridad de Cortés y quisieron que él designara a los gobernantes de las cabeceras de esa provincia. Después de consumada la victoria hispana sobre el señorío mexica, los chalcas siguieron acompañando a los españoles en las posteriores expediciones al norte; por ejemplo, a la Guerra del Mixtón en 1540, en la que intervino el señor de Tlalmanalco, Don Francisco de Sandoval Acacitli, quien llevó un cuidadoso registro de la participación chalca en esa guerra.

Texcoco

Texcoco, la capital del señorío acolhua, tenía fama de que sus gobernantes descendían del gran chichimecatecuhtli, el caudillo Xólotl, quien arribó al Altiplano en los primeros años del siglo XIII. Entre sus soberanos distinguidos contó al sabio poeta Nezahualcóyotl y a su hijo y sucesor, Nezahualpiltzintli. A la muerte de este último sus numerosos hijos aspiraban a sucederle en el gobierno texcocano. Fue la época en que llegaron los españoles; gobernaba entonces Cacama, apoyado por su tío Moctezuma II. Otros hermanos suyos, Coanacoch e Ixtlilxóchitl, deseaban regir el señorío y habían manifestado su inconformidad de diferentes maneras. Cacama visitó a Cortés durante la permanencia de éste en Amaquemecan; deslumbró a los españoles con la suntuosidad de su comitiva e invitó al capitán a que visitara su ciudad. El conquistador acudió a Texcoco, percibió su grandeza y se enteró de la enemistad entre los hijos de Nezahualpiltzintli, circunstancia que aprovechó en el momento adecuado.

La influencia de Cacama en la política de la Triple Alianza se debía a que formaba parte del grupo de consejeros de Moctezuma II. Al llegar los españoles, Cacama opinó que debería recibírseles en Tenochtitlan; se les aprehendería y se les regresaría a las costas por donde llegaron. Algunos aceptaron su propuesta, pero hubo opiniones en contra que encabezó Cuitláhuac, señor de Iztapalapa, personaje identificado con los matlatzincas de Toluca y con el señor de Coyoacán. Cacama sostuvo su opinión hasta que Cortés encarceló a Moctezuma. Poco después haría lo mismo con el texcocano, poniéndole grilletes. Cuitláhuac sería el sucesor de Moctezuma.

Otro grupo importante, en particular en la política texcocana y en general en la de la Triple Alianza, fue el encabezado por el hermano de Cacama, Ixtlilxóchitl; éste, disgustado porque su hermano quedó al frente del reino, se retiró a Otumba al frente de un poderoso ejército. Enterado de la llegada de los extranjeros, quiso entrevistarse con ellos y les envió embajadores para que les ofreciesen alojamiento si aceptaban pasar por Calpulalpan. Cortés prefirió otro camino e Ixtlilxóchitl se acercó a Texcoco para observar las maniobras de los españoles. Allí se encontró con sus hermanos y con otros parientes, quienes le pidieron olvidar sus rencores y aliarse en contra de los extraños. Esa sugerencia no fue del agrado de Ixtlilxóchitl porque pensaba eliminar de cualquier forma a su hermano y asumir el poder. Hubo que esperar un tiempo para destituir a Cacama. La oportunidad se presentó cuando el texcocano quiso liberar a Moctezuma de la prisión "amistosa" en que lo tenía Cortés; éste, no sin fundamento, pensó que Cacama se alzaría en contra de los españoles y decidió hacerlo prisionero. En esas condiciones moriría durante los sucesos que conocemos ahora como la "Noche Triste".

El primer bautizo en Texcoco fue el de Tecocoltzin, que recibió el nombre de Don Fernando, quien murió cuando Cortés se dirigía a Iztapalapa. Coanacochtzin, prisionero, formó parte de la comitiva de Cortés a las Hibueras acusado de participar en el complot encabezado por Cuauhtémoc en contra de los españoles; fue llevado a la horca, de donde lo rescató su hermano Ixtlilxóchitl, pero murió debido a las lesiones que sufrió en el cuello al ser colgado del árbol. Inmediatamente Cortés nombró señor de Texcoco a Ixtlilxóchitl. La ayuda de este príncipe fue de vital importancia en el éxito de la conquista militar, sobre todo en el sitio a Tenochtitlan.

Mucho tiempo tuvo que esperar Ixtlilxóchitl para verse coronado señor de Texcoco. Sus hermanos, los príncipes aspirantes a la corona hijos de Nezahualpiltzintli, fueron eliminados uno a uno hasta que llegó el turno al elegido de los nuevos señores de la tierra. Por varios méritos Ixtlilxóchitl se ganó el aprecio de los conquistadores; sin embargo, para ser aceptado como fiel colaborador fue necesaria su conversión al catolicismo. Ixtlilxóchitl obligó a Yacotzin, su madre, a que adoptara la nueva religión; ella cambió su nombre indígena por el cristiano de María. A ésta se le conoce también con el nombre de Tlacoxhuactzin.

Consumado el triunfo hispano, la provincia de Texcoco-Aculhuacan fue repartida pronto en encomiendas. Hernán Cortés obtuvo la de la ciudad de Texcoco en los primeros años de colonización; esta posesión la disfrutó poco tiempo porque durante la gubernatura de la Audiencia, encabezada por Nuño de Guzmán, se la quitaron junto con otras propiedades que pasaron a ser dominio de la Corona.

MATLATZINCO

Los historiadores de la Conquista mencionan el nombre de esa región al relatar cómo pensaban recibir los señores del Altiplano Central a los españoles. La actitud de los pueblos de "hacia el poniente", es decir, los del centro y sur del Valle de Toluca, fue de rechazo al invasor y de hostigamiento a los indígenas aliados a los españoles. Eso ocurrió con los de Cuernavaca cuando fueron amenazados por los malinalcas; en esa ocasión Cortés designó a Andrés de Tapia para que sometiera a los "rebeldes". A juzgar por el número de soldados españoles que combatieron a los malinalcas, éstos no debieron de ser muchos y sus armas fueron, lógicamente, inferiores. Según parece, un elemento que ayudó a evitar que se les aniquilara por completo fueron los cerros, inaccesibles para la caballería. Las tropas españolas regresaron a sus "reales" después de varios días de combate. Cortés dio a Tapia un plazo de 10 días para ir, combatir y regresar. Tapia volvió en el tiempo convenido.

Al parecer, dos días después de que Tapia regresara, unos otomíes del Valle de Toluca se presentaron ante Cortés quejándose de que los matlatzincas, "nación poderosa y guerrera", tenían planeado atacar a los hispanos. Cortés despachó a Gonzalo de Sandoval a combatirlos. Según las crónicas, este contingente atravesó un río y dejó muertos a unos mil matlatzincas. Clavijero dice que Sandoval sitió la ciudad (no se da el nombre de ella, pero es de suponerse que era Toluca) y obligó a los enemigos a abandonarla y a guarecerse en una fortaleza construida en un monte escarpado. Los españoles entraron en la ciudad, la saquearon e incendiaron. Pospusieron el ataque a la fortaleza para el día siguiente, pero la encontraron indefensa. Cerca de allí había otras aldeas "enemigas" que se rindieron sin dar combate. Sandoval los recibió "con la mayor benignidad" y los persuadió de las ventajas de aliarse a los españoles. El capitán español regresó al cuartel general y cuatro días después de su arribo a Tenochtitlan se presentaron unos señores matlatzincas y cohuixcas a "pedir perdón" por los acontecimientos pasados. Desde entonces establecieron una confederación que fue muy útil a los españoles para luchar contra los mexicas.

Los otomíes se enteraron de que los españoles atacarían Malinalco, y se acercaron a Cortés para quejarse de que vivían como esclavos en Tenochtitlan y de que los de Matlatzinco les hacían la guerra y quemaban sus pueblos. Además, tenían conocimiento de que los matlatzincas combatirían a los españoles. Aquí Hernán Cortés es más cuidadoso en su relato. Precisa que el campo de batalla de Matlatzinco estaba situado a "22 leguas de nuestros reales". Despacha a Sandoval con un ejército más numeroso que el que dio a Tapia. Los pormenores de la campaña fueron que Sandoval durmió en un pueblo otomí frontero a Matlatzinco. Al día siguiente llegó a unas estancias otomíes que encontró despobladas y quemadas. En el camino, los españoles recuperaron provisiones que no pudieron llevarse los que habían huido y que consistían en maíz y "niños asados" (probablemente perritos de la variedad *itzcuintli*). El ejército español llegó a un río donde había muchos enemigos, a los cuales persiguió la caballería. Atravesaron el río y se dirigieron al pueblo de Matlatzinco, que estaba a "tres leguas de allí, donde los de a caballo encerraron a los que habían huido". Entre otomíes y españoles se calcula que posiblemente mataron a más de 2000 enemigos matlatzincas. Mujeres y niños se refugiaron en un cerro muy alto. Sandoval suspendió el ataque porque las tropas estaban fatigadas y ya era de noche. Se ordenó el regreso de las tropas españolas, y a los cuatro días de que habían retornado a su base, los señores de Matlatzinco, Malinalco y Cuision (cohuixcas) pidieron perdón a Cortés y le ofrecieron alianza.

Pueblos situados al norte de los lagos

Los pueblos que se localizaban al norte de los lagos presentaban, en las primeras décadas del siglo XVI, un panorama políticamente pobre, constituido por antiguos asentamientos con tradición gubernamental como lo fueron Tenayuca, Cuautitlán, Tepotzotlán o Jaltocan. En ninguna forma su poderío podía compararse con el de las principales cabeceras de la cuenca lacustre del Altiplano Central como Tenochtitlan, Texcoco o Tlacopan.

En tiempos de Cuauhtémoc, la gente que todavía no conocía bien a los españoles era la de Tenayuca, Tula, Tulancingo, Jilotepec, Cuautitlán y Cuauhtlalpan; las dos últimas fueron las que apoyaron efectivamente a Cuauhtémoc. Con tropas de esos lugares se reunió un poderoso ejército que, a decir de Durán, constaba de tantos soldados que "cubrían el sol". Tenían como objetivo impedir la salida de los hispanos. Indígenas y españoles se enfrentaron en Otumba. En esa ocasión triunfaron los hispanos, más que por la superioridad del armamento o por la estrategia del combate, por la audacia del soldado español Juan de Salamanca, quien mató al jefe indígena conocido por los nombres de Zihuacaltzin, Cihuacatzin o Maxatopilli. Con su muerte se desmoronó el espíritu de lucha indígena.

El contacto o conocimiento que Cortés tuvo con los pueblos situados al norte de los lagos fue superficial. No fueron pueblos de fuerte cohesión política ni mucho menos militar, pero sí lo suficientemente poderosos para enfrentarse a los hispanos. El poderío indígena estuvo fragmentado en las principales cabeceras: Jaltocan, Cuautitlán y Tepotzotlán. Hacia el poniente estaban Jilotepec y Cuauhtlalpan, de tradición otomí y por lo tanto de hábiles guerreros en los que Cuauhtémoc depositó su última esperanza. Las otras aldeas no pasaban de ser antiguas poblaciones de labradores que sin embargo podían ser útiles en momentos precisos. Los pueblos del norte de los lagos representaron el último reducto de resistencia indígena frente a las tropas españolas. La estrategia de aislar a la Ciudad de México, realizada por Cortés, tuvo buenos resultados. Sometidos los pueblos ribereños durante la Marcha de los Remedios a Texcoco, quedó el "agua libre" a la operación de bergantines con la que culminó la victoria hispana sobre los pueblos de los lagos.

IV. LA NUEVA ESPAÑA

EL CHOQUE ENTRE ESPAÑOLES E INDIOS en la zona central de México, en el siglo XVI, propició una nueva actitud en la población indígena que mantuvo latentes tradiciones prehispánicas, las que hasta la fecha le proporcionan un sentido de identidad colectiva y un lazo de unión muy sólido. Se transformaron los conceptos de propiedad de la tierra, privatizándola, pero se mantuvo la tierra comunal. Se introdujo el ritual católico, aunque se conservaron prácticas o creencias anteriores. En el centro de la Nueva España (lo que hoy es el Estado de México) se manifestó la dinámica entre las dos categorías de agentes que participaron del proceso de transculturación: los indios y los españoles en su relación productora, social y política. La formación de esta nueva sociedad constituyó un largo proceso caracterizado por un movimiento entre lo hispánico y lo indígena durante los siglos XVI y XVII hasta lograr un nuevo tipo de cultura producto del mestizaje.

El Estado de México es un ejemplo idóneo de estos y otros mecanismos, pues se encuentra en el camino entre valles que se caracterizaron por una producción agropecuaria que atendía a un centro consumidor, la Ciudad de México. Esta posición intermedia le permitió conservar los rasgos indígenas a la vez que recibía la influencia española. Al mezclarse ambos, se logró una sociedad representativa de la conquista espiritual y cultural que mantiene fuertes rasgos indígenas, característicos de la realidad nacional.

LA FORMACIÓN DEL SISTEMA COLONIAL: REPARTOS Y ENCOMIENDA

Después de dominar Hernán Cortés y su hueste el antiguo Imperio mexica, el deseo de llegar a conquistar los reinos tarascos incitó a los españoles a planear la conquista del Valle de Toluca, que era el paso obligado hacia Michoacán. Ésta fue realizada en dos etapas y, según los cronistas de la época, se ejecutó en forma rápida y relativamente fácil. Con esta invasión todo el territorio central quedó en poder de los españoles. Cortés, como gobernador general y justicia mayor de la Nueva España, repartió la tierra de acuerdo con los méritos de sus soldados, sin recabar previamente la autorización real y de acuerdo con la política de "hechos consumados". Para justificarse aseguró posteriormente que había sido necesario arraigar a los españoles a la tierra con el fin de proteger a los naturales: "Yo repartí los solares a los que se asentaron por vecinos, e hízose nombramiento de alcaldes y regidores en nombre de vuestra magestad, según en sus reinos se acostumbraba".

Un problema crónico en la Nueva España fue el jurídico. Al comenzar la expedición Cortés no había celebrado capitulación alguna, de modo que no estaba autorizado para conquistar y mucho menos para poblar. Aunque hizo los repartos de acuerdo con la legislación española, quedaron siempre en entredicho por haber usurpado facultades reales no delegadas. También violó ciertas disposiciones establecidas por la Corona en materia de repartición, que surgieron debido a los desórdenes que se producían en los lugares conquistados. Una de estas disposiciones era que "cada vecino de los primeros pobladores tenía derecho a una encomienda que legalmente no podía exceder de 500 indios ni producir más de 2000 pesos al año". En los valles de Toluca y México se pasó por alto este requisito. Las tierras estaban densamente pobladas, eran buenas para la ganadería, producían granos y redituaban rápidas riquezas. Así, la encomienda en un principio resistió la forma mixta de señorío-repartimiento, pues consistió, al mismo tiempo, en un poderío militar y económico.

De acuerdo con la legislación, a cada vecino debería proporcionársele un solar para construir su casa, que formaba parte de una caballería. Sin embargo, en el centro de México estas reglas no se acataron en ningún momento. Pero la insistencia de los conquistadores en solicitar cada vez más tierras, repartimientos de indios y encomiendas creó una pugna con la Corona, la cual siempre intentó debilitar el poder de los conquistadores, tratando de proteger a los naturales. Se confirmaron los repartos que Cortés había hecho antes de esta donación. Los pueblos del Valle de Toluca sujetos en encomienda al marqués —en lo que se conoce como el Marquesado del Valle— fueron, entre otros, Calimaya, Tepemaxalco, Metepec y Tlacotepec, y otros dependientes de Toluca. Los demás asentamientos, que tradicionalmente dependían de Toluca, no le pertenecieron en forma específica porque Cortés ya los había cedido a sus allegados y generales. Así, la tierra quedó repartida entre la Corona, el marqués, los encomenderos y los estancieros españoles. La zona nunca estuvo bien delimitada en el siglo xvi, ya que hubo unidades geográficas que fueron divididas entre varias personas, y otros pueblos entre encomiendas y marquesado; e incluso algunos de ellos quedaron en poder de dos encomenderos.

En un principio la idea de un súbito enriquecimiento mediante el hallazgo de minas provocó que los españoles desdeñaran la tierra y evitaran ocuparse de labores agropecuarias. Quienes se interesaron en poseer el suelo disponían de un pequeño capital o mano de obra. La agricultura era un negocio costoso y difícil de desarrollar, pero poco a poco la tierra cobraba importancia pues representaba un valor estable.

Los soldados exigieron encomiendas y repartimientos a Cortés, según la tradición peninsular. Así se había hecho en Andalucía, donde se repartieron, entre los caballeros venidos del norte, ciudades, aldeas, castillos y tierras en forma de feudos perpetuos, con jurisdicción sobre los habitantes. Según esta tradición, los conquistadores tenían derecho al tributo y a los servicios de trabajo de los naturales, es decir, a disfrutar del mismo prestigio que tenían los dueños de "señoríos solariegos" de la metrópoli. Todo esto, unido a la idea de las recompensas dadas a los particulares que habían hecho posible la Conquista, movió a Hernán Cortes para autorizar el reparto.

En 1523 el rey instruía a Cortés sobre la necesidad de otorgar a los españoles tierras como reconocimiento a sus servicios, posesiones que serían definitivas cuando la Corona las confirmara a través de las mercedes reales. A pesar de estas órdenes, la colonización continuó mediante mercedes de tierras y encomiendas, pero a finales del siglo XVI la Corona evitó dar nuevas concesiones y, sobre todo, previno que los hijos de los encomenderos heredaran el ejercicio del poder jurídico, aunque sí les permitió sembrar y recibir tributo y servicios personales. Una de las últimas donaciones realizadas por Cortés antes de partir a España, confirmada el 19 de noviembre de 1528 por el tesorero Alonso de Estrada, fue la encomienda del Valle de Toluca, otorgada a Juan Gutiérrez Altamirano, que sobresale por su extensión, población y riqueza; cosa similar ocurrió con Zinacantepec, otorgada a otro encomendero, Juan de Sámano. Cortés dio Ecatepec a perpetuidad a Doña Leonor, la hija de Moctezuma, para ella y sus descendientes, donación que rápidamente adquirió la categoría de encomienda de mestizos en virtud de que Doña Leonor se casó con el conquistador Juan Paz y el sucesor fue su hijo. Las relaciones que en esta donación se dieron respecto a sus subordinados fueron diferentes de las encomiendas dadas a los españoles. Pero la donación más grande, por el número de tributarios (16 015), fue la de Texcoco, debido a que en ella se habían incluido las cabeceras de Chalco y Otumba. En cambio, la encomienda más pobre en el valle fue la de Tequisistlán, repartida entre la Corona y Juan de Tovar.

El crecimiento de las encomiendas produjo algunos problemas con las comunidades indígenas por el uso y usufructo del suelo. Por ello, durante el siglo XVI las autoridades virreinales supieron de gran cantidad de amparos interpuestos por los indígenas relativos a propiedades dejadas en herencia, pues indiscriminadamente se otorgaban nuevas mercedes. Las dificultades surgían al querer demostrar que ciertos terrenos eran usufructuados por personas ajenas. Recordemos que la propiedad privada indígena era considerada como legalmente poseída si se demostraba que era herencia en posesión privada desde tiempos anteriores a la Conquista. Entre 1547 y 1552, el juez repartidor asignó terrenos y parcelas a las nuevas poblaciones de acuerdo con las normas españolas: dio terrenos para las casas del gobierno, de la comunidad y del hospital, y algunas sementeras para la Iglesia, y junto a ellos se establecieron las dependencias de la cabecera, las oficinas de la alcaldía y las tierras del fisco. Por último, los terrenos dependientes del pueblo los repartió con más apego a la usanza indígena, empezando por los de la comunidad, la gobernación y el fisco.

A pesar de todo, se presentaron dificultades entre las etnias. En especial, los matlatzincas se pusieron de acuerdo para aceptar las tierras que les correspondían. Los mexicas admitieron los terrenos que les dio el juez y algunos otomíes y mazahuas pidieron algunas sementeras y campos de labranza. Ya formados los pueblos, se les informó que no se darían tierras a quienes no las trabajaran y tendrían preferencia quienes las cultivaran. Además, se respetó la tierra que había otorgado el tlatoani mexica Moctezuma y, siguiendo el modelo español, se empezó a llevar un libro de registro de la propiedad en cada cabecera jurisdiccional, en el que tenía que aparecer el nombre de la persona y la descripción del terreno que le correspondía, a fin de evitar sobornos a las autoridades y el reparto de predios dados anteriormente.

La estructura del gobierno

La Corona organizó la administración gubernamental de la Nueva España siguiendo la práctica castellana. Tomó para el gobierno indígena dos caminos: dejar a los naturales la dirección de la administración municipal y retener la dirección de los sectores provincial y general; es decir, dividió el gobierno en dos esferas: una semiautónoma, con autoridades indígenas, y otra sujeta a las autoridades españolas.

En el gobierno dirigido por los españoles hubo tres secciones: la distrital o provincial, que encabezaban los corregidores y los alcaldes mayores; la general o central novohispana, a cuyo frente estaba el virrey o un representante —como el presidente de la Audiencia o los gobernadores en los grandes distritos—, y, por último, la general o central hispana, que presidían el rey y el Consejo de Indias. Así, el corregimiento fue una institución establecida para gobernar las ciudades y administrar justicia en las comarcas que dependían del rey. Con el paso del tiempo, y ante la decadencia de la encomienda, esa instancia fue cobrando importancia hasta llenar el vacío dejado por los encomenderos al finiquitarse sus mercedes.

La jurisdicción de los corregidores se inició con los naturales, y a partir de 1580, por real cédula, se extendió a los españoles. Como agentes del poder central, los corregidores tuvieron un estrecho contacto con los indios: eran los encargados de recaudar los tributos; vigilar la administración y el empleo de los bienes de la comunidad, la moral pública y privada, la contratación y el transporte; castigar sumariamente a los criminales; imponer contribuciones a las pulquerías para sufragar los presupuestos locales; regular las pesas, las medidas y los precios para evitar abusos de los mercaderes, y convocar a los principales vecinos para resolver problemas importantes. El corregidor conferenciaba con los eclesiásticos para erigir templos y conventos, y cuidaba de proveer medidas para el buen trato de los indios.

El principal deber de los corregidores era hacer que se ejecutaran puntualmente las órdenes del cabildo; en ocasiones aprobaban en los cabildos las medidas que les interesaba establecer, y sus sugerencias sobre la inversión de los fondos eran tomadas como órdenes. Las amplias facultades de los corregidores ya se estimaban perjudiciales desde los tiempos del virrey Antonio de Mendoza, quien en atención a las quejas presentadas contra ellos pidió al rey abolir el oficio y remplazarlo por el de alcalde mayor. Con el tiempo fueron sustituidos sin llegar a desaparecer por completo. Posteriormente se nombraron también tenientes, alguaciles y escribanos.

El corregimiento exigió, por su misma naturaleza, una delimitación de zona, lo que conllevó un trazo del espacio geográfico; para ello, las unidades cabecera-sujeto fueron nuevamente la base esencial. El trazado del mapa de corregimiento resultó difícil de hacer e incluso no se pudo fijar en forma permanente por las encomiendas. No fue hasta 1550 cuando el corregimiento logró plena autoridad política sobre las áreas de la encomienda.

En teoría, los corregimientos eran limitados en tamaño, estaban bien demarcados y se ubicaban contiguos unos con otros. Pero en la práctica los españoles, como los indígenas antes que ellos, hicieron distinciones más exactas de fronteras en las tierras bajas de los

MAPA IV.1. *Corregimiento de Toluca del Marquesado del Valle (siglo XVIII)*

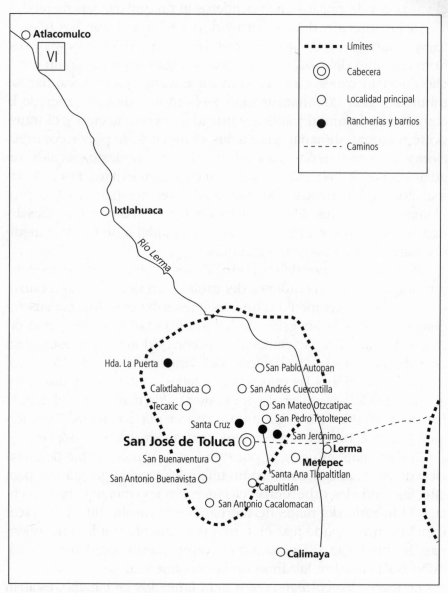

FUENTE: Bernardo García Martínez, 1969, p. 139.

valles de México y de Toluca, más densamente pobladas que las zonas montañosas, remotas y habitadas de manera dispersa.

Así se organizó en 1531 el corregimiento de Otumba, de donde salió en 1544 el corregimiento de Oztotipac. En ese mismo año se formó el de Tequisistlán, de donde surgiría en 1600 el de Teotihuacan, al que se le anexaría Acolman en 1640 al transformarse en alcaldía mayor. Un año después se delimitó geográficamente el corregimiento de Chiconautla, el cual fue sustituido en 1640 por la alcaldía mayor de San Cristóbal Ecatepec. En 1563 se fundó el corregimiento de Chalco, cuyos límites se movieron constantemente de 1533 a 1553 entre Tlayacapan y Tlalmanalco. En 1534 Coatepec era cabecera de corregimiento. En 1546 Tepotzotlán fue delimitado con siete pueblos de la región del lago del norte como corregimiento, y en 1566 se le anexó parcialmente Jaltocan. De este corregimiento se desprendió, durante el siglo xvii, la alcaldía mayor de Tenayuca y el corregimiento independiente de Zumpango. Por último, alrededor de 1560 se delimitó el corregimiento de Zumpango de la Laguna, en el Valle de México, que se transformó en alcaldía mayor en 1640.

La distribución geográfica de los corregimientos en el Valle de Toluca fue la siguiente: en los primeros años de la década de 1530 la zona más poblada era la ribera de la Laguna del Lerma, conocida como Laguna de Matalcingo o Río Grande, la cual fue reclamada por el marqués del Valle de Oaxaca, Hernán Cortés, como subordinada a su villa de Toluca. En 1534 la Audiencia tomó esa área como parte de la Corona para crear el corregimiento de Metepec y Tepemachalco, Talasco, Teutenango y Jiquipilco y, años más tarde, Ixtlahuaca. Todas estas poblaciones fueron unidas alrededor de 1550 bajo un corregimiento que denominaron alcaldía mayor del Valle de Matalcingo, con su capital en Toluca (mapa iv.1). La extensión de la zona impidió su control y facilitó el surgimiento de corregimientos independientes, como el de Ixtlahuaca y Metepec. Éste fue el más grande e importante de la zona, y su alcalde mayor era nombrado directamente por el rey.

En 1532 Malinalco era la capital de la provincia de esa zona, que incluía Atlatlauca y Suchiaca, pronto separadas en corregimientos independientes en 1534 y 1537, respectivamente. Por cuestiones geográficas la Audiencia anexó Tenango a Atlatlauca en 1550 para mayor fluidez administrativa, pero al ver que eso no funcionaba se determinó asignar Tenango al Valle de Matalcingo y Atlatlauca a Malinalco, ambas con la categoría de alcaldías mayores. Como los resultados fueron buenos, en 1558 se determinó que Suchiaca también quedara como alcaldía mayor anexa a Malinalco. La zona sufrió variaciones alrededor de 1647; en 1675 se volvió a darle categoría de cabecera a la jurisdicción de Tenango, a la que en el siglo xviii se transfirieron varias villas de Metepec. Cerca de la Ciudad de México se formó, en 1535, el corregimiento de San Mateo Atarasquillo, el cual pasó íntegramente a la ciudad de Lerma en el siglo xvii al ser fundada dentro de su jurisdicción.

En la provincia de la Plata, al sur del Valle de Toluca, se crearon en 1536 los primeros corregimientos en Texcaltitlán y Amatepec. Posteriormente se fundaron dos alcaldías mayores, una en Sultepec en 1540 y otra en Temascaltepec. La primera fue al mismo tiempo corregimiento de Amatepec y Sultepec, con todas las villas indias de la región. Por su parte, Temascaltepec tuvo su propia jurisdicción en los vecinos del corregimiento de Tuzantla, cerca de Maravatío. En 1715 las dos alcaldías mayores fueron fusionadas en una: Temascaltepec-Sultepec. Zacualpan e Ixtapan, por su parte, se enlistaron como corregimientos en 1544. En 1563 el área estuvo bajo la alcaldía mayor de las minas de Zacualpan. La jurisdicción fue ampliada en 1578 por la transferencia de Coatepec y Cuitlapilco, que pertenecían a Sultepec, y alrededor de 1589 se le anexó Ixcateupan (que hoy corresponde al estado de Guerrero), quedando así conformada la zona del sur del valle.

En el norte del Valle de Toluca la Corona tuvo que enfrentar algunas dificultades con los encomenderos para poder controlar administrativamente la zona. Alrededor de 1548 fueron nombrados justicias para los chichimecas tomando como base la provincia de Jilotepec; pronto se creó una alcaldía mayor con una inmensa jurisdicción que se extendía hacia el occidente de los límites de Nueva Galicia, mientras hacia el norte nunca se definió su frontera. Abarcaba Sichú y Pusinquio (San Luis de la Paz), Guanajuato. Tlalpujahua, San Miguel y Querétaro fueron separadas al final del siglo XVI en alcaldías mayores que se ciñeron a Zimapan (Hidalgo). La parte noroeste de la provincia de Jilotepec sufrió cambios en 1640 al separarse Hueychiapa y formar una alcaldía mayor independiente.

En los siglos XVII y XVIII, con el desarrollo de la vida económica colonial, la importancia de los corregimientos se acentuó por las prerrogativas y oportunidades que brindaban para hacer fortuna. Lejos de aspirar a un buen sueldo, los corregidores buscaban hacer negocios que les redituaran buenas utilidades aprovechando, por supuesto, su posición. Sin embargo, las leyes de intendencia abolieron los corregimientos, y los corregidores fueron sustituidos por subdelegados bajo la supervisión de los intendentes.

Los ayuntamientos se establecieron en cuanto se fundaron las ciudades y villas. El cabildo o concejo municipal estaba integrado por alcaldes y regidores, cuya cifra variaba (uno o dos) en función del número de habitantes de la comunidad. Al principio eran elegidos por los vecinos, pero al paso del tiempo la Corona otorgó los cargos a perpetuidad y después fueron vendibles y renunciables. El cabildo legislaba localmente: expedía las ordenanzas municipales y cuidaba de las obras públicas, de mejorar las condiciones y la calidad del trabajo y la enseñanza elemental, y de abastecer a la ciudad, así como de representarla en los pleitos que cualquier tribunal emprendiera en su contra y de defender sus privilegios.

La administración de justicia tanto civil como criminal era competencia de los alcaldes ordinarios. Su jurisdicción era simple y común, es decir, estaban exentos de ella los individuos que gozaban de algún fuero. Vigilaban la ciudad usando la vara de justicia, "incluso en la noche, por medio de rondas en las que también participaban el corregidor y el alguacil, y temporalmente en los caminos cuando desempeñaban el cargo de alcaldes de la Santa Hermandad".

El patrimonio de los ayuntamientos se formaba con tierras llamadas "propios" y con otros bienes: los arbitrios, que consistían en alquileres de casas y tierras; con el servicio personal de los indios en las obras públicas; con las multas impuestas al ganado, y con las licencias para fiestas de toros, peleas de gallos, juegos de azar y otras actividades.

Los integrantes del ayuntamiento tenían facultades específicas. El alcalde mayor ejercía las funciones judiciales de primera instancia y el alguacil procuraba preservar el orden en la ciudad. El mayordomo administraba los propios y el síndico cuidaba los intereses de la corporación. Otros miembros del cabildo eran el abogado y el escribano; en las ciudades y villas de importancia éste debía ser "real", es decir, tener título de la Corona.

En un principio los pueblos indígenas mantuvieron sus antiguos modelos prehispánicos de gobierno local. Los caciques con título de *gobernadoryotl* regían desde la cabecera y los principales estaban bajo su tutela administrando sujetos, barrios o estancias con la ayuda de los *tequitlatos*. El virrey don Antonio de Mendoza fue el primero en nombrar gobernador y alcaldes ordinarios para los pueblos indígenas. A mediados del siglo XVI ya había cabildos en varios de ellos. En 1618 Felipe III fijó el número de integrantes de los cabildos indígenas. Sólo en cierta medida el ayuntamiento de los pueblos indígenas se ajustó al de las ciudades y villas españolas.

Los cabildos indígenas estaban formados por los oficiales de república: el *gobernadoryotl* o juez-gobernador, alcaldes regidores y alguacil, conocido más comúnmente como *topil*. Además, según las necesidades del pueblo, podía haber mayordomos escribanos y alguaciles de doctrina, quienes a veces formaban parte de los pequeños concejos dependientes del cabildo municipal; pero la elección de las autoridades no siguió la forma española, ya que existían variantes locales según la costumbre indígena. El sistema de elección siempre era muy solemne. Estos cabildos fueron la célula del gobierno municipal, pues en su conformación se combinaban la tradición indígena de elección entre los miembros más destacados de la comunidad y la española en su variante más democrática.

CONGREGACIONES Y FORMACIÓN DE PUEBLOS

A la llegada de los españoles los asentamientos humanos estaban dispersos. Sus pobladores, dedicados al cultivo extensivo de maíz, se veían obligados a vivir cerca de sus campos de labranza. También existían algunos centros ceremoniales —cabeceras religiosas y económicas donde sólo residían gobernantes, sacerdotes y algunos nobles— adonde acudían desde los campos los naturales durante las celebraciones religiosas, los días de mercado, al pago de tributo y cuando iban a prestar servicios personales en trabajos comunales. "Los españoles pronto se dieron cuenta de que no podían ni explotar completamente ni catequizar efectivamente a un pueblo disperso en áreas remotas, donde evadirían el tributo y practicarían ritos prohibidos." Resultaba necesario, en primer lugar, congregar a los naturales alrededor de los pueblos indígenas establecidos y luego buscar lugares propicios para otros pueblos.

A principios de la década de los treinta, tan pronto llegaron los primeros misioneros franciscanos a Texcoco y Toluca, que eran los centros más importantes de los valles de México y Matlatzinco, se abocaron a organizar los asentamientos indígenas según lineamientos del virrey Antonio de Mendoza. Las directrices del virrey marcaron los primeros poblados en el centro de México en la década de 1540. Durante la segunda mitad del siglo XVI hubo una tendencia a asimilar los pueblos y los grupos indígenas a los municipios españoles para hacer más fácil el proceso de evangelizarlos y enseñarles a vivir en "policía". A éstos se les llamó pueblos de "congregación", "junta" o "policía" y, a finales del siglo XVI, se les conoció como pueblos de "reducción", en los que se siguieron los modelos y conceptos urbanísticos traídos de España, modificados en parte por la tradición indígena. La Corona siguió dos modelos para apartar a los naturales de los españoles y de los esclavos africanos: estableció repúblicas de indios donde se separaba a los naturales del resto de la población, y congregó o redujo en poblaciones a los indios dispersos que carecían de residencia fija.

En términos urbanísticos, los españoles designaron cuatro poblaciones del Valle de México como ciudades, creándose una categoría urbana superior: Tenochtitlan y Texcoco en 1543, Xochimilco en 1559 y Tacuba en 1564. Incluso, los misioneros franciscanos y dominicos reordenaron ocho centros para la conversión de los indios fuera de la Ciudad de México, tres situados en la ribera del lago: Coyoacán, Cuautitlán y Texcoco; otros tres en la comarca de pueblos acolhuas: Coatepec, Tepetlaoxtoc y Otumba, y dos en las tierras de los chalcas: Tlalmanalco y Chimalhuacán.

Los pueblos se establecían en los lugares más convenientes de cada región, "señalándoles largos términos para sus labranzas y dehesas y montes". En 1567 se ordenó que antes de organizarlos se tomaran en cuenta los puntos de vista de los caciques, de las órdenes religiosas y de los residentes de la zona para elegir el sitio adecuado a fin de que no sufrieran daño ni agravio. Al mismo tiempo, se dotaría a los pueblos de autoridades indias, de tierras suficientes para sus actividades agrícolas y de un fundo legal para el pueblo. A partir de entonces no se permitió que se establecieran estancias de españoles ni caballerías de tierras cerca del pueblo. En 1687 se aumentó el fundo legal a 600 varas, que debían medirse de la última casa del pueblo y por "todos los cuatro vientos", y en 1695 se estipuló que la medición se hiciera desde el centro del pueblo, que casi siempre era la iglesia.

Las comunidades indígenas que tenían tradición de *tlatocáyotl* (con tlatoani, señor o rey) se convirtieron en cabeceras, desde donde se administraban los barrios y las estancias o pueblos sujetos. Las autoridades que residían allí se encargaban de recaudar los tributos y enviarlos al centro (Gibson definió como "pueblo sujeto" a una comunidad que debe tributo, servicio y otras obligaciones a los funcionarios de la cabecera). Las estancias o barrios generalmente tenían su base prehispánica en la antigua unidad llamada *tlaxilacalli,* conocida también como *calpulli,* que era gobernada por los jefes locales subordinados a la cabecera. En todas las jurisdicciones, los pueblos *tlatoanis* se convirtieron en cabeceras, en sedes del gobierno colonial en sus esferas política y eclesiástica; en ellas se estableció una "doctrina" que albergó a los clérigos y a las iglesias, y de ellas dependía un número de pueblos llamados "visitas". A esta organización se le conoció indistintamente con el nombre de doctrina, curato, partido o parroquia.

Aparentemente, los motivos de los españoles eran altruistas; sin embargo, coexistían con otros menos nobles que tenían en las congregaciones el instrumento más eficaz para asegurar el sometimiento de la población a sus intereses económicos y religiosos.

Así, resultó más sencillo contabilizar a los indígenas mediante las matrículas de tributos, obligarlos a prestar el servicio personal en forma más regular y, sobre todo, forzarlos a adoptar gradualmente las formas de vida española. Por otra parte, al agrupar a los pobladores dispersos quedarían tierras desocupadas donde se podrían fundar pueblos de españoles y mestizos. Así, las tierras libres podían ser solicitadas como mercedes, pues esto no perjudicaba a ningún natural; además, estaban sin producir, en detrimento de la Corona y de la colonia. En suma, los agrupamientos permitían mantener un mayor control sobre la población india.

Los primeros frailes también vieron la utilidad de la congregación, ya que facilitaba el adoctrinamiento y garantizaba la asistencia regular de los fieles a la iglesia. Sin embargo, al percibir que los españoles explotaban cada vez más a los indígenas y los contagiaban de sus malas costumbres y enfermedades, empezaron a oponerse a estas congregaciones; no obstante, se vieron obligados a aceptarlas pues no había otro camino para poder cristianizar a los naturales. Además, fueron ellos quienes se aprovecharon de las nuevas poblaciones para dirigir y realizar uno de los proyectos constructivos más espectaculares que recuerda la historia mexicana: la edificación de monasterios. En las congregaciones coexistía un doble proyecto histórico-político y evangelizador. El primero intentó reducir la pluralidad cultural y política de los indígenas y crear una igualdad y homogeneidad que permitiera tanto el control productivo y de mano de obra como la hegemonía cultural y política; el segundo intentó formar unidades relativamente autónomas dentro de la colonia y del Estado español. Al indígena encomendado había que contraponer el indio congregado y crear un espacio de libertad y autonomía relativa donde era posible la misión. La religión en estos proyectos era bien aceptada para reforzar la hegemonía o para dar identidad al propio grupo.

Don Luis de Velasco llegó a la Nueva España en 1550 con instrucciones precisas sobre las congregaciones. Durante su mandato, y apoyado por los frailes, fueron seleccionados los nuevos sitios para los monasterios y se proyectaron cabeceras y pueblos de visita en el Valle de Toluca. Así se formaron las congregaciones de

CUADRO IV.1. *Pueblos reducidos y congregados en la zona centro (1545-1652)*

Pueblos reducidos		Pueblos congregados		Pueblos reducidos y congregados	
Pueblo	Años	Pueblo	Años	Pueblo	Años
Acolman	1603-1604	Almoloya	1593	Ahuatepec	1603
Amatepec	1614, 1619	Amanalco	1603-1604	Amecameca	1550, 1553, 1594, 1599, 1652
Atlacomulco	1592-1593, 1603	Atlapulco	1560, 1603	Atlautla	1550, 1599, 1603
Caltecoyan	1603-1604	Atlatlauca	1603-1604	Axapusco	1603
Chapa de Mota	1592	Ayapango	1603	Chalco	1558, 1604
Chiautla	1603	Ayotla	1554	Chimalhuacán	1553, 1558, 1599, 1603
Citlaltépec	1592	Calimaya	1558, 1560, 1603-1604	Coatepec	1593-1594, 1604
Cuatlinchan	1603	Capulhuac	1557, 1603-1604	Cuautitlán	1604
Huehuetoca	1594, 1604	Centlapa	1603-1604	Cuautlanzingo	1603
Hueyahualco	1619	Chalma	1604	Cuitláhuac	1599, 1603
Hueypoctla	1592-1603	Chapultepec	1603	Ecatepec	1603-1604
Ixtapaluca	1553, 1558, 1603, 1608	Chichicuautla	1593	Ozumba	1550, 1553, 1603
Jaltocan	1593, 1599, 1603-1604	Coacalco	1603	Tenango Tepopula	1552-1553, 1555, 1599, 1603-1604
Jilotepec	1592-1593, 1599	Coyoacán	———	Tenayuca	1593
Jiquipilco	1593-1594, 1604	Cuapanoaya	1563, 1603	Teotihuacan	1600-1603
Jocotitlán	1592-1594	Huitzizilapan	1563, 1593	Tepetlaoztoc	1603-1604
Putla	1603-1604	Ixtacalco	1604	Tepexpan	1604

San Felipe del Progreso	1592	Ixtapan	1593	Tezayuca	1603
San Luis	1592	Ixtlahuaca	1570, 1593-1594, 1603-1604	Tlalmanalco	1558, 1599-1603
Tecámac	1603-1604	Jaltipac y Coapan	1604	Zinacantepec	1560, 1564, 1593, 1603
Tepotzotlán	1593	Joquicingo	1603-1604	Zoyazingo	1545, 1555, 1603
Tequisquiac	1592	Juchitepec	1545, 1603-1604		
Tlacotepec	1603	Malacatepec	1604		
Tlalnepantla	1593-1603	Malinalco	1593-1594		
Tultitlán	1604	Metepec	1561, 1603-1604		
Zumpango	1593, 1604	Mihuacotingo	1603		
		Mixquic	1571		
		Ocoyoacac	_____		
		Ocuilan	1593-1594, 1598, 1604		
		Otompa	1603		
		Otumba	1603		
		Otzolotepec	1593		
		Tacuba	_____		
		Temazcalapa	1604		
		Temoaya	1593, 1604		
		Tenancingo	1593, 1598, 1604		

CUADRO IV.1. *Pueblos reducidos y congregados en la zona centro (1545-1652) (conclusión)*

Pueblos reducidos		*Pueblos congregados*		*Pueblos reducidos y congregados*	
Pueblo	*Años*	*Pueblo*	*Años*	*Pueblo*	*Años*
		Tenango	1563, 1579, 1603		
		Tenochtitlan	—		
		Teoloyucan	1603-1604		
		Teopancalco	1603		
		Tepemajalco	1558, 1560, 1604		
		Tepezoyuca	1603		
		Tequisistlán	—		
		Texcoco	1603		
		Teyahualco	1604		
		Tlalachco	1593		
		Tlatlaya	1614, 1619		
		Toluca	1563, 1598, 1603		
		Tonatico	1593		
		Xalatlaco	1594, 1603-1604		
		Xochiaca	1604		
		Xochimilco	—		
		Zacualpan	1604		
		Zepayautla	1604		
		Zumpahuacan	1593-1594		

Capulhuac (1557), Atlapulco (1560), Zinacantepec (1560) y Metepec (1561). Algunos pueblos se juntaron en uno solo, como sucedió con Calimaya y Tepemajalco. En el Valle de México se congregaron Ecatepec (1560); Tenayuca y Teocalhuyacan —reunidos en el primer pueblo— (1560); Tizayuca (1563); Amecameca y Tenango Tepopola (1570), y Teotihuacan, Tequisistlán y Tepexpan (1580), donde se congregaron los habitantes de ese valle. En cada lugar se estableció un convento, punto central alrededor del cual se situaba la población hispana que controlaba a los naturales. Los frailes se encargarían de propagar la fe cristiana y ejercer una vigilancia más estrecha sobre la producción.

Los naturales se resistían a congregarse por temor a perder sus tierras de labranza, por tener que construir nuevas casas y para evitar ser obligados a prestar servicios personales al convento, a las casas reales, a las casas de los españoles y en la construcción de los edificios públicos. También procuraban evadir su registro en el padrón de tributarios del encomendero donde existían estas mercedes. A finales del siglo xvi y principios del xvii, la Corona llevó a cabo un nuevo programa de congregación originado en parte por las epidemias de 1593-1605, que diezmaron a la población y exigieron un reacomodo de pueblos. Sólo que ahora se veía a la congregación como el restablecimiento de familias indígenas dispersas o de sujetos enteros en comunidades compactas conocidas como pueblos de reducción. Las justificaciones declaradas eran "la enseñanza del cristianismo, la eliminación de la ebriedad, la promoción de una vida indígena ordenada y la protección de los indios bajo el derecho español". Desde el punto de vista político, ciertos lugares importantes en la época prehispánica dejaron de existir; en cambio, algunas comunidades recién formadas cobraron realce, sobre todo las que habían estado subordinadas y que debido a los reacomodos reafirmaron su independencia como cabeceras. El ejemplo más claro es el de Chapa de Mota. En febrero de 1592, por orden del virrey Velasco, se congregaron 24 estancias en dos lugares: la cabecera Chapa, hacia el pueblo de San Felipe, y San Luis, donde debieron reunirse cuatro estancias.

Los indígenas se oponían a las reducciones argumentando el

arraigo local, la lejanía y la calidad inferior de las nuevas tierras, la vulnerabilidad a los intrusos (pues la novedad atraía a la gente), la mezcla étnica (como sucedió en el norte de Acolman entre mexicas y acolhuas) y la diferencia del medio a donde los reducían porque cambiaba por completo la vida de su comunidad.

La tendencia fue concentrar aún más la población indígena sobreviviente, hacerla más accesible al control de encomenderos y otros, y disponer de las tierras para entregarlas a los españoles. Además, las crecientes ciudades y centros mineros de la Nueva España necesitaban una cantidad superior de alimentos y vestidos de los que podía producir una menguada población rural bajo el viejo sistema tributario. Las nuevas instituciones de producción, como obrajes y haciendas, fueron construidas en tierras y con mano de obra de estos pueblos indígenas congregados o reducidos.

La organización de la Iglesia

A raíz de la conquista militar, y con igual grado de intensidad, se produjo lo que Robert Ricard ha llamado la conquista espiritual de la Nueva España. Su fin principal fue la incorporación de los naturales al mundo cristiano de Occidente por medio de la religión católica. Así, en 1523 desembarcaron los primeros franciscanos: fray Juan de Tecto, fray Juan de Aora y fray Pedro de Gante, quienes comenzaron otro periodo en la historia del dominio de la Nueva España. Se establecieron en Texcoco e iniciaron desde allí la evangelización de los naturales. Fray Pedro de Gante, junto a sus tareas misionales, estableció la primera escuela para niños indígenas, donde se enseñaba música, artesanías, lectura, escritura y doctrina cristiana. La acción evangélica se enfocó hacia los menores por la mayor facilidad de acción entre ellos, ya que podían aprender con gran rapidez la lengua castellana y a su vez enseñar náhuatl a los misioneros. Aunque algunos adultos hablaron pronto el idioma de Castilla, su catequización se retrasó por su modo de vida basado en las antiguas creencias. Al año siguiente llegaron "los Doce", bajo el mando de fray Martín de Valencia. Celebraron su primera misa en Texcoco, donde percibieron que la labor de fray Pedro de Gante empezaba a dar frutos. Los misioneros desempeñaron el papel de constructores del nuevo orden establecido. Quizá sin quererlo, fueron el instrumento definitivo de la dominación, pues poco a poco, pero con gran eficacia, transformaron al indígena en súbdito español.

La gigantesca tarea de cristianización de los nativos del Nuevo Mundo consideró la satisfacción de las dos partes, el conquistador y el conquistado, a fin de que la obra no se perdiera ni quedara aislada. Hubo de enfrentar un mosaico de climas y lenguas autóctonas complejas: náhuatl, otomí, matlatzinca, mazahua, ocuilteca y, en las fronteras con Michoacán, tarasco. Se pusieron en práctica algunos vocabularios, gramáticas y métodos especiales para enseñar la doctrina. Se utilizó a indios instruidos en la doctrina cristiana, seguramente trilingües, que reunían cada domingo a grupos de indígenas de la misma lengua. El catequista enseñaba durante una hora primeramente en latín y después en la lengua nativa. Había sesión de preguntas y respuestas. Al final el cura oficiaba la misa y predicaba el sermón, de preferencia en náhuatl.

En 1525 tuvo lugar "la primera batalla al demonio": los frailes ahuyentaron a todos los que estaban en los templos indígenas y persiguieron la idolatría que se ocultaba tras las imágenes católicas. Empezaron la evangelización sistemática administrando los sacramentos de la penitencia (confesión) y el matrimonio, instruyendo convenientemente a los nuevos feligreses. Se combatió la poligamia acostumbrada en los tiempos prehispánicos y los principales indígenas tuvieron que decidir cuál de sus numerosas mujeres sería la legítima. Para dar mayor importancia social al matrimonio, en Texcoco éste fue solemne y con grandes festejos.

Conforme aceptaban el cristianismo, los indios se mostraban diligentes en la construcción de los nuevos templos. Ellos mismos cargaban las piedras y las vigas, y hacían la cal, los adobes y los ladrillos. Para 1541, fecha en que Motolinía escribió sus *Memoriales,* este fraile contó más de 400 templos cristianos erigidos en los pueblos importantes de las cabeceras de Texcoco, Tlalmanalco y Chalco; Tenayuca, Cuautitlán, Otumba, Tepeapulco y Zempoala. Texcoco, uno de los principales conventos de la provincia del Santo Evangelio, trabajó afanosamente en los primeros 20 años de evangelización. En este lugar la labor misional de fray Pedro de Gante dejó huellas tan profundas entre la población que el arzobispo Montúfar llegó a decir: "El arzobispo de México no soy yo, sino fray Pedro de Gante". En cambio, en Chalco, un incendio fue el preludio a la evangelización. Los templos indígenas de Amaquemecan, Tlalmanalco y Tenango se consumieron en llamas. Sobre sus cenizas, aún calientes, el agua de los bautismos apagaría la idolatría. Así empezaron los franciscanos. Después vendría la labor de convencer a los nobles de que dejaran la poligamia y se casaran con una sola mujer.

A partir de 1524 se empezaron a fundar conventos en los grandes centros indígenas de importancia política y religiosa. Los franciscanos abrieron brecha al apostolado en el México central, sus fundaciones se multiplicaron entre 1525 y 1531, y, con la llegada de las otras dos órdenes mendicantes —dominicos en 1526 y agustinos en 1533—, se hizo una red de comunicación entre diversos conventos establecidos en la Nueva España. Las tres órdenes acordaron su delimitación geográfica. Los franciscanos se establecieron en la región de Puebla y en el centro de México, en lo que serían los futuros estados de México, Morelos, Hidalgo y Tlaxcala. Los dominicos extendieron su actividad a los lugares vacantes del Valle de México, Puebla y Morelos, además de toda la zona mixteco-zapoteco, con Oaxaca como centro. Los agustinos sembraron la fe en tres direcciones: un área meridional, otra septentrional, entre los otomíes, y la última occidental, hacia Michoacán. Se establecieron en la región fronteriza de los actuales estados de Guerrero y Morelos, y en los años de 1537 y 1543 se instalaron en Ocuilan y Malinalco, respectivamente, en el Valle de Toluca y en algunos lugares del Valle de México, como Acolman, Ayotzingo, Tecámac y Tepexpan, de acuerdo con el capítulo de 1540; por esa misma época fundaron casa en Capulhuac, Tianguistenco y Zacualpan, y en Toluca dos conventos.

A la provincia del Santo Evangelio, comúnmente llamada de México, pertenecían los valles de Toluca y de México. Tenía una extensión geográfica de 40 leguas de norte a sur, y de 80 leguas de oriente a poniente, abarcando desde el puerto de San Juan de Ulúa, en Veracruz, hasta el convento de Zinacantepec. En 1585, cuando el padre comisario general visitó la provincia, contaba con 69 casas entre grandes y pequeñas: 38 conventos estaban sujetos al arzobispado de México, 30 al de Tlaxcala y uno al de Cuba.

Un convento o una iglesia parroquial servía de sede a un área geográfica interrelacionada con pueblos menores, con objeto de mantener una comunicación con la población indígena aledaña a dicha cabecera. Las sedes fueron seleccionadas por el tamaño, por el estatus de sus comunidades o por la densidad de la población, sin tener en cuenta las fronteras tribales. En el Valle de Toluca los franciscanos escogieron como cabeza de doctrina a Toluca, Zinacantepec, Calimaya, Jilotepec y Metepec. En cada lugar se construyó una iglesia con dinero del encomendero o por donación de los mismos naturales. Según el padre Chauvet, la primera fundación fue Toluca en 1529-1530; luego Jilotepec en 1530; más tarde, alrededor de 1569, Metepec y Zinacantepec, y por último Calimaya en 1577, aunque algunas fuentes señalan que esta última se fundó en 1561.

En el siglo XVI, en el Valle de México, el clero regular también estableció conventos en Santiago Chalco, San Andrés Chiautla, San Miguel Coatlinchan, San Buenaventura Cuautitlán, San Cristóbal Ecatepec, San Luis Huexotla, La Purísima Concepción Ozumba, San Juan Teotihuacan, San Antonio de Padua Texcoco, San Luis Obispo Tlalmanalco, Corpus Christi Tlalnepantla y San Lorenzo Tultitlán, asentamientos que luego se ampliaron en el siglo XVII.

En 1528 los dominicos se establecieron en Chimalhuacán, Chalco, Ecatzingo, Ixtapaluca, Tepetlaoxtoc, Tenango Tepopola y Amecameca. Aprovechando la fertilidad de la zona y la abundancia de la fuerza de trabajo, desarrollaron la agricultura y dieron auge a otras actividades económicas importantes, como la arriería, el corte de madera y la fabricación de carbón. Por su parte, los agustinos se establecieron en San Agustín Acolman en 1555, Ayotzingo, Tecámac y Tepexpan. Los jesuitas llegaron en 1572 a la Nueva España. No se hicieron cargo de curatos o doctrinas en el territorio del actual Estado de México, como tampoco en lugar alguno del virreinato. En cambio, hicieron sentir su influencia desde el colegio de Tepotzotlán, internado de indios y noviciado de la orden, en el suntuoso edificio que es muestra de su riqueza.

En general, el clero regular controló la mayor parte del actual Estado de México. Llama la atención que el clero secular no tuviera mayor injerencia en el Valle de México, que era el más rico y poblado en el momento de la Conquista. Dentro de la Iglesia, los frailes mendicantes regulares y el clero secular conformaban dos grupos poderosos en oposición que lucharon por el control de los pueblos. En el primer momento de la evangelización se habían confiado a las órdenes religiosas poderes parroquiales y sacramentales para la realización de metas misionales, facultades tradicionales de los clérigos de la jerarquía episcopal, que consideraban el control parroquial por el clero regular como una intromisión no autorizada.

A finales del periodo novohispano la Iglesia ya era una institución rica y compleja. Sus doctrinas recibían ingresos de rentas de tierras, hipotecas, cofradías, hermandades, organizaciones caritativas y otros fondos e inversiones, además de las contribuciones regulares de los miembros de la parroquia. Todo esto condujo a que las fricciones se acrecentaran cada vez más, por lo que al cambiar la dinastía de los Habsburgo por la borbónica, y con las reformas de gobierno, se decretó en 1756 la secularización de varios de los conventos que estaban en manos de los mendicantes, entre los que se encontraban casi todos los monasterios de los valles de Toluca y de México, que pasaron a formar parte de la arquidiócesis y quedaron controlados por el clero secular, con lo que terminó un capítulo importante de la labor misional de la Iglesia.

En suma, si la conquista militar sometió a los indígenas al poder del Imperio español, algo semejante ocurrió en el terreno espiritual. Clero regular y secular predicaron el evangelio entre los antiguos adoradores de múltiples deidades. Si bien se suprimieron los sacrificios y otras prácticas religiosas, se presentaron nuevas formas de religiosidad que no lograron desplazar del todo a las antiguas.

La formación de la hacienda y la vida económica

La economía de los pueblos de los valles de México y de Toluca tuvo como base la agricultura y se organizó principalmente en unidades productivas conocidas como *haciendas*. Esta forma de propiedad territorial fue la riqueza más prestigiada de entonces. La palabra *hacienda*, tan usual a principios de la Colonia, significaba haber o tener bienes en general, y con el tiempo pasó a designar una propiedad territorial de grandes proporciones. Fue la unidad económica por excelencia en la Nueva España; allí se producía para el mercado y en general alcanzó a ser una unidad autosuficiente. Atrajo a los pueblos indios y a una población dispersa que se fue asentando como mano de obra que trabajaba por una paga determinada. Mantuvo servicios religiosos y representaba un aprovisionamiento seguro.

Desde mediados del siglo XVI la encomienda inició su decadencia como primera institución económica. No sólo habían quedado muchos españoles desprovistos de ella, sino que el sistema de tributo y servicios resultó insuficiente para el abastecimiento de las ciudades. Muchos españoles iniciaron la explotación de empresas agrícolas y ganaderas. Por otro lado, las grandes extensiones de tierras que los indígenas dejaron vacantes permitieron su aprovechamiento para la agricultura española, que inició un franco movimiento de expansión. Muy pronto el Valle de Toluca se convirtió en una zona de gran producción ganadera. Aunque se criaban caballos, bovinos y ovinos, fue esta última especie la que alcanzó mayor preponderancia, sobre todo en los pueblos de la parte norte de la región. En Toluca los ganaderos locales, agrupados en la asociación conocida como la Mesta, se reunían anualmente en agosto para sesionar. A principios del siglo XVII Toluca empezó a adquirir fama por la producción de jamones y chorizo.

La vida económica se vio afectada por diversas epidemias que causaron verdaderos estragos en 1531, 1545, 1564 y otros años en las zonas de mayor población. La más terrible de todas para los valles de México y de Toluca fue tal vez la de 1576-1577, que acabó

con poblaciones enteras. En 1588 Tlaxcala, Tepeaca y Toluca sufrieron un nuevo azote. Esta vez la congregación de población
ordenada por el virrey conde de Monterrey agravó aún más la
mortalidad entre los indígenas. Los pueblos más afectados tuvieron que vender sus tierras para pagar los tributos reales presentes
y pasados. Varios caciques aprovecharon la situación para invadir
terrenos que después ofrecían a los españoles, amparados con compras ficticias o asegurando que se trataba de sitios abandonados.

Deseosos de tierras, los personajes poderosos ejercieron su
influencia para que las autoridades reales dieran licencia a las
"pobres viudas" o a gente sin recursos para poder vender sus propiedades. Hacia 1588 el virrey marqués de Villamanrique derogó
algunas de las restricciones para vender. El propietario, para ser
considerado dueño, debía cultivar la tierra por un plazo de cuatro,
cinco y hasta ocho años. A pesar de estas normas, en el siglo XVII
era frecuente otorgar una merced real de tierras acompañada de una
licencia de venta. El Consejo de Indias, mediante cédula de 1615,
ordenaba al virrey vender en subasta pública nuevas mercedes de
tierras con la condición de que los compradores se obligaran a
reconfirmar sus títulos ante la Corona. "A los españoles que hubieran 'usurpado' tierras, se les podía aceptar el pago de una 'composición moderada' en caso de que desearan conservarlas"; si no, se
venderían en subasta pública. El conde de Salvatierra (1642-1648),
al ver que las órdenes de su antecesor el marqués de Cadereyta no
lograron recabar el dinero esperado, despachó nuevas comisiones
para medir las tierras y averiguar su riego. El fruto de este trabajo
empezaba a llegar a la metrópoli medio siglo después de la orden
original. Esta política se sintió con más fuerza en las zonas de mayor población, como los valles de México y de Toluca. Los corregidores, alcaldes mayores o sus tenientes y los jueces de congregación ejercieron la función de demarcadores de tierras.

A mediados del mismo siglo, en 1643, se dispuso además que
todas las posesiones que no contaran con títulos legítimos fueran
consideradas tierras de realengo y, por ende, puestas en subasta
pública. Para que una tierra fuera designada de realengo, se verificaba si reunía las características que las mercedes de población

estipulaban. Se investigaban las sementeras y el número de ganado, mediante testimonios indígenas y de cualquier otra persona interesada, con la presentación tanto de títulos de propiedad como de códices que relataban la historia del lugar. Desde el punto de vista de los dueños, cada propiedad tenía su propia historia. Los propietarios de títulos legítimos poseían todo el derecho de disfrutarlas sin estar obligados a realizar una recomposición; en cambio, las propiedades ilegítimas o ilegales se obligaban a la composición o pago de acuerdo con la calidad y la cantidad de tierras y aguas. Es claro que los poseedores de esas tierras, a fin de legalizar los títulos, tenían el derecho de ofrecer a la Corona una cantidad a su parecer de acuerdo con el valor real.

Este mecanismo, llamado composición, lejos de lograr el éxito fue rechazado por los propietarios españoles, quienes se oponían a la investigación cuando carecían de títulos, como era frecuente. Asimismo, ejercían su influencia para evitar que sus terrenos fueran medidos, o si ya se habían recompuesto, de acuerdo con la ley, pedían que se anulara esa disposición. Pronto lograron que la Corona expidiera dos mercedes: una que exceptuaba la medición de la tierra mediante el pago de una cuota, y otra para amparar a los dueños de haciendas con cierto prestigio regional por ser descendientes de conquistadores o formar parte de la clase social alta. A mediados del siglo XVII las composiciones tuvieron su punto culminante, cuando los poseedores de tierras recibieron mercedes definitivas de las propiedades que habían usufructuado con títulos irregulares o por tradición familiar, iniciando de este modo la fijación exacta de los linderos.

Esta recomposición de la propiedad llevó al establecimiento de las haciendas en las mejores tierras del Estado de México; se ejecutaron expropiaciones parciales y, en ciertos casos, totales de las comunidades y de otros habitantes anteriores. La tierra era fértil, el agua no escaseaba y la mano de obra, a pesar de las epidemias, abundaba. Se aunaban a esto los medios de comunicación, que permitían la circulación de mercancías entre la capital del virreinato y los valles de Toluca y de México. La tierra cobró un interés inusitado. Algunas familias aristócratas de la región se vieron favorecidas con la expedición de títulos legales. Utilizando su poder político y social, así como sus influencias locales, lograban adquirir terrenos por un precio muy reducido y con muchas concesiones. En cambio, los poseedores de tierras sin influencia tuvieron muchos problemas para componer su parcela. La mayoría de las propiedades urbanas o rurales adquiridas por las familias del Valle de Toluca datan de finales del siglo XVI y principios del XVII, cuando la propiedad se adquiría por gracia o por compra a españoles que se deshacían de sus mercedes.

La hacienda comenzó a ser la institución económica más importante de México, pues se fue extendiendo más y más sobre los territorios baldíos y sobre aquellos que pertenecían a las comunidades indígenas y a otras corporaciones. Los indios, cercados en sus pueblos por los ganados y los cultivos de los españoles, se hicieron pleitistas y maliciosos; los pueblos vivían entre demandas de protección y amparo en las tierras de la comunidad y procesos interminables, gastando sus recursos y liquidando sus haberes. La tierra aumentó considerablemente su valor y llegó a ser el objeto más importante para naturales y españoles; los ocupantes de ella, siempre obligados a defenderla, poco a poco se fueron convirtiendo en sus poseedores reales, no siempre legales, y así surgieron los grandes señores de la tierra.

El éxito económico de la hacienda de todas maneras es inconcebible sin su articulación con la comunidad indígena. La hacienda captó y utilizó el conocimiento milenario de los agricultores nativos en el manejo de las plantas, de la tierra y del agua, y empleó directa e indirectamente su fuerza de trabajo de manera casi ilimitada. Las tierras otorgadas a indios y a españoles durante los siglos XVI y XVII mediante mercedes reales fueron adquiriendo diversos matices. Las de los indios conservaron su calidad de concesiones públicas; en cambio, las de los españoles se convirtieron en propiedades privadas y dieron lugar a la concentración de grandes extensiones de tierra.

Para el siglo XVIII los diversos elementos de la economía de los valles de México y de Toluca, así como de las zonas aledañas y circundantes, se encuentran en pleno desarrollo después de haber asistido a un intenso proceso de formación y constitución del sistema económico general. Estos elementos se manifestaron con intensidad y dinamismo variable, aunque en realidad el sector agrario siguió siendo el dominante en el conjunto de la economía del centro de México. Había tomado su configuración definitiva con base en la expansión del latifundio y la proliferación de ranchos que se extendían entre los pueblos de indios y las tierras de comunidad, después de ese largo proceso de despoblación indígena que había hecho posible, entre otras cosas, el acceso de españoles y criollos a las tierras antes ocupadas por las comunidades.

Concretamente en el Valle de México, si bien los títulos de las haciendas muestran que los virreyes realizaron las concesiones originales con terrenos relativamente pequeños, la población española por su lado empezó a comprar tierras aledañas y dar el perfil definitivo que tuvo la propiedad agraria a finales del periodo colonial. En general, se calcula que alrededor de 160 haciendas surgieron en el valle en este lapso, mientras que en el Valle de Toluca se contabilizaban alrededor de 84 haciendas y ranchos, de acuerdo con la información de los registros del diezmo; sin embargo, se calcula que en toda la Intendencia de México en 1810 existían 821 haciendas, 864 ranchos pequeños y 57 estancias.

En el caso del Valle de México, las haciendas se ubicaban alrededor de las laderas, fuera de la región lacustre, pues estaban distribuidas equitativamente en la zona de Chalco y en los lados este y oeste del valle, y casi no existían en la jurisdicción de Xochimilco. Por otro lado, el número relativamente pequeño que se observa hacia el norte de Zumpango y Jaltocan era consecuencia de la considerable extensión de las haciendas jesuitas de Xalpa, Santa Lucía y San Xavier.

De todas maneras, las haciendas de ambos valles se orientaron al abastecimiento del mercado de la Ciudad de México y fueron la base de la oligarquía concentrada en la capital, aunque también la población minera y la provincial absorbieron, secundariamente, una parte de la producción de la hacienda, además de los propios trabajadores de las haciendas. En general, las haciendas de los valles centrales combinaron la producción de cereales con la cría de ganado y la producción de pulque, muchas veces creando grandes complejos socioeconómicos. Su funcionamiento estuvo a cargo de los mayordomos o arrendatarios, quienes tenían convenios con los indígenas y no con los hacendados que fungieron como empresarios financieros, aislados de la sociedad indígena por su riqueza, gusto, costumbres, preferencias y cultura.

En la base, en cambio, los trabajadores de la hacienda mantenían un estatus cambiante de acuerdo con la actividad productiva predominante. Por ello hubo trabajadores fijos y permanentes y otros movibles o temporales, para quienes la hacienda fue una alternativa menos coactiva en relación con lo que habían sido o eran la esclavitud, la encomienda, el repartimiento o los obrajes. De hecho, la hacienda, según Gibson, no tuvo necesidad de poner en práctica mecanismos de presión, pues su propia expansión y desarrollo ofreció soluciones a la incorporación de trabajadores que eran difíciles de encontrar en otras partes, ya que a fin de cuentas, sin duda, "la hacienda significaba una vivienda y un modo de vida. En condiciones que permitían sólo pequeños márgenes entre el ingreso y el sustento, la hacienda era una institución de crédito que permitía a los indígenas retrasarse libremente en sus obligaciones financieras sin perder su empleo ni incurrir en castigos".

Estas ventajas, por otra parte, parecen explicar el desarrollo extensivo del peonaje, la multiplicación de rancherías e incluso de pueblos en los límites de la hacienda y, además, la casi total ausencia de levantamientos indígenas en contra de aquélla. A su vez, las haciendas fueron una fuente adicional de ingresos para la gente de los pueblos cercanos, dado que proporcionaban empleo temporal a trabajadores necesitados de dinero y, para muchos indígenas que habían perdido sus tierras, fue una opción frente al hambre, el vagabundeo o el abandono de sus familias.

En el conjunto de las haciendas que funcionaron en los valles de México y de Toluca se destacan las que fueron propiedad de la Compañía de Jesús. Del total de haciendas que pertenecían a esta orden, 50% estaban en el territorio que actualmente corresponde al Estado de México. Algunas de las haciendas jesuitas tenían grandes extensiones de terrenos, como Santa Lucía, que llegó a reunir aproximadamente 150 000 ha y se extendió por lo que actualmente son los estados de Hidalgo, México y Guerrero; en tanto, La Gavia abarcaba 179 826 y las de Xalpa y Temoaya sobrepasaron las 14 000 hectáreas.

Más allá de la consolidación y extensión del latifundio jesuita, la dinámica general que siguió la hacienda mexiquense en el siglo XVIII fue de constante movimiento y penetración en las tierras de los pueblos indígenas, a la vez que su funcionamiento inducía a los indos a trabajar en ella, incorporándose como gañanes. De esta forma, en el siglo XVIII las mercedes virreinales y las disputas legales sobre la posesión de las tierras fueron las que determinaron los límites de la mayor parte de la propiedad indígena privada. Así, un cacique o principal que hubiera disfrutado de un título virreinal formal o que poseyera a su favor una decisión de la Audiencia, tenía una posesión legal similar a la de cualquier propietario blanco. Consecuentemente, el origen indígena de las tierras del cacicazgo dejó de tener vigencia y éstas cayeron de manera directa en el ámbito del derecho español. Al finalizar el periodo colonial, los caciques y los propietarios españoles podían ser mestizos, y sus intereses en relación con las comunidades muy semejantes. Por ejemplo, los cacicazgos de Alva Cortés en Teotihuacan y de Páez de Mendoza en Amecameca se convirtieron en posesiones diferentes de las haciendas españolas sólo por su origen, pero eran semejantes en relación con el acceso al mercado, en la renta de tierras a gente de otros lugares y en los pleitos con las comunidades; asimismo, heredaban sus posesiones a sus descendientes.

En resumen, toda la historia de las relaciones establecidas entre haciendas y comunidades indígenas se caracterizó por un continuo intercambio de presiones y contrapresiones que a la larga fue ventajoso para los hacendados. Al menos en el Valle de México, los indígenas trataban de defender los límites de los pueblos construyendo al final o al filo de éstos sus viviendas temporales para beneficiarse de las 500 y luego 600 varas adicionales de tierras que debían adjudicarse a partir de la última del pueblo; sin embargo, esta protección fue suprimida por la oposición de los hacendados, que presionaron para que las 600 varas se midieran desde el centro del pueblo. De hecho, en el siglo xviii este territorio adicional se extinguió.

Así, la vida del poblador mexiquense de los valles de México y de Toluca se caracterizó por una organización inserta en el entorno rural como soporte del abastecimiento de la capital, los centros mineros y las poblaciones menores de ambos valles. De sus tierras —cualquiera que haya sido su sistema de organización de la propiedad— salieron productos fundamentales en la dieta del hombre de la meseta central. El maíz, sin duda, fue el producto más importante de la agricultura. Por ello se decía que en verdad los "indios comían bien cuando el maíz era abundante y se morían de hambre cuando el maíz era escaso". También fue importante la producción de pulque en la región de los valles de México y de Toluca, aunque más en el primero que en el segundo. Los centros encargados de su elaboración en el siglo xvii se extendían a través de las zonas secas del norte, particularmente de Tequisquiac, Acolman, Chiconautla, Tecama, Ecatepec, Jaltocan, Teotihuacan, Tequisistlán y Tepexpan, aunque también se producía en las zonas fértiles situadas alrededor de Cuautitlán y Otumba, así como en las comunidades ubicadas hacia el sur, como Chalco, Tlalmanalco, Amecameca y Xochimilco. Cuautitlán, especialmente, era una de las zonas más fértiles del valle por sus suelos ricos y por su río, el cual, a finales del siglo xviii, se había convertido en uno de los pocos que se mantenían con corriente y no se secaban durante el invierno.

Por otra parte, los indígenas también cultivaron el frijol, la chía, el *huautli* (una especie de amaranto), el chile, la cebada y el tomate. Las habas se adoptaron de los españoles, así como la col, las alcachofas, la lechuga y los rábanos. A éstos se sumaron el nopal, las aceitunas y los productos no agrícolas, dada la abundancia de recursos. En el Valle de México, la sal, la pesca, la caza y la cría de animales fueron fundamentales, lo mismo que el consumo de bebidas no tóxicas, como las de cacao. La producción de carne en el Valle de Toluca ocupó un lugar importante, y para mediados del siglo xviii se había intensificado, especialmente en torno a los productos que se obtenían del ganado porcino, de los cuales se decía al terminar el periodo colonial "que eran muy estimados", y las dos clases de cerdo que se conocían —traídas de Filipinas y Europa— "se han multiplicado muchísimo en el Altiplano Central, en donde en el Valle de Toluca hacen un comercio de jamones muy lucrativo".

En general, puede apuntarse que el cultivo y el abastecimiento de los productos agrícolas, los usos tradicionales y las innovaciones marcaron gran parte de la relación entre el sector español y el indígena. En este movimiento, las instituciones españolas se extendieron de manera dominante y absorbieron las formas de producción indígena, cuya agricultura tradicional persistió en la medida en que las comunidades pudieron conservar sus tierras; éstas, sobre todo las más fértiles y productivas, eran precisamente las que preferían los españoles, por lo cual su ocupación fue la que marcó los cambios que repercutieron directamente en la producción indígena.

El espacio mexiquense tampoco careció de minas, que se ubicaban en el sur de su actual territorio. En 1788-1789 los centros mineros mexiquenses ocupaban el cuarto lugar en la producción de plata quintada con 1'055000 marcos, después de Guanajuato. Al despuntar el siglo XIX los centros mineros de Taxco y Temascaltepec —además de Copala— no parecen atravesar por una buena situación, al parecer no sólo por el agotamiento de sus yacimientos sino por la falta de mercurio, monopolizado por los mineros de Guanajuato y Real del Monte, a decir de Humboldt.

El sector textil, concentrado en los pueblos, particularmente en Texcoco, revelaba los desajustes de la presión poblacional sobre los recursos naturales y ofrecía al poblador mexiquense una alternativa para su subsistencia en varios puntos o zonas de su amplio y diverso mundo, atraído principalmente por el crecimiento del gran mercado de las provincias internas y del suyo propio. Tanto el tejedor del campo como el de la ciudad se acogían a un trabajo complementario para poder subsistir cuando los ciclos agrícolas lo permitían, en el primer caso, y como un trabajo principal, y de características urbanas, en el segundo. A estas modalidades se añadía la producción de los obrajes —grandes fábricas de elaboración de tejidos de lana— y la originada en el interior de la comunidad indígena para su autoconsumo. Sin embargo, no sólo fueron los oficios textiles los que ocuparon la atención del mexiquense de entonces; toda una gama de artesanías caracterizó su actividad, entre la que destacó el trabajo de la cerámica, que hasta la actualidad ha sobrevivido y se ha multiplicado.

La población y la sociedad

Parecen claras las tendencias generales que caracterizaron la evolución de la población indígena durante el periodo colonial. Manuel Miño Grijalva destaca, en primer lugar, una disminución acelerada de la población indígena frente al choque de la conquista; en segundo lugar, que entre 1540 y 1570 el momento descendente se frenó para ulteriormente, en un tercer periodo, reiniciar un rápido descenso en lo que queda del siglo xvi y durante la primera mitad del xvii, cuando cae a sus niveles más bajos. Según José Miranda, en la década de 1640 el obispado de México registraba una población de 57751 habitantes y, para las postrimerías del mismo siglo, ésta sube a 76626, lo que implica una diferencia de 18875 entre ambas fechas, aumento que se observa también, proporcionalmente, en los obispados de Puebla y Michoacán.

Particularmente para el Valle de México, Gibson ha establecido las tendencias que siguió la población indígena a partir de la Conquista, tiempo para el cual estima la existencia de un millón y medio de habitantes hasta 1570, cuando cae aproximadamente a 325000, para luego acelerar su caída a 70000 personas que se registran a mediados del siglo xvii. Durante el siglo xviii la población indígena fue creciendo con lentitud, a pesar de problemas transitorios como la plaga de 1736, cuyos efectos se sintieron hasta 1739. De todas maneras, los cálculos y estimaciones de que se dispone en 1742 muestran un incremento que tomaría mayor dinamismo en la segunda parte del siglo. Posiblemente este movimiento tenga varias explicaciones, que van desde la migración de un centro a otro hasta el hecho de que varias de las jurisdicciones señaladas presentaban mejor oportunidad de elevar el nivel de vida. Lo cierto es que la población, pasados dos siglos, se autoinmunizó creando anticuerpos contra las enfermedades europeas.

Al final del periodo colonial los habitantes catalogados como indígenas llegaron a representar casi 90% de la población total. Este crecimiento, por otro lado, contribuyó a que durante el siglo XVIII proliferaran las tensiones agrarias, pues la transferencia de tierras continuó en favor del grupo español a costa de las comunidades. De esta manera, las disputas se extendieron entre hacendados y pueblos o entre los mismos pueblos, e incluso entre los residentes de una misma comunidad.

Todo el proceso y crecimiento anotado en los párrafos anteriores muestra el movimiento general por el que atravesaba la población de la Intendencia de México y de todo el reino, pues para 1793 la primera contaba con 1'162 856 habitantes; en 1803 con 1'511 900 y para 1810 con 1'591 844 —según Humboldt y Navarro y Noriega—, años durante los cuales la población de toda la Nueva España pasó de 4'833 569 habitantes estimados en 1793 a 6'122 354 en 1810.

Por su parte, la formación de la estructura social durante la época colonial atravesó por un intenso movimiento en el que participaron grupos de la más diversa procedencia a partir del proceso de conquista, aunque en distintas proporciones y de acuerdo con las características propias de cada región. En el conjunto del espacio colonial, las áreas nucleares que mantenían la más alta población aborigen al momento de producirse la conquista española, seguían conservando en el siglo XVIII una clara mayoría de indígenas entre la población total. John Tutino muestra también que los pueblos y las ciudades de los valles de México y de Toluca fueron dominados por oligarquías locales de españoles, compuestas por comerciantes, agricultores, oficiales reales y clérigos, quienes desempeñaban múltiples papeles simultáneamente y que a la larga fueron parte importante en la producción de alimentos para el abasto del mercado provincial. Canalizaron el comercio entre la capital y las provincias y sirvieron como parte de la burocracia colonial en sus funciones, que abarcaban desde el ámbito judicial hasta el eclesiástico, lo cual los distinguió como mediadores entre el poder colonial con base en la Ciudad de México y el resto de la provincia. En este contexto puede asegurarse que la combinación de actividades comerciales y agrarias, basadas en un capital recientemente adquirido en el comercio y trasladado hacia la propiedad de la tierra, tipifica al hombre del centro de México; estos rasgos, por otro lado, muestran que la posición socioeconómica de éste, en muchos aspectos, fue una réplica de lo que sucedía con las élites de la capital, cuyo poder nunca estuvo alejado del hombre de provincia en estas zonas, tal vez porque la Ciudad de México concentró la riqueza originada en la provincia sin que se produjera un proceso de reinversión y acumulación.

En general, la estructura social de los pueblos que habitaban los valles de México y de Toluca estaba dominada por el grupo indígena, aunque Gibson observa que las zonas caracterizadas por la presencia aborigen también tenían la población no india más numerosa y que la mezcla étnica era mayor en la Ciudad de México y en los pueblos o haciendas más grandes que en las pequeñas y en el campo. Por otra parte, parece claro que entre todos los cambios sociales que se suscitaron durante el periodo colonial el más importante fue el avance del mestizaje, que se observa particularmente en el siglo XVIII y que alcanzó grandes proporciones tanto en su número como en su complejidad.

Sobre las funciones socioeconómicas que desempeñaron los diferentes grupos sociorraciales sólo parece estar claro que los peninsulares y los criollos se reservaron las funciones aristocráticas, dejando las otras tareas a los "plebeyos"; aunque también se advierten indicios de que los peninsulares fungieron como burócratas y comerciantes por excelencia; los criollos como grandes terratenientes; los mestizos como artesanos, tenderos y arrendatarios; los mulatos como trabajadores manuales urbanos, y, finalmente, el grupo indígena adscrito a la comunidad fue la mano de obra destinada a diferentes tipos de trabajo no calificado y pesado. Estas funciones, sin embargo, no se dieron de una manera tan rígida; variaron de región en región, pues en lo que actualmente constituye el Estado de México, por ejemplo, la presencia de negros y mulatos se dio en un número mínimo en relación con el amplio sector indígena.

Por otra parte, el funcionamiento de la sociedad colonial implicó que los indígenas, aunque eran considerados legalmente superiores a los mestizos, y en especial a los africanos, ocupaban una posición social inferior, pues de las castas salieron criados, esclavos o asalariados del grupo español, hecho que los hacía aparecer "a los ojos de los indígenas como reflejos de la autoridad de sus amos", e incluso el cacicazgo legítimo al finalizar el periodo colonial tenía poco significado. Humboldt, a principios del siglo xix, hacía notar que los caciques apenas se distinguían en esa época de la masa de la población indígena en su modo de vida y en sus bienes, contrariamente a lo que parece haber ocurrido en los primeros tiempos.

La cultura en el mundo prehispánico y virreinal

Son muchas las manifestaciones culturales que a lo largo de la historia se han producido en el Estado de México tanto colectiva como institucional o individualmente.

Los hallazgos prehistóricos mostraban el inicio, hace miles de años, de una actividad cultural ligada íntimamente a la creación de objetos de utilidad diaria, pues al buscar la belleza el hombre encontró también la satisfacción íntima de transformar con sus manos la materia, la piedra, la obsidiana y los huesos de animales, que tallados pacientemente dieron como resultado figuras que nacieron de su imaginación o de su deseo de imitar a la naturaleza. Éste fue el caso del llamado "Sacro de Tequixquiac", nombre que se le dio por haberse encontrado en esa población; se trata del sacro de un camélido ahora extinguido que algún cazador transformó para dejar a la posteridad una verdadera obra de arte.

Pasaron centenares o miles de años para que los cazadores-recolectores adoptaran una vida sedentaria y surgieran las primeras aldeas agrícolas con nuevas manifestaciones de cultura. Entre los primeros pueblos que habitaron de manera sedentaria el actual Estado de México podemos señalar al que construyó Tlatilco, localizado en el municipio de Naucalpan. Ahí, las manos del hombre modelaron el barro y el barro habló por ellos, y por el barro conocimos Tlatilco, cuyas figuras de animales sirvieron al hombre y éste las apreció en su belleza y utilidad. El barro también mostró a hombres y mujeres en su vida diaria, destellos de cotidianidad plasmados con gracia y vigor. Común a todos estos objetos era la dualidad de vida y muerte, espléndidamente representada en la cara que las semeja: mitad con carne y mitad ósea, el reflejo de la ambigüedad y la contradicción en una de las primeras aldeas de hombres sedentarios.

La cuenta de los años marcaría varias vueltas de la rueda del calendario para que surgiera la cultura clásica de Teotihuacan, por todos conocida. Pero Teotihuacan no consistía en pirámides únicamente. Varias de sus pinturas murales muestran los sentimientos humanos más íntimos, como la religiosidad expresada en el llamado *Tlalocan* en el barrio de Tepantitla. Destaca en ellos un personaje pintado más grande que otros, de cuyos ojos caen gruesas lágrimas y de cuya boca sale una extensa vírgula que significa el verbo, la palabra, palabra con flores y lágrimas, "flor y canto" de los poetas. La vírgula se extendería imaginariamente en el tiempo, más allá del ocaso de Teotihuacan, para ser retomada por los poetas de Texcoco y Chalco.

En Texcoco los chichimecas se vuelven sedentarios al contacto con la cultura tolteca; de ella aprenden a cultivar la tierra y la lengua náhuatl. Esta última la aprendieron tan bien que pronto Texcoco cobró fama de ser el lugar donde mejor se hablaba esa vasta lengua; ahí está la poesía de Nezahualcóyotl para fundamentar tal aseveración.

Chalco, otro señorío prehispánico, igualmente tuvo su propia tradición cultural: poetas que describieron el fragor de la *Xochivaotl,* la guerra que alimentaba las ocasiones rituales. Al final, los chalcas fueron sojuzgados militarmente por los mexicas, a quienes tuvieron que cederles su precioso legado cultural. Llegó la conquista española y Chalco fue sometido de nuevo. Sus tierras alimentaron al nuevo amo, y los niños chalcas aprendieron una nueva fe, nuevos sonidos musicales y otra lengua, materias que solía enseñarles fray Martín de Valencia al pie del cerro Amaqueme, santuario de sus antiguos dioses, donde se levantaría el flamante templo de la nueva y única deidad encarnada en el Hijo.

En Texcoco existieron las mejores escuelas donde se enseñaba náhuatl. Esa tradición cultural continuó con la escuela para niños indígenas, fundada en 1523 por fray Pedro de Gante. Allí dibujó con jeroglíficos las primeras oraciones cristianas para los indios. Mientras tanto, la llegada de nuevas órdenes religiosas significaría la incorporación de nuevas formas de arte que se plasmaron en sus conventos e iglesias, en combinación con las antiguas y propias maneras de percibir la belleza. Así nació una expresión mestiza, que algunos autores han llamado *tequitqui*, síntesis estética de ambas culturas. Pinturas y esculturas en piedra, barro y madera son una expresión clara de ello. La diversidad es magnífica en tierras mexiquenses: Acolman muestra una suntuosidad plateresca poco común en el siglo XVI. Tepotzotlán se convertiría, tiempo más tarde, en uno de los ejemplos barrocos más impresionantes de la Nueva España. Allí los jesuitas desarrollaron desde época temprana una labor intensa que combinaba la evangelización con la enseñanza a los grupos indígenas de la región, trabajo en que destacó el cura mexiquense Juan de Tovar. Para fortalecer esta tarea se instituyó el seminario de indios de San Martín, que funcionó hasta 1767.

Poco a poco, todos estos esfuerzos que se realizaron en el primer siglo de conquista produjeron sus frutos en el siguiente, aunque éstos respondieron más a un intento individual que institucional. Así, la fuerza de su talento colocó a cuatro mexiquenses en el plano más alto de la cultura y la ilustración universal: Juan Ruiz de Alarcón, sor Juana Inés de la Cruz, José Antonio de Alzate y José Mariano Mociño.

En el siglo XVII brilló con luz propia sor Juana Inés de la Cruz, desde su humilde Nepantla a la universidad del conocimiento. Uno de sus distinguidos críticos, Antonio Alatorre, notaba algo importante que los biógrafos de la Décima Musa suelen olvidar: el carácter acentuadamente masculino de la cultura novohispana en el siglo XVII, reconociendo que el papel de la mujer estaba aún más restringido en España y en su imperio que en Francia e Italia. En la actualidad se nos dificulta imaginar un mundo en que la única reacción posible de una madre, al oír que su hija tiene el deseo de entrar en la universidad, es celebrar con risa tan descabellada idea. Sor Juana tuvo el sueño de ser hombre. Sólo que en este sueño, dice Antonio Alatorre, hombre no significaba individuo del sexo masculino, sino individuo del género *Homo sapiens;* "hombre" no en contraposición a "mujer", sino en contraposición a "animal". El sueño de sor Juana no sólo fue abarcar los conocimientos humanos, sino además brillar entre los hombres. El *Primero sueño* "no sólo da toda la medida de sor Juana en cuanto al arte de la palabra, sino que la materia misma de que está hecho es el sueño de su vida, el que la acompañó desde la tierna infancia: el sueño de saberlo todo, de abarcarlo todo, de ser hombre en el pleno sentido de la palabra".

Más tarde, en el siglo XVIII, como la mayor expresión de la Ilustración, surgió José Antonio de Alzate (1737-1799). De acuerdo con un consenso generalizado, fue el más prolífico científico de los criollos ilustrados. Su biografía lo describe como un serio e importante investigador científico, cuyas obras traspasaron las fronteras de Nueva España. A él se deben multitud de observaciones astronómicas, geográficas, químicas y físicas, además de la elaboración de mapas y otros documentos. Pero este hombre no se contentaba con guardar para sí el fruto de sus estudios, sino que, desde su posición de ilustrado y cristiano, siempre buscó compartir estas luces para el bien y el progreso de la comunidad, con la creencia de que con sólo decir "la verdad" abriría los ojos de sus contemporáneos. Sin distinción de grupos, a través de sus publicaciones periódicas buscaba acercarse a toda clase de lectores, y por ello redactaba sus artículos en lenguaje sencillo y comprensible. Resulta difícil mencionar todas sus obras; sin embargo, se encuentran entre las más importantes: *Diario literario de México, Observaciones sobre la física, Historia natural y artes útiles, Asuntos varios sobre ciencias y artes,* y *Gacetas de literatura.* Dirigió estas publicaciones periódicas y escribió, como ilustrador enciclopédico que era, multitud de artículos acerca de diversos temas, y no perdía ocasión de mencionar datos o hechos, resultantes de sus observaciones personales, que pudieran ser útiles al lector interesado, aunque esto significara mezclar unos temas con otros, tarea que desempeñaba a la perfección. Describía asuntos geográficos de manera tan bella que hacía crecer la admiración por las maravillas de la tierra mexicana, e ilustraba al observador sobre otros estudios semejantes elaborados en diferentes partes del mundo. Pero, en general, su mentalidad científica logró mantener el equilibrio con sus creencias y valores religiosos. Su actitud nunca dejó de ser la de un científico observador, crítico y respetuoso.

Junto a Alzate se levantó la figura de otro mexiquense ilustre, José Mociño. Él fue el alumno más distinguido del Jardín Botánico, lo que le valió ser estrecho colaborador de Martín de Sessé y de Vicente Cervantes en las importantes investigaciones botánicas que realizaron con motivo de la expedición patrocinada por la Corona a finales del siglo XVIII, y coautor de varias relaciones y catalogaciones sobre el tema. Su reconocimiento y clasificación de las producciones naturales fue relevante. Mociño tuvo la suerte de participar en la extraordinaria expedición botánica de 1787 a 1803 que dirigió Martín de Sessé y Lacasta. Ésta fue una de las tres grandes expediciones americanas que organizó el botánico Casimiro Gómez Ortega con el consentimiento del rey Carlos III. En dicha expedición recorrieron todo el territorio novohispano y clasificaron más de 4 000 especies. Como resultado se obtuvo, además de ricas colecciones, dos estupendas catalogaciones tituladas *Planeta Novae Hispaniae* y *Flora mexicana*.

LAS REFORMAS BORBÓNICAS, EL DESAJUSTE Y LA CRISIS DEL SISTEMA COLONIAL

El primer monarca de la Casa de Borbón, Felipe V, llegó a España como un nuevo salvador del país. Educado en Francia y rodeado de un equipo de funcionarios franceses, su política iba a consistir en implantar en España los sistemas y las instituciones vigentes en el país vecino que garantizarían un periodo de máximo esplendor, como había sucedido en Francia bajo la soberanía de Luis XIV. Así, la imitación de Francia parecía el método más fácil y directo de levantar a la monarquía y a sus reinos europeos y de ultramar.

El cambio, conocido como "reformas borbónicas", tendía a retomar los hilos del poder en la Nueva España. La modernización borbónica tuvo sus bases en una forma de pensamiento y en un sistema de valores que se conocieron como Ilustración. Las características principales de este movimiento fueron la confianza en la razón humana, el descrédito de la ignorancia, la defensa del conocimiento científico y tecnológico, y la búsqueda, mediante la razón y no tanto la religión, de una solución a los problemas económicos y sociales. Su ideal era reformar a la sociedad en sus territorios. Las nuevas ideas tendieron a una forma de gobierno ilustrado con un monarca absoluto cuya autoridad no se cuestionaba.

Entre 1765 y 1771 se nombró a José de Gálvez visitador real de la Nueva España. Llegó con la instrucción del rey de inspeccionar todos los ramos de la Real Hacienda y visitar los tribunales. La reforma más importante de la Corona fue la creación de las intendencias. Con ellas se procuró impulsar el gobierno provincial como alternativa al papel dominante que habían cumplido las audiencias y el virrey. La Corona otorgaba al intendente amplios poderes en los ramos de justicia, guerra, hacienda y policía. A partir de entonces se consolidaron las capitales regionales, que mantuvieron una posición intermedia entre los distritos y la Ciudad de México. En su estructura y formación territorial, las intendencias se constituyeron sobre los límites de las diócesis ya existentes y, a la larga, serían el origen de los estados modernos de México.

Pero la configuración político-territorial de la Intendencia de México era algo más compleja, pues en su interior permanecía anclado con autonomía propia parte del Marquesado del Valle. Después de varios y largos pleitos, en 1707 la Corona embargó las rentas del marquesado a los descendientes de Cortés por la participación de éstos en contra de España y a favor de Austria; fueron restituidas en 1726 y vueltas a embargar en 1734, también a causa de problemas políticos. Luego, en 1809, por su colaboración con los franceses, el gobierno nacional español ordenó la confiscación del marquesado, orden que se levantó en 1816, aunque sólo para recuperar el derecho a cobrar las rentas de las empresas y de los censos de su estado. Al terminar el periodo colonial o virreinal, en la Intendencia de México sólo le quedaban las plazas y la casa del corregidor en Toluca, el ingenio de San Antonio Atlacomulco y el palacio en Cuernavaca. A esto hay que añadir la pensión que le pagaban los abastecedores de carne de Cuernavaca y de Toluca, además de otros bienes y rentas ubicadas en otras partes del país. Parece claro que, en su agitada vida, el marquesado estuvo sujeto a vaivenes impuestos por la relación de los descendientes de Cortés con la Corona.

Con la creación de la intendencia, al marquesado se le respetó su independencia y las reformas en nada alteraron su existencia; pero en general, a pesar de los problemas que obstaculizaban la realización del plan borbónico, particularmente entre 1786-1804, dada la aparición de graves crisis agrícolas, epidemias y guerras internacionales, las reformas alcanzaron su objetivo principal: el incremento de la aportación económica a la metrópoli. En el interior de Nueva España estas reformas produjeron resultados imprevisibles, ya que el golpe y la sangría que sufrieron con el nuevo sistema fiscal y mercantil, así como el que sufrió la Iglesia con la cédula de enajenación de los capitales de capellanías y obras pías, o Cédula de Consolidación de Vales Reales, repercutieron sensiblemente en la propiedad agraria y en la renta general de los propietarios, dada la extensión y el alcance con que gravaban gran parte de hipotecas y ranchos. En el plano social, parece que fue generalizado el hecho de que un amplio sector de la clase media criolla fuera constantemente relegado en el manejo de los asuntos civiles y eclesiásticos. Por su parte, el sector más bajo del pueblo, compuesto por indios y castas, había llegado a un estado empobrecido, agravado por epidemias y crisis agrícolas fuertes.

Pero la crisis del Imperio en Nueva España no fue tan lineal; tuvo diversas manifestaciones que se hicieron evidentes a partir de 1808 con la invasión de España por Napoleón Bonaparte. Los últimos 100 años habían servido para redefinir la vocación del Imperio, pero sólo después de 1760 sus efectos se dejaron sentir en sus posesiones. Particularmente exitosa en su replanteamiento económico que dio como fruto el fortalecimiento de un sistema fiscal centralizado, la Corona pudo extraer mayores excedentes, aunque a la larga no fueron suficientes para afrontar el cúmulo de gastos que las guerras internacionales le ocasionaban. Sea como fuere, la Corona, impulsada por necesidades de dinero, realizó un conjunto de reformas institucionales para poner en funcionamiento un nuevo esquema fiscal con miras a engrosar la aportación económica de sus posesiones.

Segunda Parte

DE LA INDEPENDENCIA
A LA ÉPOCA DE JOSÉ V. VILLADA

V. EL PROCESO DE INDEPENDENCIA (1808-1824)

La crisis de 1808; la Constitución de Cádiz
y las Diputaciones Provinciales

Para tener una idea clara del intenso proceso de independencia, es necesario retener varios acontecimientos de carácter interno e internacional. En primer lugar, en 1808, la invasión de España por Napoleón, hecho que provoca la abdicación del rey y la designación de una junta con la consecuente intervención y pronunciamiento de las autoridades locales; después, en 1810, el inicio del movimiento de independencia en el interior de la colonia, y en el exterior, en la propia España, el funcionamiento de las Cortes de Cádiz y como resultado de ellas la Constitución de 1812, que estableció los llamados ayuntamientos constitucionales y las Diputaciones Provinciales, la base más próxima de lo que serían los estados de la República Mexicana. La Constitución fue derogada en 1814 y restituida de 1820 a 1823. Finalmente, en 1824 el Congreso Constituyente promulgó la Constitución que creó la república federal y liberal, y a partir de la cual los estados establecieron sus propias leyes fundamentales, cosa que en el Estado de México se realizó en 1827.

Entre el conjunto de factores que explican la crisis de la monarquía, dos fueron de carácter interno: la expropiación de los bienes eclesiásticos y la merma del poder y la riqueza de los grupos tradicionales del Consulado de comerciantes, y otra, de características internacionales: la invasión y la inestabilidad en la metrópoli. Después de 1808 el fenómeno de la crisis imperial no sólo es visible, sino que ubicó a las colonias en posición claramente autonomista. En líneas generales, puede analizarse el proceso de independencia siguiendo sus dos fases esenciales: la legitimista, entre 1808 y 1814, y la independentista, entre 1814 y 1821. En la primera fase, la principal aspiración de los actores políticos fue permanecer como parte de la monarquía española transformándola en monarquía constitucional y asegurando a los distintos componentes una amplia autonomía política y administrativa. Prácticamente, todos los movimientos hispanoamericanos, según Jaime Rodríguez O., favorecieron la autonomía por encima de la independencia casi hasta el final de este periodo; incluso, en 1821 los diputados americanos en las Cortes de Madrid propusieron el establecimiento de una comunidad hispánica compuesta por tres monarquías, gobernadas por un príncipe español bajo la Constitución de Cádiz y relacionadas con España. Juan O'Donojú fue enviado a Nueva España cuando parecía que las Cortes aprobarían tales monarquías autónomas, y por ello pudo llegar a un acuerdo con Agustín de Iturbide.

Aunque esta orientación reformista ya se venía perfilando en la segunda mitad del siglo xviii, fue la invasión napoleónica de España en 1808 el acontecimiento que la refuerza y la generaliza. La nueva situación descompone el espacio administrativo preexistente y hace emerger diversos intereses de las élites y grupos sociales de ciudades y pueblos existentes en los virreinatos y gobernaciones. La adhesión a la legitimidad borbónica se organizó, en primer lugar, a través de las juntas de gobierno surgidas por iniciativa, no siempre unánime, de los concejos municipales de los distintos espacios político-administrativos controlados directamente por las capitales coloniales. Por su parte, el proceso político autonomista reflejaba la búsqueda de un nuevo orden constitucional que garantizara la igualdad jurídica de la población. Los intereses particulares y la insurrección social otorgaron un dramatismo singular a esta búsqueda de un nuevo equilibrio dentro del orden monárquico.

Así, la etapa "legitimista" no buscaba la separación de la metrópoli, aunque los acontecimientos posteriores impulsados por las juntas que darán paso a las Cortes crearán el ambiente propicio para las guerras de independencia. En 1808, según Manuel Chust, confluían varios proyectos políticos y económicos que representaban, al mismo tiempo, la persistencia colonial, la reforma ilustrada, la revolución liberal y la independencia americana. El proyecto trataba no sólo de instaurar las juntas, sino de llegar al establecimientos de cortes o de un congreso. De esta forma, la monarquía, el proyecto napoleónico, la propuesta juntera y la independentista marcaron el camino que culminará en 1812 con la Constitución de Cádiz, que perfiló una igualdad de derechos civiles y políticos no sólo liberal, sino también autonomista para los criollos americanos y mexicanos, al declarar que la soberanía radicaba en la *nación* compuesta por los "españoles de ambos hemisferios". Esta igualdad, aunque tardía, trataba de desterrar la idea colonial y de desigualdad que hasta entonces se tenía sobre los hispanoamericanos.

Pero la etapa autonomista también fracasó, poco después, con el regreso al trono de Fernando VII, por lo que quedó abierta la última opción para los grupos americanos: la independencia completa. Sin embargo, fue importante para México la instalación de las Diputaciones Provinciales a partir de 1812, que si bien tuvieron una existencia efímera, fueron reconocidas con entusiasmo por sus habitantes por el nivel de autonomía local y provincial que les proporcionaban. Como rasgo esencial de este periodo, hay que señalar que los habitantes mexicanos dejaron de ser súbditos de la Corona para convertirse en ciudadanos de sus naciones; ya no serían súbditos de un monarca o vecinos de una ciudad. En este proceso, la Constitución de Cádiz también estipuló un sistema de elecciones sobre el carácter hereditario de los puestos, pero sobre todo abolió las repúblicas de indios e impulsó la creación de ayuntamientos constitucionales con los mismos derechos. Sólo en la Intendencia de México se habían instaurado 83, cuando en todo el reino en la época colonial no pasaban de 50. Sin embargo, en algunos pueblos del Valle de Toluca, por ejemplo, la erección municipal se conjugó, según Antonio Anino, con la tradición local de respetar la organización de los pueblos y no por la proporción en el número de habitantes. En general, la Constitución de Cádiz, con la creación de los ayuntamientos constitucionales y las Diputaciones Provinciales, según Alicia Hernández Chávez, significará un paso institucional verdaderamente revolucionario que no tendría vuelta atrás, porque, además, su representación significaba el acceso al poder de nuevos grupos sociales tradicionalmente marginados y el establecimiento de instituciones que marcarían la historia contemporánea de México.

En cuanto a la economía y la nueva realidad social de los pueblos, el movimiento general de aumento de población en el centro de México también significó que, desde finales del siglo XVII y durante todo el siglo siguiente, se incrementaran las tensiones en el interior de los pueblos debido principalmente a la carencia de tierras, pues éstas habían sido repartidas y las haciendas se habían extendido ya sobre las de los pueblos. Así, familias enteras carecían de tierra para su subsistencia; otras las arrendaban a las propias haciendas vecinas; muchas familias vivían juntas en una casa, y cuando la situación era desesperante, huían al monte o migraban a las ciudades. En consecuencia, para finales del periodo colonial muchas familias no poseían más que sus propias casas. La presión aumentó por el crecimiento del sector mestizo de la población, que presionaba y, cuando podía, se apropiaba de las tierras comunales.

Así, desprotegidos de la seguridad que les podía proporcionar la hacienda, los pueblos de indios eran una potencial fuente de levantamientos. Además, las crisis agrarias y el peso de la tributación sólo vinieron a agravar las tensiones provocadas por el crecimiento de la población en los pueblos. De manera más puntual, por ejemplo, se puede explicar que no sólo por el crecimiento de la población, sino por la crisis de la minería, el levantamiento fuera una opción viable y posible. Por lo demás, se había agudizado la dificultad de encontrar una alternativa en la agricultura, hecho que determinó que para finales del siglo XVIII y principios del XIX los pobladores se dedicaran al hilado y al tejido articulados por los comerciantes de los pueblos; sin embargo, al caer su organización productiva a causa de la penetración y la mayor oferta de tejidos importados provenientes de Europa y Asia, el desempleo y la falta de recursos de subsistencia se extendieron por el campo y la ciudad. Bajo estas condiciones, en el plano interno colonial esta población fue presa del movimiento revolucionario en 1810. A esto hay que añadir los conflictos en el interior de las localidades, pues, como cree Van Young, la acumulación de esos conflictos propició el incremento de la violencia colectiva.

Sin duda, debemos subrayar el hecho de que por lo menos en su primera fase, que culminaría en 1815, ésta es parte de una explicación más compleja y amplia de un proceso que recibió, como pocas de las revoluciones de independencia, un fuerte y predominante contenido popular, pero que sobre todo tuvo bases institucionales y políticas que modificaron de manera radical el panorama colonial.

LAS LUCHAS POR LA INDEPENDENCIA. LA FASE MILITAR

En tierras mexiquenses, el movimiento armado de independencia alcanzó gran fuerza y rapidez desde que el cura Miguel Hidalgo y Costilla lo iniciara el 16 de septiembre de 1810. Después del asalto a la Alhóndiga de Granaditas en Guanajuato, Hidalgo se dirigió a México al mando de un ejército que se incrementó al paso por los pueblos de Guanajuato y Michoacán hasta sobrepasar las 50000 personas. Como una turba aparecieron por El Oro y Temascalcingo, armados los más de palos y machetes. La tarde del 28 de octubre de 1810, luego de recorrer San Felipe del Obraje e Ixtlahuaca, llegaron a la ciudad de Toluca; el 29 se dirigieron hacia México pasando por Metepec, Atenco y Santiago Tianguistenco, marcha a lo largo de la cual Hidalgo engrosó su ejército hasta que éste alcanzó aproximadamente 80000 personas. Así llegaron al Monte de las Cruces, donde el 30 de octubre vencieron al ejército realista de Trujillo. Luego de la batalla, se cree que por falta de municiones para tomar la capital, Hidalgo retrocedió hacia Querétaro, aunque en su camino, en las cercanías de Aculco, tuvo que enfrentarse con el ejército regular de Félix María Calleja, quien lo derrotó en noviembre de 1810 y obligó a los insurgentes a dividirse, una parte bajo el mando del mismo Hidalgo, que tomó el rumbo de Celaya, y la otra al mando de Allende, que siguió el camino de Guanajuato.

Aunque la revolución iniciada por Hidalgo no tuvo resultados inmediatos, el impacto que provocó en la vida de los novohispanos fue determinante para que la lucha continuara en varios puntos

del país. En la Intendencia de México, hacia el norte, por Calpulalpan, se levantaron en armas Miguel Sánchez y los hermanos Villagrán; hacia el suroeste, dos primos de Hidalgo, Tomás y Mariano
Ortiz, de Sultepec, amenazaban Amanalco y Temascaltepec. El entusiasmo que había despertado la insurgencia en la región trajo
continuos saqueos, desórdenes y represión. De la Torre, uno de los
capitanes realistas, asoló varias poblaciones y prácticamente des-
truyó Cacalomacán y se ensañó en Jocotitlán. Los insurgentes, a su
vez, devastaron y saquearon la hacienda de San Nicolás Peralta.
Meses más tarde, en septiembre de 1811, Joaquín Canseco y José
María Oviedo se fortalecían en Tenango con un contingente de indígenas sacados de los pueblos de la jurisdicción, particularmente
de San Antonio de las Huertas, Tenancingo y Cacalomacán. Posteriormente, Canseco se ubicó en Sultepec y Oviedo en las cercanías de
Toluca, ciudad a la que atacó el 14 de octubre de 1811, aunque fue
repelido por las fuerzas realistas al mando de Porlier, quien inmediatamente ordenó el fusilamiento de aproximadamente cien indígenas que habían caído prisioneros.

Para entonces Ignacio López Rayón había instalado en Zitácuaro
la Suprema Junta Gubernativa de América, que fungía como la
base de las operciones insurgentes. Por su parte, Calleja, pocos días
después, al despuntar 1812, caía sobre Zitácuaro, al tiempo que el
propio Porlier expulsaba a Oviedo de Tenango. Morelos, que venía en auxilio de López Rayón, nada pudo hacer para detener la
ofensiva realista. A pesar de esta cambiante y poco estable situación, la Suprema Junta Gubernativa se trasladó a Sultepec, que se
convertiría en el centro operativo coordinador y de difusión de las
ideas libertarias, pues allí se inició la publicación de los periódicos
El Ilustrador Americano y *El Ilustrador Nacional,* y del *Semanario
Patriótico Americano.*

Desde Sultepec, López Rayón organizó su ejército para la toma
de Toluca, ciudad a la que entró en mayo de 1812 y donde presionó a Porlier hasta reducirlo al convento de San Francisco, aunque por falta de bastimentos debió retirarse a los alrededores de
la ciudad entre Tlacotepec y Zinacantepec. Al mismo tiempo, en
Villa del Carbón, Cañas, un campesino local, derrotaba al realista

Casasola. Frente a esta situación fueron enviados más de un millar de hombres para fortalecer al ejército realista de Porlier; como respuesta, López Rayón fortaleció Lerma con el fin de detener a las fuerzas enemigas, que rápidamente se lanzaron al ataque el 20 de mayo, el cual resultó trágico para sus afanes. Nuevos refuerzos llegados desde la Ciudad de México obligaron a López Rayón a replegarse a Tenango, donde fue sorprendido el 5 de junio de 1812 y obligado a plantear una nueva estrategia, que consistió en atacar por el otro lado del valle, por Aculco (cerca de Querétaro), Monte Alto (Jiquipilco) y Tenancingo. Por otro lado, López Rayón, Liceaga y Berdusco acordaron en Tiripetío que el primero comandaría la lucha en México, el segundo en Guanajuato y el tercero en Michoacán, para lo cual se comenzó por trasladar la Junta Suprema a Tlalpujahua. De esta manera, la revolución tomó el rumbo del oriente de Michoacán. Zitácuaro cayó nuevamente en poder de los insurgentes y poco después cayó Tenancingo, mientras los realistas asolaban la región de Temascaltepec y retomaban para su causa Ixtlahuaca y Jocotitlán, al tiempo que presionaban sobre San Felipe.

Entre las tropas de López Rayón y Morelos figuraban indios flecheros, negros y mulatos del sur. A éstos se unieron peones de hacienda y campesinos escasamente armados. En esta fase, 1813 es el año de mayor presencia revolucionaria en el conjunto de Nueva España: Julián Villagrán mandaba en la Huasteca; Osorno, en los Llanos de Apan y en la ruta hacia Veracruz; Albino García dominaba en Guanajuato, y López Rayón —y la Junta—, en Zitácuaro y Toluca.

Para los realistas era claro que si querían apoderarse de Tlalpujahua debían terminar con los diversos focos guerrilleros, como lo hicieron efectivamente al tomar Sultepec, Temascaltepec, Ixtlahuaca, San Felipe y El Oro en marzo de 1913. No tardaron en desalojar a los insurgentes de la fortaleza de Tlalpujahua y Ñadó. Pero esos triunfos eran sólo una parte de la actividad bélica que se desplegaba febrilmente por la región, pues en septiembre los insurgentes vencieron nuevamente a los realistas y retomaron Tlalpujahua, mientras López Rayón se dirigía al Congreso de Chilpancingo y a principios de 1814 Ramón López Rayón, hermano de Ignacio, luchaba por Sultepec y Tejupilco. Un poco más tarde, hacia el otro lado de la intendencia, Otumba caía en manos insurgentes y Texcoco también se convertía en escenario de duras incursiones. En estas circunstancias llegó 1815, año en que Ramón López Rayón y Epitacio Sánchez fueron vencidos en Jilotepec, mientras José María Morelos era fusilado en Ecatepec el 22 de diciembre. Dos años después, en 1817, cayó la fortaleza del Cópora en Michoacán, a la vez que Ignacio López Rayón era hecho prisionero.

Así terminaba una intensa etapa de la Guerra de Independencia, conocida como "Revolución Popular", pues la base de los ejércitos insurgentes era la *plebe,* el pueblo común, que muchas veces entraba y salía de los pueblos para apoyar la causa rebelde. Sin embargo, a pesar de su movilidad y de su aparente pujanza, el movimiento era más débil de lo que parecía, pues los grupos actuaban individualmente y sin coordinación, articulados por el carisma y la personalidad de sus caudillos. De hecho, éste fue uno de los principales rasgos de la lucha revolucionaria continuada más tarde por Vicente Guerrero y Pedro Ascencio. Este último había sucedido a López Rayón en el mando en el territorio de México. En diciembre de 1820 Ascencio venció al jefe realista Agustín de Iturbide en Tlatlaya y seis meses más tarde Vicente Filisola puso fin a la Guerra de Independencia el 19 de junio de 1821, al vencer a Ángel Castillo en la hacienda de la Huerta, ubicada en el partido de Zinacantepec, pocos días después de que Ascencio fuera fusilado en Tecala por las tropas del realista Huber.

Frente a esta situación de orden interno, dos hechos externos importantes cambiarían de manera definitiva los acontecimientos: por una parte, las noticias que llegaban de otras latitudes del Imperio español que daban cuenta de la independencia de Chile, el nacimiento de la Gran Colombia (Virreinato de la Nueva Granada, Capitanía General de Venezuela, Presidencia de Quito y Provincia Libre de Guayaquil) y de La Plata, a la par que en España se producía la revolución liberal de 1820 que obligó a jurar la Constitución de Cádiz a Fernando VII. Estos hechos hicieron posible el pacto criollo por el cual Iturbide era nombrado jefe del ejército, para poco después, ya en 1821, lanzar el Plan de Iguala por el cual se proclamaba la independencia de México. De esta forma se unificaba y conciliaba la diversidad de intereses de los sectores económicos y sociales bajo el lema "Religión, Independencia y Unidad". Vicente Guerrero pactó con Iturbide y poco después obtuvo la rendición del nuevo jefe político enviado por las cortes españolas.

Las consecuencias de este intenso proceso fueron evidentes sobre todo en la economía: la minería estaba en ruinas y la agricultura no tuvo mejor suerte, lo cual orilló a la intendencia a una crisis económica general. Sin embargo, con la independencia se abría un nuevo periodo en la vida del país y sus provincias. Fue un periodo en el que su destino sería decidido por nuevas ideas, distintas a las que habían regido en el sistema anterior, sólo que ahora se producían en el marco de una profunda desintegración y crisis. Darle forma y sentido a esta nueva realidad sería una de las tareas más inmediatas de quienes se hicieron cargo de gobernar y dirigir el país y el estado.

1823-1824: La disputa por un estado

El de México era el estado clave de la nueva federación, que durante 1823-1824 atravesaba por un conflictivo proceso de organización. Con una extensión que iba desde Acapulco en el Pacífico hasta casi el Golfo de México al noroeste de Veracruz, el Estado de México conservaba una posición estratégica dominante en el centro de la República, como residencia de 1'300000 habitantes, casi 21% de los 6'204000 del país. Era sin duda el más poblado de los 19 estados de la flamante federación.

El Estado de México, todavía provincia en esos años, había contemplado con franca alarma —dice Charles Macune Jr.— el colapso del efímero régimen de Iturbide a principios de 1823, pues el gobierno centralizado del Imperio había sido, en gran medida, continuación del viejo orden colonial, sin España, del cual había obtenido ganancias. Por tanto, la provincia de México vio en los movimientos secesionistas antiiturbidistas y en las demandas provinciales generalizadas a favor de la autonomía una amenaza directa a su antigua hegemonía. Los dirigentes de la provincia, consecuentes con esta política, habían sostenido al emperador hasta el final. La extinción del primer Imperio trajo consigo una extraordinaria movilidad de las diferentes entidades provinciales al iniciarse 1823. Sin embargo, todo este movimiento no era una expresión de regionalismo, sino de una disputa entre las élites y los grupos de poder locales con propuestas necesariamente diferentes; además, la Constitución de Cádiz no creó regiones, sino entidades administrativas como los ayuntamientos y las Diputaciones Provinciales.

Todos los esfuerzos de la provincia de México por salvaguardar su preeminencia fueron inútiles. El nuevo Congreso Constituyente, reunido en noviembre de 1823, estuvo dominado por los federalistas, quienes insistieron en la descentralización como único medio de recuperar las provincias disidentes y rescatar a la nación de la desintegración total. La mayoría de los 21 diputados de la provincia en el Congreso trabajaron con ahínco a favor de una forma moderada de federalismo. La mayor parte de la amplia delegación del Estado de México al Congreso se opuso a lo que consideró principios federalistas radicales. Pero las opciones eran limitadas en ese momento, por lo que los diputados del estado trabajaron en una versión restringida y viable del federalismo con un fuerte gobierno central que tuviera una incuestionable supremacía en todo, excepto en asuntos locales.

VI. EL ESTADO DE MÉXICO EN EL MARCO DE LA CREACIÓN DEL ESTADO NACIONAL (1824-1857)

La formación del Estado de México

CON LA ELABORACIÓN DEL ACTA CONSTITUTIVA del 31 de enero, o Constitución federal provisional, y de la Constitución federal del 4 de octubre de 1824 empieza la formación del Estado nacional mexicano. La Ciudad de México como capital perteneció al Estado de México. Su importancia económica y política era indudable, no sólo por los impuestos que cobraba, sino por su preeminencia como capital en las relaciones económicas generales. En enero de 1824 el segundo Congreso Constituyente firmó el acta constitutiva que estableció la Federación Mexicana, segunda forma de sistema político adoptada por la nueva nación una vez fracasada la monarquía constitucional. La Constitución de 1824, jurada en octubre, consolidó el sistema federal y creó los Estados Unidos Mexicanos. El federalismo, para Josefina Zoraida Vázquez, no fue una copia de la Constitución estadounidense; era más bien una respuesta a los intereses de las élites locales y que la lucha independentista había consolidado; pero según Alicia Hernández Chávez, fue la respuesta a intereses territoriales consolidados durante el periodo colonial que sólo aceptaron mantenerse unidos mediante una confederación que respetara sus autonomías.

De acuerdo con Charles Macune Jr., durante la primera etapa federal fueron cuatro los problemas que marcaron el origen de la relación conflictiva del Estado de México con el gobierno central: *1.* el enfrentamiento entre ambos gobiernos por el control de la Ciudad de México; *2.* un intenso conflicto por las rentas públicas en el nuevo y costoso sistema federal, dada la dificultad de crear un nuevo sistema federal capaz de generar suficientes ingresos tanto para los estados como para el gobierno nacional (para el Estado de México, la pérdida de la Ciudad de México significó un déficit fiscal agudo después de 1826); *3.* una repetida contienda respecto a la jurisdicción y los ingresos eclesiásticos; en este caso, los dos gobiernos tuvieron un desacuerdo importante en lo relativo a dos aspectos del patronato: el control de los diezmos y la confiscación de las propiedades temporales o temporalidades de varias órdenes religiosas, y *4.* la violenta y prolongada disputa liberal-conservadora por el control de los gobiernos estatal y nacional durante esta época.

Pero la mayor dificultad para la formación del Estado de México radicó en el costo de las mudanzas de su capital desde 1827 hasta 1830, cuando se instala en Toluca, y en las desmembraciones posteriores de 1849-1869, años en los que se formaliza el nacimiento de los estados de Guerrero, Hidalgo y Morelos. Así, al Estado de México le quedaban los valles de Toluca y de México. En estas condiciones, las "desmembraciones" se percibieron como respuestas a una realidad, más que geográfica, política, porque los estados del norte eran más extensos pero su población más escasa; en cambio, el de México, con millón y medio de habitantes, al elegir diputados al Congreso de la Unión de acuerdo con el número de habitantes descompensaba el equilibrio político, económico y social entre los estados.

La Constitución de 1827

La primera Constitución del estado se promulgó el 14 de febrero de 1827. Dividida en siete títulos, establecía principios básicos del sistema federal, así como la independencia y la soberanía del estado en el gobierno y la administración interior. Establecía también la división de los tres poderes electos por los ciudadanos y sus representantes. Lo particular de esta Constitución es que condenó la esclavitud; además estableció el derecho de audiencia para los ciudadanos; suprimió los títulos nobiliarios y los privilegios hereditarios, y desde entonces hizo mención de la enajenación y supresión de los bienes de *manos muertas* (bienes de las corporaciones civiles y eclesiásticas).

El Poder Ejecutivo estaría compuesto por un gobernador y un consejo, que serían electos por el Congreso. Articulado a este poder quedaría el gobierno de los pueblos a través de prefectos, subprefectos y ayuntamientos. Fue una Constitución federal en la que evidentemente se trataba de mantener la integridad territorial, reglamentar la administración en el ramo de justicia y organizar los ramos de la hacienda pública, así como los de las municipalidades. Finalmente, estableció los ámbitos de acción de los tres poderes y la forma de elección, las atribuciones y las restricciones de cada uno de ellos.

El departamento de México

Los problemas financieros se agudizaron y al gobierno le fue difícil extender su autoridad sobre el enorme territorio del país. En abril de 1834 Antonio López de Santa Anna reasumió el Ejecutivo, que había ejercido el vicepresidente Valentín Gómez Farías, suspendió los decretos anticlericales y gobernó con federalistas moderados.

Para entonces, fueron tres los principales problemas: la escasez de recursos, pues durante el año de 1836 el funcionamiento de la economía del departamento no logró reanimarse, dada la paralización del comercio, la acuñación fraudulenta de moneda de cobre y los gastos de la guerra, a lo que se sumó la difícil relación entre el gobernador y las autoridades del ayuntamiento de la Ciudad de México, así como la necesidad de combatir los movimientos políticos y los agravios causados por problemas de tierras. Por otra parte, las necesidades defensivas de la nación forzaron al supremo gobierno a tomar una medida de emergencia: congelar parte de las rentas destinadas a los gastos de los departamentos. No se pudo sostener el federalismo y finalmente fue remplazado por un sistema de gobierno central, con el que desaparecieron los estados y surgieron los departamentos. Así, el centralismo se inauguró con las Siete Leyes, promulgadas el 30 de diciembre de 1836, que serían el origen de enfrentamientos constantes entre el ayuntamiento de la Ciudad de México y el gobernador, a quien sus nuevas atribuciones le permitían suspender o multar a sus miembros. El cambio de sistema había deteriorado el orden y las Siete Leyes, en lugar de prevenirlo, provocaron el enfrentamiento de los cuatro poderes. La dictadura fue bienvenida, pues la población esperaba que una mano dura impusiera la paz. Sin embargo, el ayuntamiento de México continuó con los enfrentamientos con el gobernador y muchas veces publicó su defensa para legitimar su autoridad como representante del pueblo.

El 17 de marzo de 1846, después de casi 11 años de centralismo y al amparo de la Constitución de 1824, se volvía a establecer el Estado de México, y el 17 de agosto de 1846 el general José Gómez de la Cortina asumió la gubernatura interina, cesando a las asambleas departamentales y al Consejo de Gobierno. Nuevamente entraba en vigor la Constitución del Estado de México de 1827.

El gobierno municipal

Las primeras normas dictadas por el Congreso del Estado de México sobre la organización de ayuntamientos fueron precisadas en un decreto del 9 de febrero de 1825. Carmen Salinas explica que los diputados del estado empezaron a limitar el territorio que ocuparían las municipalidades y el número de habitantes que las integraban; también reglamentaron la forma de elegir y hacer funcionar los ayuntamientos. Mora se opuso a la autonomía local extrema, pero defendía la libertad municipal mediante la asignación a los cuerpos municipales de mayor responsabilidad administrativa. Apoyó a los prefectos y subprefectos como autoridades intermedias entre gobernador y ayuntamiento (el estado estaba dividido territorialmente en distritos, y éstos, en partidos; a cargo de los primeros estaban los prefectos, y de los segundos, los subprefectos, quienes eran nombrados por el gobernador).

El Congreso estatal consideraba necesario implantar una nueva organización municipal, porque la gran diversidad de unidades sociopolíticas creadas o confirmadas por la Constitución de Cádiz de 1812 impedía tener un orden político-administrativo que permitiera gobernarlas. A partir del decreto de 1825 los ayuntamientos fueron disminuidos a una cuarta parte, con lo cual aquellos que permanecieron se quedaron con un mayor número de habitantes y de extensión territorial bajo su jurisdicción. En 1826 había 81 ayuntamientos, cada uno al frente de una municipalidad (aún no existían los municipios, que no fueron erigidos sino hasta 1852), notable reducción en relación con los más de 1 200 pueblos que había en 1803. De todas maneras los pueblos, para entonces, conservaban sus bienes comunales, y con los ayuntamientos administraron los propios de sus bienes o de sus ingresos. Más tarde, en 1845, la Asamblea Departamental de México (autoridad legislativa) dictó normas (ordenanza) sobre elecciones, facultades y presupuestos de los funcionarios municipales de su territorio. Las ordenanzas municipales permanecieron vigentes durante la segunda parte del siglo XIX y el primer decenio del XX. Tanto centralistas como federalistas consideraban una prioridad política establecer límites a las fuerzas locales para beneficio de un solo poder estatal.

Entre 1853 y 1855 sólo hubo ayuntamientos en la capital del estado y en las cabeceras de distrito: Toluca, Texcoco, Tlalnepantla y Sultepec disminuyeron el número de ellos en 92%. Fue la época del siglo XIX en que menos ayuntamientos tuvo el Estado de México. Para suplir los ayuntamientos había 70 comisarios municipales en los juzgados de paz. Con el triunfo de la Revolución de Ayutla, en 1855, los 74 ayuntamientos que existían en 1853 se renovaron y volvió la división territorial del estado en municipios y municipalidades, división que fue reconocida por las constituciones del Estado de México de 1861 y 1870, en concordancia con los principios liberales de la Constitución federal de 1857.

LA ETAPA DEL DESEQUILIBRIO ECONÓMICO GENERAL

La economía del Estado de México, como la del conjunto nacional, padeció las consecuencias de la Guerra de Independencia y la lucha por la definición de un proyecto político. Sin embargo, su base económica era muy variada y extensa porque aún disponía de su gran territorio. Según Paolo Riguzzi, contaba con una importante producción de bienes y numerosas actividades económicas que se desarrollaron en torno a la minería en Real del Monte, Pachuca; una gran producción azucarera en los ingenios de Cuernavaca; los cereales de los fértiles suelos de los valles de México y de Toluca, sin olvidar la producción de pulque de los Llanos de Apan y de Otumba, así como el funcionamiento del puerto de Acapulco. Ciertamente los caminos, en su mayor parte de herradura, dificultaban la comunicación entre sus diversas zonas y hacían su nivel de integración muy bajo. Sin embargo, esto no impedía la producción y venta de sus bienes, ni que la economía de sus sectores fuera dinámica, porque estaba junto al más grande mercado consumidor del país: la Ciudad de México, lugar al que confluían sus productos y mucha de su gente en busca de trabajo. No había necesidad de un intercambio zonal ni de una integración entre sí, ni la geografía fue un obstáculo, porque la ciudad era el eje de la actividad económica del estado.

En relación con la hacienda pública, al crearse el Estado de México sus ingresos reconocían una herencia colonial, pues predominaron los impuestos al consumo como alcabalas, derechos mineros, rentas eclesiásticas y estanco del tabaco, modelo que siguió vigente en la etapa de 1835 a 1845. En la siguiente, de 1846 a 1852, el gobierno realizó el más exitoso proyecto de modernización fiscal de la República antes del Porfiriato, basada en contribuciones directas sobre fincas rústicas y urbanas, sobre producción de azúcar y aguardiente, e imposiciones sobre negocios y profesiones a partir de 1847. Según Carlos Marichal, eran innovaciones producidas en la última etapa centralista pero implementadas en la etapa federal de manera eficiente. La modernización abolía las alcabalas, aunque fueron restablecidas después de 1853 porque producían cuantiosos ingresos fiscales. En relación con los gastos, la continuidad colonial también fue evidente, ya que los principales rubros eran el pago de sueldos a los funcionarios de los tres poderes, a los que se agregaban transferencias al gobierno y al ejército. Fue baja la inversión en obras públicas, instrucción, salud y gasto social. Con Santa Anna fueron los gastos militares y la deuda interna los rubros que absorbieron gran parte del presupuesto.

El desequilibrio político y la guerra civil entre liberales y conservadores, sin duda, repercutieron de manera negativa en los ingresos, pues el triunfo de cada bando, ilustra Marichal, significaba la ocupación de territorios y, por supuesto, la recaudación de las rentas fiscales respectivas. Más tarde, con Maximiliano las rentas del departamento de México tuvieron nuevamente su base en las alcabalas, pero sería con la erección de los estados de Hidalgo y Morelos cuando los ingresos sufrirían el golpe más fuerte, pues si en 1851 su recaudación bruta (sin contar los gastos de operación) era de 719 566 pesos, para 1869 sólo alcanzó 485 450 pesos.

De la estructura económica general fue el sector agrícola el que en esta primera parte del siglo xix presentó una mayor estabilidad en sus componentes generales: al parecer, de la Guerra de Independencia haciendas y hacendados salieron maltrechos y empobrecidos, mientras los pueblos, sobre todo después de la Constitución de Cádiz, aparecían fortalecidos, evidentemente en unas zonas más que en otras. Incluso antes, los pueblos de Temascaltepec, Sultepec, Lerma y Metepec conservaban una extensión de tierras mayor que en el noroccidente de Nueva España; no subarrendaban sus tierras sino en casos excepcionales y las tierras sobrantes eran explotadas colectivamente, lo cual no quería decir que había ausencia de conflictos entre pueblos y haciendas. En Calimaya y Tenango no hubo grandes haciendas y latifundios, como tampoco existió la división entre terratenientes y campesinos desposeídos. En general, los bienes de comunidad de la Intendencia de México para 1809 ascendían a un valor de casi 60 000 pesos, según Margarita Menegus Bornemann. Pero desde 1812 la Constitución de Cádiz transmitió a las constituciones locales la idea liberal de que la disolución de la propiedad comunal, o sea el paso de los indios a propietarios privados, "los convertiría en verdaderos ciudadanos".

El alicaído sector de hacendados recibiría de la política liberal un fuerte apoyo con la promulgación de la Ley Lerdo del 25 de junio de 1856, que disponía la desamortización de los bienes de las corporaciones eclesiásticas y civiles con el fin de hacer a un lado uno de los mayores obstáculos "para la prosperidad y engrandecimiento de la nación: la falta de movimiento de una gran parte de la propiedad raíz". La ley determinaba la venta de las propiedades que no tuvieran un uso directo en las funciones propias de cada institución afectada.

Los bienes de la Iglesia en Toluca se empezaron a vender en enero de 1861, sobre todo los bienes con hipoteca anterior a la Ley Lerdo. La mayoría de las fincas tenían dos o tres hipotecas de varias corporaciones eclesiásticas. No todos los capitales vendidos pertenecieron a las corporaciones eclesiásticas de Toluca; algunos lo fueron de la Ciudad de México. Según Mílada Bazant, en total, los bienes de la Iglesia vendidos en Toluca entre 1861 y 1862 ascendieron a 464 781.75 pesos. Hubo 188 compradores, la mayoría funcionarios públicos, militares y comerciantes, que adquirieron 83 fincas rústicas y 62 urbanas, con el consiguiente rescate de los capitales impuestos sobre la mayor parte de ellas. Muchas corporaciones de la Ciudad de México tenían bienes en el partido de Toluca. El total ascendía a 1'626 875 pesos. Pero en general los bienes de comunidad en el estado no se afectaron ni se transfirieron al sector privado, según Menegus, sino hasta la década de 1880, con la consolidación del Estado liberal. La Ley Lerdo incrementó el número de grandes propietarios, contra sus intenciones de crear una clase media rural. Los liberales deseaban promover la creación de fincas de tamaño mediano: ni grandes latifundios, ni pequeñas parcelas. Pero hubo distritos como Tenango del Valle en los que la desamortización no significó la formación de grandes propiedades en detrimento de la pequeña propiedad agrícola, la que, según Margarita Loera y Chávez, siguió conservando sus formas culturales originales.

En el sector de la industria y la manufactura, Mariano Riva Palacio estaba convencido de que tanto la educación como la actividad industrial eran las fuentes de progreso y prosperidad para los ciudadanos, como probaba la experiencia en Europa, situación que se quería imitar en México; por ello expidió medidas complementarias para reforzar el impulso a la industria. En cuanto a la minería, Lorenzo de Zavala afirmaba en 1826 que El Oro "no produjo nada". Según Anne Staples, en esos tres años los inversionistas ingleses gastaron casi 300 000 pesos y no sacaron ni 100 000. El Oro estuvo abandonado hasta 1848, aunque se supone que se fundó una Compañía Restauradora un poco antes. Las condiciones para trabajarla se hicieron más favorables gracias a un cambio en la política minera del gobierno. No fue sino hasta 1842 cuando se modificó la ley de manera que un extranjero pudiera ser propietario de un denuncio nuevo. Así, la Compañía Restauradora del Mineral del Oro, establecida en 1842, importó máquinas de vapor, erigió edificios y abrió nuevos socavones. Para 1854 los dueños aseguraban haber gastado más de dos millones de pesos en el trabajo de sus minas, sin provecho alguno, y a costa de la fortuna personal de la mayoría de los interesados, quienes a veces tenían que mantener a más de 2 000 personas entre trabajadores y empleados. Después de 1850, el director de la Compañía Restauradora se desanimó debido a los pobres rendimientos de El Oro y la compañía compró una famosa mina en Tlalpujahua, lo que influyó directamente en la decadencia del mineral mexiquense.

La República Restaurada marcó el fin de la minería tradicional en México. Los distritos mineros no pudieron experimentar otra bonanza sin modernizar sus instalaciones y sus métodos. Según Staples, pasaron décadas antes de la modernización de las minas, de que se pudiera desaguarlas a bajo costo y procesar más eficientemente los minerales. El cambio no se dio sino hasta el Porfiriato, con la introducción de fuertes capitales, nuevas tecnologías, energía eléctrica, estudios geológicos concienzudos y el ferrocarril.

La formación social y cultural

El 18 de febrero de 1828 los legisladores sancionaban el decreto de fundación formal del Instituto Literario del Estado de México. Según Carlos Herrejón Peredo, la nueva institución contaba ya con casa, alumnos, algunos maestros y rector. En lo metodológico, cabe señalar los progresos de la escuela lancasteriana de primeras letras para niñas, incorporada al instituto, semejante a otras de su género. Otro aspecto académico del instituto era la biblioteca. En 1829 se consignaban alrededor de 350 volúmenes correspondientes a unos 200 títulos. La mayoría estaban en latín y se referían a disciplinas eclesiásticas como dogma, moral, pastoral, sagrada escritura, derecho canónico, hagiografía e historia de la Iglesia. También había algunos textos de filosofía, unas cuantas obras de literatura y diccionarios. La vida del instituto había ido en ascenso a lo largo de 1829, a pesar de todas sus limitaciones; pero a principios de 1830 los efectos de la política nacional le hicieron mella. De todas formas, inició sus actividades en La Merced de Toluca el 15 de diciembre de 1830, y duró en servicio casi dos años. El Congreso subsiguiente estuvo de acuerdo en que se reabriera como Colegio del Estado, nombrándolo también instituto, con los alumnos y los bienes que había tenido en Tlalpan. Una diferencia notable consistía en que el Instituto de Tlalpan había funcionado como un centro escolar conformado no sólo por el nivel medio y superior, sino también por dos escuelas de primeras letras, una para hombres y la otra para mujeres.

De manera complementaria, a mediados del siglo xix el gobernador Riva Palacio impulsó la educación. Decretó el establecimiento, en cada cabecera, de una escuela de primeras letras para niños y otra para niñas, además de las ya existentes. Se ordenó también que en todas las escuelas pagadas con fondos públicos se enseñara a leer y a escribir, ortografía, urbanidad, las cuatro operaciones aritméticas, el catecismo de doctrina cristiana y el político, gramática castellana y geografía elemental, así como costura para las niñas; igualmente, que los mismos maestros de escuelas para niños enseñaran las primeras letras a los adultos.

Por otra parte, durante esta etapa el arte mexiquense atravesó por una etapa de reorganización, crisis y un nuevo renacer, justamente cuando la Academia de San Carlos había logrado imponer el arte neoclásico. De manera particular, la arquitectura neoclásica se reflejó en el Estado de México en sus modalidades más importantes: la religiosa y la civil. Según Chapa, algunas poblaciones del estado presentan buenos ejemplos del neoclasicismo y otras sólo escasos atisbos de este interesante estilo. Merecen la pena ser mencionadas la iglesia de Almoloya del Río; la capilla de Nuestra Señora de los Dolores, en Cuautitlán, levantada a principios del siglo xix; las iglesias de Ixtlahuaca, de Lerma y de San Miguel Almoloya; la Catedral de Tlalnepantla, y el templo de Tonatico, entre otros muchos, además de los edificios de Texcoco. En Toluca destacan la nueva iglesia de San Francisco, el templo de la Merced y la iglesia de Santa Ana. Por lo que respecta a la arquitectura civil, se mencionan ciertas casonas de Texcoco y de Toluca, además de algunos edificios públicos. En Toluca figuran como una contribución al arte los portales, construidos gracias a la iniciativa de José María González Arratia e inaugurados en 1836, localizados en lo que fue el convento de San Francisco.

En cuanto a la pintura, la académica floreció en algunas regiones. Menos contaminados de romanticismos italianizantes o afrancesados, los académicos de provincia tuvieron ojos para ver a su alrededor: vieron a la pequeña burguesía con su estilo de vida propio y muy arraigado, a los ricos hacendados, a los que trabajaban la tierra y las minas, a los sirvientes y a los vendedores ambulantes; por eso sus pinturas son auténticamente naturalistas, ricas en localismos y bien pueden tomarse como precedentes del realismo nacionalista. Las nuevas corrientes, como la "pintura de paisaje" y el "realismo", así como la pintura de costumbres, alcanzaron un alto nivel, con lo cual se intentó darle vida a la pintura monumental o mural. En la pintura de paisaje el arte encontró su mejor expresión con la obra de José María Velasco.

La arquitectura también tuvo varias expresiones. En el año de 1845, en la ciudad de Toluca, José María González Arratia inició la construcción de un teatro en la famosa plazuela de Alva. El recinto fue inaugurado con el nombre de Teatro Nuevo de González. Músicos traídos de México alternaron y rivalizaron con los ejecutantes franceses de moda en Europa y con los compositores románticos. Desarrollaron para ello una ardua labor en la prensa, en la cátedra y en la sala de conciertos, y corresponde a Felipe Villanueva el mérito de introducir a Bach y Chopin en la enseñanza del piano. Son famosas sus *Danzas humorísticas,* su inspirado *Vals lento* y el conocido *Vals poético.*

En las expresiones literarias, durante la primera mitad del siglo xix destaca José María Heredia (1803-1839), el primer romántico hispanoamericano, cubano, mexicano por adopción, y el guanajuatense Ignacio Ramírez se hará notar por su papel en la reorganización del Instituto Científico y Literario. Heredia vivió y produjo en Toluca, mientras Ramírez llevó a cabo su actividad principal en la Ciudad de México. El primero hizo una gran contribución a nuestra cultura nacional. Por su parte, Ramírez reorganizó el Instituto Literario habiendo llegado a Toluca como académico erudito y librepensador declarado. Junto a ellos destacó Manuel Gómez Marín (1761-1850), un *neoclásico* nacido en el actual San Felipe del Progreso, entonces San Felipe el Grande.

VII. CONSTITUCIÓN E INTERVENCIÓN

El Estado de México y la invasión
ESTADOUNIDENSE

L A NUEVA ETAPA FEDERAL se inició en 1846, pero dos años después el país y el estado se vieron inmersos en la defensa de su territorio y de su soberanía tras la invasión del ejército estadounidense. El apoyo del Estado de México contra la invasión no se hizo esperar. Junto con un pequeño grupo armado, el gobernador Olaguíbel llegó a Santa Fe y Tlalpan y luchó en las batallas de Padierna, Molino del Rey y Chapultepec. Según Pilar Iracheta, estos hechos determinaron que la organización de la defensa de las poblaciones, la obtención de armamento y, en no pocas ocasiones, la organización de ciudadanos para su defensa quedaran en manos de los prefectos de los distritos de la entidad. Si bien éstos siguieron siempre las órdenes del Ejecutivo estatal, en realidad ellos fueron el alma de la estrategia defensiva de los territorios mexiquenses. De todas formas, la artillería estadounidense entró el 8 de enero de 1848 a Toluca.

La población de los municipios vio alterada su vida por la guerra al perder parte de sus ingresos, sus hombres o sus propiedades, pero la diputación permaneció en la capital del estado. Asimismo, la Junta Legislativa, integrada por José María Romero, Isidoro Olvera y Mariano Arizcorreta, se mostró en desacuerdo con el traslado de los poderes estatales a Sultepec por el gobernador Olaguíbel.

Entre 1846 y 1853, cuando regresó Santa Anna al poder, destacaron los gobernadores Francisco Modesto Olaguíbel y Mariano Riva Palacio con propuestas innovadoras y modernizadoras serias e impulso a la economía. La inestabilidad política era muy grande, pues en 1855 fue nombrado gobernador don Plutarco González, que apenas tuvo tiempo para dictar algunas disposiciones, como armar a la Guardia Nacional del Estado, restablecer el Consejo de Gobierno, así como reimplantar la división territorial y los límites que tenía la entidad de acuerdo con la Constitución de 1827. Al siguiente año, en diciembre de 1856, dejó el cargo a Luis Madrid y en enero de 1857 tomó posesión el mismo Riva Palacio, quien gobernaría por segunda vez, mientras González se dedicaba a sofocar las rebeliones en la entidad, que al grito de "Religión y fueros" se propagaban por distintos puntos del estado, solicitando la derogación de la Ley Lerdo y la Constitución de 1857.

De la constitución de 1857
a la intervención francesa (1857-1867)

El gobierno liberal mexicano se dio a la tarea de separar Estado e Iglesia y constitucionalizar los derechos ciudadanos. En la primera etapa se decretaron la Ley Juárez, del 22 de noviembre de 1855, mediante la cual se suprimieron los fueros civil y militar en los negocios civiles, y la Ley Lafragua, del 28 de diciembre de 1855, por la que se concedía libertad de expresión a los ciudadanos. El segundo periodo, que comprendió desde el año de 1857, se destacó porque se dio a la luz pública la ley del 27 de enero, que establecía el registro civil. La ley venía a interrumpir una práctica en la que los párrocos eran los únicos que registraban los actos ciudadanos en materia del orden civil. La tercera etapa de reformas en materia eclesiástica se verificó en el marco de las llamadas Leyes de Reforma. Las disposiciones más importantes fueron las de la ley de nacionalización de los bienes eclesiásticos de 1859.

Según María Teresa Bermúdez, las primeras leyes liberales, emanadas entre 1855 y 1856, tuvieron en todos los estados de la República una respuesta desigual. Por ejemplo, la ley de desamortización, que empezó a aplicarse en 1856 en el Estado de México, no alcanzó las mismas proporciones en estados como Puebla, San Luis Potosí o Veracruz.

MAPA VII.1. *El Estado de México en tiempos de la Reforma*

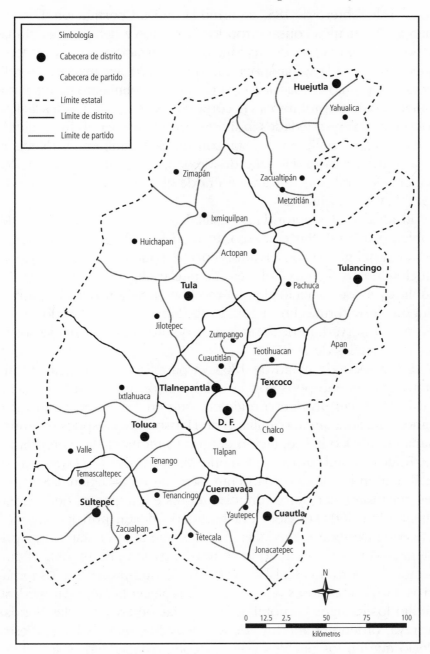

Simbología

● Cabecera de distrito

• Cabecera de partido

--- Límite estatal

— Límite de distrito

— Límite de partido

Huejutla

Yahualica

Zimapán   Zacualtipán

Metztitlán

Ixmiquilpan

Huichapan   Actopan

Tulancingo

Tula   Pachuca

Jilotepec

Zumpango

Cuautitlán   Teotihuacan   Apan

Ixtlahuaca   Tlalnepantla   Texcoco

D. F.

Toluca   Chalco

Valle   Tlalpan

Tenango

Temascaltepec

Tenancingo   Cuernavaca

Sultepec   Cuautla

Zacualpan   Yautepec

Tetecala

Jonacatepec

N

0   12.5   2.5   50   75   100

kilómetros

FUENTE: Mapa basado en Gerald L. McGowan, *Geografía político-administrativa de la Reforma,* El Colegio Mexiquense/INEGI, Aguascalientes, p. 72.

El 5 de febrero de 1857 se firmó la nueva Constitución. Los primeros 29 artículos consagraron los derechos y deberes del ciudadano y sus garantías de acción. La organización de los poderes quedó sustentada en la soberanía del pueblo. En materia de religión se suprimió la coacción civil para el cumplimiento de los votos monásticos y se prohibió a las corporaciones civiles y eclesiásticas conservar sus propiedades indivisas. La religión ya no fue incluida como oficial y obligatoria. Esta Constitución también establecía la creación del Estado del Valle de México, en la medida en que los poderes federales se ubicaran fuera de él. Pero este mandato nunca se llevó a la práctica.

El ideal de las autoridades estatales estuvo acorde con el del gobierno federal. Sin embargo, el plan liberal debió enfrentar la reacción del grupo conservador. Poco después de dictada la Constitución, en 1858, Félix Zuloaga fue declarado presidente de la República y se desconoció al gobierno liberal. Se inició así la llamada Guerra de Reforma. En el Estado de México se estableció el gobierno conservador encabezado por Benito Haro, el cual se sostuvo hasta finales de 1860.

En la segunda mitad de 1863 ya parecía clara la idea de que monarquistas europeos con la colaboración conservadora nacional instaurarían un nuevo régimen, que en 1864, con el auspicio francés, recaería en Maximiliano de Habsburgo. Después de anunciada en México la aceptación del futuro monarca, las autoridades de Toluca organizaron rápidamente un solemne *Te Deum* que se realizaría en la iglesia de San Francisco, al que deberían asistir jueces, miembros del clero, administradores e integrantes del ayuntamiento. Sin duda, el clero era partidario de un príncipe católico que contrarrestara la medidas liberales que le arrebataban sus privilegios. Pero sucedió todo lo contrario, expone Bermúdez, el emperador elaboró una legislación avanzada que protegía a los jornaleros, estipulaba horas de trabajo y establecía la atención médica. Abolió los castigos corporales, las deudas heredadas y las tiendas de raya; ordenó la apertura de escuelas de primeras letras y estableció que en los pueblos y en las comunidades indias se debían emplear, simultáneamente, el español y la lengua local; además, organizó la beneficencia y fundó la Sociedad Protectora de las Clases Menesterosas. A las mujeres les abrió el acceso a la universidad en el ramo de la obstetricia y fomentó las artes y las ciencias. Estos mandatos fueron parte de sus ideales y marcaron la pauta de una futura visión.

VIII. EL ESTADO LIBERAL

EL ESTADO DE MÉXICO abre el nuevo periodo de su historia con la promulgación de su Constitución en 1870. Los tres poderes estatales mostraron, hasta el arribo al poder de José V. Villada, poca continuidad, pues hubo constantes cambios de representantes en el Ejecutivo y en el Judicial que no siempre estuvieron guiados por lo establecido en la Constitución. En el campo de las relaciones entre el Estado y la Iglesia, esta etapa estuvo marcada por la conciliación, sobre todo en el periodo de Porfirio Díaz.

Un año antes, en 1869, había sido nombrado gobernador constitucional Mariano Riva Palacio, quien fue sustituido temporalmente por los licenciados Valentín Gómez Tagle, Urbano Lechuga, Antonio Zimbrón y el señor Manuel Zomera y Peña. Todos ellos ocuparon el Poder Ejecutivo durante el cuatrienio del gobierno de Benito Juárez. En el periodo de la presidencia de Sebastián Lerdo de Tejada se hicieron cargo del Estado de México el licenciado Jesús Alberto García como gobernador constitucional (de 1872 a 1876), quien fue sustituido en sus ausencias por los licenciados Celso Vicencio, Dionisio Villarello, Nolasco Cruz y Gumersindo Enríquez. Este último fue nombrado durante el movimiento de Tuxtepec. En total, 12 personas ocuparon el Ejecutivo estatal en los 10 años que siguieron al segundo Imperio, a pesar de que constitucionalmente se debía elegir un gobernador cada cuatro años.

En cuanto al Poder Legislativo, mantuvo una mayor estabilidad, ya que se eligieron cinco legislaturas entre noviembre de 1867 y noviembre de 1876, número estipulado por la ley (el Congreso se renovaba en su totalidad cada dos años). Su número fue cambiante, ya que su composición variaba entre 14 y 28 diputados, uno por cada 40 000 habitantes o por una fracción sobrante que pasara de 20 000 habitantes. Durante las elecciones de diputados se registraron varios actos ilegales, como la presencia e injerencia de la fuerza armada en las cabeceras de los distritos electorales, lo que motivó la intervención de las demás autoridades estatales y federales para reparar los daños y cumplir con los requisitos electorales.

Entre enero de 1868 y marzo de 1877 hubo nueve presidentes del Tribunal Superior de Justicia; en ese sentido, 1868, 1870 y 1876 fueron los años de mayor inestabilidad política. Sin embargo, a pesar de los constantes cambios de representantes, hubo medidas gubernativas importantes, particularmente en el aspecto legal. La necesidad de reafirmar la República y la observancia constitucional orillaron a los gobernadores a llenar los espacios normativos.

De igual forma que en el ámbito federal, expone Salinas Sandoval, en la esfera estatal ocupó la atención de los legisladores la revisión general de la legislación. Entre los cambios destacaron la promulgación de la Constitución de 1870, el Código Civil, el Código Penal, la reglamentación de los jefes políticos, nuevas disposiciones sobre las tierras de común repartimiento adjudicadas según la Ley de Desamortización, reformas a la educación pública tanto elemental como técnica, y la ley electoral y sus modificaciones que dispusieron la elección directa de gobernador y ayuntamientos.

La Constitución de 1870

Hubo diferencias entre la Constitución estatal de 1861 y la de 1870, vigente hasta 1917. Entre los aspectos más importantes se reconocieron como principios constitucionales las garantías individuales. Se estableció, primero, que todos los habitantes que litigaban en los tribunales tenían el derecho de terminar sus diferencias en materia civil por medio de "jueces árbitros", y segundo, se reconoció el libre culto religioso. Esta última disposición abrió el camino a la presencia de los llamados cristianos o protestantes. Además, sustituyó la clasificación de natural, vecino y ciudadano por la de vecino, ciudadano y transeúnte, e incrementó los derechos de los vecinos permitiéndoles participar en las elecciones y ser votados para desempeñar cargos municipales, excepción hecha de los extranjeros, quienes podían votar pero no ser presidentes municipales.

MAPA VIII.1. *Distritos del Estado de México en el Porfiriato (1903)*

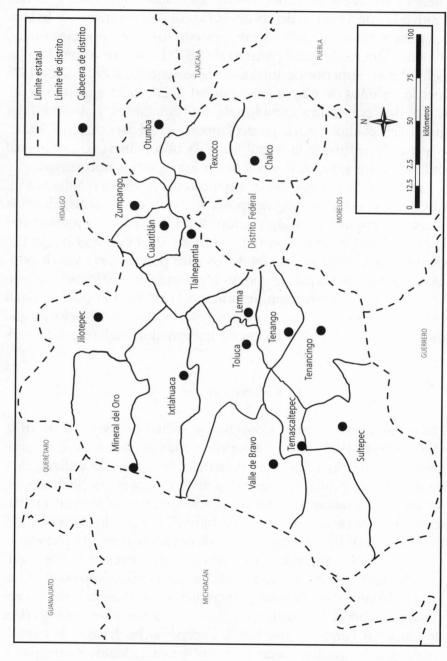

Fuente: Mapa basado en *Historia general del Estado de México*, El Colegio Mexiquense/Gobierno del Estado de México, Zinacantepec, 1998, vol. IV, *La institución*, p. 132, y vol. V, p. 23.

Otra reforma importante de esta Constitución fue el ordenamiento de la elección directa para el cargo de gobernador, dejando la indirecta para elegir a los diputados, medida que acercó al Ejecutivo al pueblo. Se reglamentó, a través de la Ley Orgánica para las Elecciones Políticas y Municipales del Estado, de octubre de 1871, que las elecciones de los ayuntamientos se realizaran cada cuatro años.

El Congreso, los jefes políticos
y el gobierno municipal

La participación del Congreso estatal en la elección de las autoridades del estado fue determinante. Según Salinas Sandoval, se centró en varias prácticas: la división territorial del estado en distritos electorales; la anulación de elecciones de ayuntamientos, de acuerdo con las solicitudes de varios vecinos de las municipalidades; la constitución del Congreso en colegio electoral; la facultad para convocar a elecciones ordinarias y extraordinarias de ayuntamientos, diputados, gobernadores y autoridades federales; el dictamen de expedientes electorales; la petición de escrutinio a jefes políticos de los colegios electorales de los respectivos distritos, y la expedición de la nueva Ley Orgánica para Elecciones Políticas y Municipales en el Estado de México (1909).

En el funcionamiento político general, el sistema estuvo sustentado por los jefes políticos. En el Estado de México, como en otros puntos de la nación, se actualizaron las leyes relativas a uno de los ejes del sistema político: las jefaturas políticas. Fueron voces de poderosos intereses locales: terratenientes, industriales, comerciantes, caciques, caudillos u otras facciones de las élites. Incluso, en ocasiones llegaron a ser voces y representantes de pueblos y comunidades. No eran un juguete de fuerzas jerárquicas y territoriales, ya que estos personajes solían tener preeminencia por sí mismos debido a su origen de clase, historial, liderazgo y filiación política. El ámbito de las jefaturas que habría de tener el mayor impacto social fue el de la propiedad rural.

En otra esfera, la del gobierno municipal, los primeros cinco decenios de la vida política del Estado de México fueron la base de la estructura que prevaleció entre 1877 y 1910. La política de Porfirio Díaz fue una secuencia de la iniciada 50 años antes, lo que permitió —según Salinas Sandoval— la consolidación de un municipio administrativo que respondiese a las exigencias políticas y de desarrollo económico que promovían las autoridades de los poderes estatales y federales. A partir de 1861 los ayuntamientos estuvieron sujetos a los jefes políticos, quienes sustituyeron a los prefectos y subprefectos, pero con ello no disminuyó la injerencia de las autoridades intermedias en el gobierno local; todo lo contrario, aumentó su poder, al ascender la mayoría de los subprefectos a jefes políticos y tener el respaldo de una legislación que permitía su influencia en todas las actividades municipales a partir de 1868.

Así, el gobierno municipal del Estado de México continuó regido por las mismas disposiciones de mediados del siglo xix. La tendencia porfirista del estado fue sustituir la promesa de libertad política para el gobierno municipal por una realidad de progreso material. Los gobernadores y los congresos estatales se propusieron lograr la eficacia administrativa municipal generalizando los beneficios públicos mediante la construcción de puentes, caminos, escuelas, casas de beneficencia, cárceles y cementerios y la reparación de calles, entre otras mejoras.

Para los poderes Legislativo y Ejecutivo que gobernaron de 1877 a 1910, las libertades municipales implicaban mantener el orden público, vigilar la asistencia de los niños a las escuelas elementales, acelerar las obras públicas, hacer más expedito el proceso electoral, y recaudar pronta y eficazmente las contribuciones municipales. Estas actividades habían quedado normadas desde las Ordenanzas Municipales de 1845. En opinión de las autoridades, el fortalecimiento administrativo y económico de los municipios traería consigo la libertad municipal. Una condición imprescindible para lograrla era el control político y administrativo del territorio del estado, por medio de una adecuada división de los distritos en municipalidades y municipios.

Hacia una nueva economía:
avance tecnológico y crecimiento

La producción minera

Entre 1879 y 1889 la producción minera se caracterizó por ser tradicional desde el punto de vista tecnológico. Sobresalía como rasgo general la presencia de empresas mineras individuales y de origen nacional. Brígida von Mentz nos enseña que a partir de 1897 se dio paso a una etapa de renovación, cuando el gobierno tomó medidas dirigidas a reanimar la actividad minera y alentó la participación de compañías extranjeras, nacionales y mixtas que con una tecnología moderna impulsaron la producción en el estado.

Durante el Porfiriato se distinguieron varios centros mineros. El primero estaba conformado por los distritos de El Oro, Sultepec, Temascaltepec y Zacualpan, los cuales concentraron alrededor de 70% de la producción minera durante el periodo. Un segundo grupo, menos importante, lo constituían las municipalidades de Tejupilco, San Simón, Santo Tomás, Ixtapan del Oro, Ocuilan, Valle de Bravo, Tlatlaya y Almoloya. Durante los últimos 10 años del Porfiriato las empresas mineras más importantes del Estado de México fueron El Oro Mining and Railway Company, La Esperanza Mining Company, Los Arcos Smelting and Mining Co., Sultepec Mining Co. e Hidalgo Mining and Smelting Co. Desde el punto de vista tecnológico, estas empresas —con excepción de la hacienda de beneficio Los Arcos— adoptaron desde 1894 el sistema de cianuración para obtener oro y plata; es decir, el método más moderno de la época, el cual implicaba la utilización de nuevos procesos químicos y la energía eléctrica para hacer funcionar las instalaciones, lo cual implicó una inversión de capital que estaba fuera de las posibilidades financieras de la pequeña minería. La más importante, la empresa inglesa El Oro Mining and Railway Company, pudo repartir dividendos a sus accionistas durante 11 años, de 1900 a 1910. Se calcula que rindió 11'613 100 pesos de utilidades.

Para la extracción y el beneficio fue fundamental la introducción de la energía eléctrica en todos los centros mineros, innovación que se vio complementada con la aparición del ferrocarril. Así, electricidad y ferrocarril fueron los elementos que contribuyeron de manera notable a la innovación tecnológica minera en esta época y a la expansión del mercado. Con la utilización de la energía eléctrica en los tiros, tanto para proporcionar luz a los trabajadores como para hacer funcionar las bombas de desagüe, los barrenadores neumáticos, los ventiladores y los extractores, los costos de producción cayeron notablemente. De igual modo, gracias a la electricidad los molinos y los malacates pudieron funcionar con más eficacia y rapidez. Todas estas innovaciones tecnológicas tendrían su contrapartida social: desapareció en muchas minas la actividad del *pepenador* —que manualmente y con gran cuidado seleccionaba los minerales antes de transportarlos al beneficio—; también se prescindió de los antiguos *tenateros* (cargadores) y se desplazó al *barretero* de "barrena y cohete".

La producción de oro a partir del año 1902 fue menor que la de plata, aunque aumentó un poco en 1903, cuando ésta registró un fuerte descenso. Fue notoria la actividad de la empresa El Oro Mining and Railway Company, que en ese año produjo 90% del oro obtenido en el estado, y en 1905, con una producción de 2 587 kg, superó la producción de otras compañías en permanente competencia, como La Esperanza Mining Company, que produjo 2 283 kg de oro.

Finalmente, Von Mentz no deja de mencionar que, sin tener la importancia de los centros cupríferos del norte del país, el Estado de México produjo pequeñas cantidades de cobre, principalmente en la región suroeste, al tiempo que el plomo empezaba a mostrar relevancia. La característica de este metal era hallarse asociado a otros, sobre todo a la plata, y cobró gran importancia al convertirse durante estos años del Porfiriato en un metal industrial y necesario para las grandes fundiciones. La producción sistemática del plomo se realizó a partir de los primeros años del siglo xx. La demanda aumentó a tal punto que las empresas mexiquenses llegaron a producir 246 489 kg anuales, mientras que la extracción de plata llegó en 1905 a poco más de 8 000 toneladas.

La estructura agraria

La estructura agraria general, como en periodos anteriores, estaba compuesta por haciendas, ranchos, terrenos comunales, terrenos de labor y minifundios. Según Paolo Riguzzi, durante la segunda mitad del siglo xix se calculaba la existencia de 360 a 399 haciendas de importancia muy variada; en general (68%), disponían de una extensión no superior a 1 000 ha, aunque hubo excepciones como La Gavia, que contaba con 136 000, o Arroyozarco, con 20 000 ha. Sin embargo, la población rural radicaba más bien en los 600 pueblos que se distribuían por ambos valles, pues la mayoría de los jornaleros no vivía en las haciendas, sino que eran contratados en los pueblos durante las principales épocas de la actividad agrícola, la siembra y la cosecha.

La superficie de cultivo, según Alejandro Tortolero, representaba 45% de la superficie total, lo que significa que casi la mitad de los territorios estaban cultivados y la otra mitad se repartía entre pastizales, montes, tierras de reserva y tierras improductivas. La proporción de tierras cultivadas era alta, sobre todo si se piensa que en el total nacional este porcentaje era de sólo 6% (12'152 129 ha) y lo demás eran pastizales (48'743 767 ha), bosques (16'565 666 ha) y tierras improductivas (119'003 087 ha). La extensión y la superficie cultivada aparecen en el cuadro viii.1.

Los distritos en los que la presencia de la hacienda tuvo una importancia media —entre 20 y 40% de la superficie distrital— eran Jilotepec, Texcoco, Tlalnepantla y Tenango. Por su parte, los distritos con una importancia relevante de la hacienda —más de 40%— fueron Cuautitlán, Chalco, Ixtlahuaca, Lerma, Otumba y Zumpango. Aunque no se sabe la proporción, hay que anotar que en el distrito más importante, Toluca, existían 66 haciendas y 120 ranchos. Sólo en los distritos de Tenancingo y Temascaltepec la gran propiedad tuvo una relevancia menor; sin embargo, en zonas como Sultepec la pequeña propiedad, y no la hacienda, ocupó un lugar notable en el último tercio del siglo pasado, según Frank Schenk. Con base en lo anterior se puede establecer que, hacia 1910, 97% de las tierras útiles estaban controladas por ha-

Cuadro VIII.1. *Extensión y superficie cultivada de los distritos del Estado de México*

Distrito	Extensión	Superficie cultivada (ha)
Chalco	191 280	77 022
Cuautitlán	56 720	42 540
Ixtlahuaca	204 660	122 796
Jilotepec	296 280	148 140
Lerma	32 500	10 833
Otumba	79 480	—
Sultepec	275 000	55 000
Temascaltepec	162 000	—
Tenancingo	147 400	28 865 caballerías
Tenango	50 240	—
Texcoco	95 680	—
Tlalnepantla	109 160	36 386
Toluca	144 000	48 000
Valle de Bravo	172 600	115 066
Zumpango	74 940	49 960

FUENTE: Alejandro Tortolero, "La estructura agraria", HGEM, vol. 5, p. 154.

ciendas y ranchos; 2% por pequeños propietarios, y solamente 1% por comunidades.

Tortolero muestra que la estructura agraria del Estado de México durante el Porfiriato no fue inmóvil, aunque fueron permanentes las largas rutinas de trabajo, los bajos salarios de los peones, la persistencia de las tiendas de raya, los pagos con vales y raciones, el carácter colonizador de la hacienda y el gran poder del hacendado. Las estrategias de cambio fueron ganar espacios de cultivo mediante obras de irrigación y contratos de arrendamiento; formar ranchos para racionalizar mejor la explotación de las fincas; modernizar las explotaciones mediante inversiones en obras (graneros, presas, molinos, etc.), aperos y máquinas; aumentar el contingente de ganado y, por consiguiente, los abonos; producir cada vez mayores cantidades de alimentos para una población no agraria, etcétera.

Artesanía, manufactura e industria moderna rural

La industria en el Estado de México tuvo dos sectores claramente definidos: uno de carácter fabril y otro doméstico y artesanal. El primero se concentró en el Valle de México y se expandió luego al de Toluca; el segundo, en cambio, permaneció disperso en pueblos y distritos del estado. El sistema fabril tuvo una tecnología relativamente moderna y el trabajo se concentró en edificios que podían servir a distintas fases de la producción. El trabajo doméstico y artesanal, por su parte, reunía al grupo familiar o personal empleado en pequeña escala. Estas características podían modificarse de acuerdo con el tipo específico de producción. Sin embargo, en ambos sistemas la fuerza de trabajo no sólo compartía rasgos campesinos, sino que en la mayoría de los casos tenía una cualidad étnica, pues en ese tiempo prácticamente 60% de la población aún era indígena.

¿Qué factores determinaron el crecimiento industrial del estado? El aumento de la población, con la consecuente expansión del mercado; la abundancia de mano de obra barata, las franquicias y las exenciones de impuestos federales y estatales, así como la utilización de la ferrovía, el telégrafo, la electricidad y el vapor. Sin embargo, el más determinante fue tal vez la inversión de capitales nacionales y extranjeros, que en unos casos fortaleció la base previamente existente y en otros instaló nuevas fábricas, aunque sin duda la protección del gobierno y la fuerza de trabajo accesible y barata fueron factores importantes para el crecimiento del sector.

La evolución del sector industrial del Estado de México a lo largo del siglo XIX siguió los mismos parámetros que la del país, pues 74.6% de las fábricas o "establecimientos" industriales hicieron su aparición entre 1890 y 1910, aunque no todos eran "modernos", pues la estructura industrial del estado estuvo conformada por un pequeño número de fábricas encargadas de la producción de cerveza, hilados y tejidos de lana y algodón, junto con un extenso entramado de organización y producción doméstica artesanal. El cuadro VIII.2 presenta una imagen de su importancia según el número de trabajadores empleados en las fábricas. En este cua-

CUADRO VIII.2. *Distribución de trabajadores por fábrica (1906-1910)*

Fábricas	1906	1908	1910
Compañía Toluca-México	800	800	665
Fábrica de Botellas	250	450	215
La Industria Nacional	300	300	—
La Unión	45	47	200
La Aurora	350	745	692
Miraflores	350	520	520
San Rafael	1350	1100	990
San Ildefonso	700	800	525
La Colmena	304	310	304
Barrón	251	—	251
El Progreso Industrial	296	305	340
Río Hondo	207	229	170
Tomacoco	170	—	178
Fábrica María	180	90	130
TOTAL	5553	5696	5180
TOTAL DE LA INDUSTRIA	7183	7079	8153

FUENTE: Miño, *La industria,* p. 258.

dro aparece consignada una población trabajadora que presenta un leve crecimiento entre 1906 y 1910. Sin duda, la compañía cervecera Toluca-México y la papelera San Rafael son las que más destacan, seguidas por la textil San Ildefonso. Sin embargo, las tres presentan una disminución acentuada a lo largo de estos tres años, mientras crecen las de menor rango, como la fábrica Miraflores y molinos La Unión.

La mayor inversión industrial de ese entonces en el Estado de México se hizo en Chalco, con 25.84%, y en Tlalnepantla, con 46.32%. La razón es que en sus jurisdicciones se encontraban instaladas las fábricas textiles más modernas. Jilotepec, Texcoco y Tenancingo también tuvieron una industria importante. El primer caso está representado por la fábrica de Arroyozarco; el segundo, por el molino de Atlatongo, y el tercero, por una importante producción de aguardiente. El restante 11.4% corresponde a talleres o "aparato", base de la producción doméstica y artesanal de corta producción.

A grandes rasgos, las características de la industria mexiquense se mantuvieron durante todo el periodo liberal. Los cambios observados se produjeron por el incremento de la capacidad productiva de varias fábricas y por la aparición de nuevas en el Valle de Toluca, particularmente de la compañía de cerveza Toluca-México. No hay que olvidar, sin embargo, la fundación de una de las principales fábricas de papel del país, la de San Rafael, en la jurisdicción de Chalco. En el ramo textil, aparte de la mención de 11 fábricas de hilados y tejidos en 1893, el número varió significativamente desde 1897 hasta 1910, pues las seis existentes en esos años aumentaron a nueve que se registraron en 1905-1906 para luego disminuir a siete.

La fiscalidad porfiriana

La hacienda pública mexiquense en esencia mantuvo características de continuidad desde el surgimiento del estado hasta la última década del siglo XIX. Paolo Riguzzi muestra que, a grandes rasgos, se le puede caracterizar por falta de una estructura administrativa jerárquica y de un cuerpo de funcionarios; carencia de uniformidad contable y de caja; desigualdad social y territorial; indefinición jurídica de la esfera fiscal estatal, y ausencia de criterios liberales en la formulación, el ejercicio y la fiscalización del presupuesto. Se trataba de problemas que, en mayor o menor medida, afectaban al régimen hacendario de todas las entidades federativas y de la misma hacienda federal. A estos rasgos habría que añadir la naturaleza extraordinaria en cuanto a los procedimientos, y deficitaria en cuanto a los recursos, de las finanzas públicas. Esta situación era el reflejo de la inestabilidad política y los consecuentes requerimientos de tipo militar, por lo menos hasta 1880. Además, los conflictos repercutían fuertemente en el gasto y en los ingresos: la reducción del movimiento mercantil, las requisiciones y el reclutamiento forzoso en el campo afectaban la capacidad de pago de los causantes y encarecían y dificultaban la recaudación de los impuestos, a lo que habría que añadir la irregularidad en los pagos de los sueldos de los empleados públicos y de las pensiones por parte de la administración.

Impuestos y contribuciones como predial, alcabalas y contribución personal constituían el núcleo central de los ingresos. En cuanto a las modalidades del gasto, según Riguzzi, una porción considerable de éstos estaba dirigida a las obras públicas, y con las salvedades expuestas acerca de la exactitud de las estimaciones, fue importante el gasto total en el ramo de la instrucción, que representaba porcentajes elevados: casi 32% en 1876-1877 y 28% en 1884-1885, pero el estado no tenía control sobre estos egresos, que eran manejados por juntas especiales o institutos.

Una de las reformas modernizadoras fue la unificación de la hacienda: terminaron los fondos y las agencias especiales, y los gastos de instrucción se integraron a los gastos generales. Por el lado de los ingresos, cesó la ambigua distinción entre contribución personal e impuesto de instrucción pública, a favor de un impuesto unificado de capitación o *per capita*. Además, se fijaron atribuciones para todas las secciones de la administración ligadas al ramo de hacienda y se introdujo un principio de especialización. Por otra parte, se asentó el principio de que en el presupuesto de egresos era preciso detallar todos los gastos públicos. El tercer elemento fundamental era la manera de rendir cuentas sobre el empleo de los caudales públicos, que se acerca a los criterios liberales del control parlamentario. Finalmente, consigna Riguzzi, el fortalecimiento de la Contaduría de Glosa, dependiente del Poder Legislativo, fue el instrumento administrativo que por primera vez consiguió plantear que el Congreso tuviera el control del uso del presupuesto.

El Banco del Estado de México

La última década del siglo xix marcó el inicio de un claro proceso de crecimiento industrial y de tecnificación, a la vez que se extendían las prácticas mercantiles y se consolidaba una oligarquía local de claras posibilidades financieras y prácticas crediticias, con empresarios industriales pragmáticos de reconocida trayectoria, como Santiago Graf, Alberto Henkel, Antonio Pliego Pérez y Antonio Riba y Echeverría. Según Romero Ibarra, este grupo estableció contactos con el sector bancario nacional y, con el apoyo directo del gobernador Villada, en 1897 fundaron el Banco del Estado de México. Villada, además de accionista, fue el primer presidente del banco. Por otra parte, Henkel y Pliego Pérez fueron diputados a las legislaturas de 1895 y 1899. El Banco del Estado de México se creó con un capital de 500 000 pesos. Al parecer, tuvo una expansión notable, pues 10 años más tarde su capital ascendía a tres millones de pesos y contaba con una circulación de 2.3 millones en billetes y depósitos por 2.5 millones de pesos. Esta dinámica le permitió abrir sucursales en El Oro y en Morelia, además de fungir como agente financiero del gobierno del estado al facilitar el sistema de pagos, la recaudación y el traslado de fondos públicos.

En 1905 también se verificó la apertura en Toluca de una sucursal del Banco de México, para entonces el principal banco del país. La de la capital del estado era una de las 17 sucursales que este banco tenía en el país y disponía de una pequeña dotación de medios financieros que equivalían a 100 000 pesos metálicos y 200 000 en billetes. Su importancia, según Riguzzi, radicaba en que posibilitó créditos por 750 000 pesos a hacendados y comerciantes como Santos Pérez Cortina y Vicente Pliego o a compañías como la cervecería Toluca-México y Xico.

Los servicios públicos y privados: el ferrocarril

Entre 1880 y 1910 se tendieron en México cerca de 20 000 km de vías férreas. Según Kuntz Ficker, el Estado de México se encontró entre los mejor dotados de éstas en la República, por su situación geográfica. Sin duda, el hecho de que la principal ruta comercial hacia el Golfo de México atravesara la porción oriental del estado fue una circunstancia afortunada que le permitió disponer tempranamente de una línea de ferrocarril. Desde 1873 y durante toda una década, fue una de las pocas entidades que gozaron de la comunicación ferroviaria a través de la Compañía del Ferrocarril Mexicano (también conocido como Ferrocarril de Veracruz), que comunicaba a la Ciudad de México con el puerto de Veracruz, y que por entonces era la única empresa de importancia que se encontraba en funcionamiento en todo el país.

Aparte de las líneas del Ferrocarril Nacional, que tocaban Lerma y Toluca y proseguían hacia el norte para abandonar la entidad en los límites entre Querétaro y Michoacán, Kuntz Ficker menciona que ninguna de las líneas importantes tocó la parte occidental del territorio mexiquense. La ausencia de vías férreas fue más notoria en el sur: los distritos de Tenancingo, Temascaltepec, Valle de Bravo y Sultepec, que daban cuenta de la tercera parte del área estatal, se mantuvieron completamente marginados del transporte ferroviario.

Además de los fragmentos de las líneas troncales que atravesaban el estado, éste dispuso de algunas otras vías que se construyeron expresamente para satisfacer las necesidades de los propietarios y productores locales o para enlazar a las entidades vecinas (Hidalgo y Puebla, sobre todo) con la Ciudad de México. Destaca por su importancia el Ferrocarril de Hidalgo y del Noreste, financiado y dirigido por Gabriel Mancera. Los ferrocarriles de Toluca a Tenango y de Toluca a San Juan de las Huertas fueron propiedad de los hermanos Henkel y comunicaban sus haciendas familiares con la capital estatal. En similar situación se encontraba el Ferrocarril de Cazadero a Solís, que vinculaba la hacienda maderera de Felipe Martel con las líneas del Central y del Nacional.

Se debe mencionar también el Ferrocarril de Xico y San Rafael, que a partir de 1900 se convirtió en el Ferrocarril de San Rafael y Atlixco, el cual se extendería de Chalco a México, tocando instalaciones y bodegas de la Compañía Agrícola de Xico, y de Amecameca a Atlixco pasando por Ozumba, Ecatzingo y Santa Catalina. Otras empresas del mismo tipo surgieron alrededor de algunas compañías mineras (como El Oro Mining and Railway Company y la Compañía Minera Dos Estrellas) o construyeron pequeños tramos de ferrocarril para conectar propiedades de particulares con alguna línea de mayor alcance entre las que atravesaban el estado.

En general, puntualiza Kuntz Ficker, el ferrocarril propició la explotación en gran escala de los depósitos de piedra, arena y otros materiales de construcción y fue un incentivo para los productores de cal, ladrillo y artículos similares que por su gran peso y reducido valor unitario obtenían ventajas especiales de la comunicación ferroviaria. Ayudó también a una explotación sin precedentes de los bosques, que encontraba entre sus destinatarios a las propias empresas ferroviarias, pero además servía al crecimiento de industrias que utilizaban leña y carbón vegetal como combustible o pulpa como insumo principal para la elaboración de papel. Las fábricas de textiles, vidrio, cerveza, jabón y papel se beneficiaron del transporte a bajo costo de carbón, leña, cal, pulpa, cebada y otros insumos, que por lo general procedían de las inmediaciones del lugar. La modernización del transporte también favoreció a sectores tradicionales que orientaban su producción de pulque, cebada, trigo y azúcar, entre otros, al mercado y que vieron abaratados los costos de transporte.

LAS MANIFESTACIONES SOCIALES Y CULTURALES

La dinámica demográfica

En la década de 1870 se contaban 657723 personas en el ya delimitado Estado de México, cifra que aumentó a 932908 en 1900. Según Marta Vera Bolaños, si bien 10 años después el número llegaba a 988643 habitantes, en 1921 se reportaban casi 100000 personas menos (882070). Sin embargo, de acuerdo con los datos censales de 1930, la población se recuperó, pues en ese año ya se reportaron 989846 residentes en la entidad.

Los pueblos tuvieron diversos cambios, tanto cuantitativos como cualitativos, entre 1878 y 1910. Según Salinas Sandoval, las rancherías crecieron 42% (de 248 a 352); los barrios, 34% (de 314 a 420); las ciudades, 25% (de 8 a 10); las villas, 21% (de 24 a 29), y los pueblos, 5% (de 573 a 601). El significativo aumento de las rancherías y de los barrios (estos últimos formaban parte de los pueblos, villas o ciudades que constituían las cabeceras municipales) contrasta con el escaso crecimiento de los pueblos, en tanto categoría política. El incremento de la población en los pueblos fue de 36%, pues los 621 578 habitantes que se registraron en 1878 aumentaron a 847 519 en 1910, a diferencia del incremento que se dio en haciendas y ranchos, que fue de 60%, pues sus 89 001 individuos pasaron a 141 991. Probablemente algunas familias locales se trasladaron a haciendas o ranchos y otras integraron nuevos barrios y rancherías. La tendencia del número de habitantes fue disminuir ligeramente en los pueblos para aumentar en haciendas y ranchos: en 1878, 87.4% de la población total del estado vivía en localidades, y en 1910 este porcentaje había disminuido a 85.6 por ciento.

En lo que tiene que ver con la población indígena, Salinas Sandoval muestra que ésta aumentó levemente, de 423 425 personas que se registraron en 1878 a 463 425 una década después. Sin embargo, si los comparamos con la población de todo el estado, los indígenas constituían 60% de los habitantes y bajaron a 58%, de los cuales 60% eran nahuas, 23% otomíes, 14% mazahuas y 3% matlatzincas. En la mayoría de los distritos políticos convivían en las localidades varios de estos grupos étnicos, particularmente nahuas y otomíes. Muy pocos pueblos estaban formados solamente por indígenas, que tenían que compartir el mismo territorio con la creciente población mestiza y con la poca gente llamada "blanca". En 1900, 86% de la población del estado hablaba español, lo que significaba que más de la mitad de los indígenas lo dominaban, aunque quizá seguían utilizando su propia lengua en las comunidades. Solamente 14% de la población utilizaba el náhuatl o el otomí como idioma único.

La estructura social

En general, en el centro de México predominaban los habitantes del medio rural, que en su mayoría eran los trabajadores menos calificados. Por su parte, al grupo de propietarios de establecimientos pequeños y de empleados independientes o artesanos prósperos que vivían en las ciudades o en los pueblos se le puede calificar de élite o de oligarquía local. Con frecuencia formaban parte de este grupo las autoridades gubernamentales y los burócratas, ya que muchos de ellos eran dueños de pequeñas empresas, así como muchos eran profesionistas como abogados, médicos, maestros o artesanos prósperos de los pueblos, sobre todo de los que fungían como cabeceras de municipio.

Los dueños de estas empresas vivían en pueblos como Texcoco o Tianguistenco —donde había dos fábricas de aguardiente en 1866— o en el distrito de Sultepec —que contaba con cuatro ingenios grandes y otros más pequeños movidos por mulas, así como con molinos de trigo y cuatro fábricas de aguardiente—, y era frecuente encontrar dueños de tiendas de cierta importancia en las cabeceras de municipio, personas consideradas como "gente de razón". A estos grupos es posible que haya que añadir también a los mencionados empleados administrativos de las empresas-pueblo y a numerosos arrieros y artesanos que no eran indígenas y que tendían a distinguirse de ellos tanto porque no hablaban un idioma indígena como porque pertenecían a otra clase y a otra cultura, además de porque vivían en casas distintas y tenían un trato diferenciado entre sí. Las familias de más recursos contrataban a tutores, de preferencia extranjeros, para sus hijos o, incluso, mandaban a éstos fuera del país.

En 1883, había en Toluca hoteles, mesones, fondas, cafés, baños públicos, oficinas telegráficas, líneas telefónicas, ferrocarril urbano, bibliotecas públicas, orquestas, bandas militares, coches de sitio, agencia de inhumaciones y tres periódicos. Las personas prominentes iban a misa los domingos a la iglesia del Carmen y paseaban en las horas de ocio por jardines públicos, plazas y monumentos de la ciudad, frecuentaban las veladas artístico-literarias o veían la función de alguna compañía de teatro o de zarzuela en el Teatro Principal y cenaban en el Hotel Gran Sociedad. Aun entre los elementos de esta oligarquía existían grandes diferencias económicas, sociales y culturales. Había entre ellos, por ejemplo, alemanes, españoles y mexicanos; sin embargo, las contradicciones no eran tan profundas como las que existían entre las clases bajas. Solían diferenciarse por grupos nacionales, y así, se puede mencionar que entre 1909 y 1916 funcionó en la capital un colegio alemán al que podían acudir los hijos de los numerosos germanos empleados en los comercios y en las industrias cervecera y vidriera de la ciudad.

Entre los propietarios industriales, hacendados y comerciantes destacaban los Sánchez Ramos, los Pimentel Fagoaga, los Ebrard, los Spitalier y los Braniff, que representaban a los empresarios más exitosos de la época. Algunos como Tomás Braniff, además de identificarse con la oligarquía local, tenían influencia nacional e internacional.

Otras familias con propiedades importantes en el Estado de México eran la Solórzano, dueña del molino del Moral y de las haciendas del Rosario y Mazaquiahuac, además de numerosos bienes raíces en la Ciudad de México y propiedades mineras; la del presidente Manuel González, propietaria de la hacienda de Chapingo, entre otras muchas empresas agrícolas ubicadas sobre todo en Tamaulipas, y las De la Torre, Gómez Pliego, Noriega, Limantour, Garay y Cuevas, entre otras.

En la vida cotidiana, la clase desposeída se integraba principalmente con los indígenas. Los centros de reunión de la clase alta eran desde luego diferentes a los lugares de concurrencia de la clase baja, pero incluso en las instituciones públicas, como escuelas y hospitales, se marcaba la diferencia. Ilustra Von Mentz que en el periódico *El Heraldo* Manuel Caballero denuncia en 1894 que en la Escuela Normal para Profesoras y de Artes y Oficios para Señoritas se distinguía entre "inditas" y "señoritas de razón". En el Hospital de Toluca, construido a principios del siglo xx, había un pabellón destinado a los enfermos "distinguidos" y dos salones para los enfermos protegidos por la beneficencia pública.

Otro sector de la sociedad toluqueña porfirista estudiada por Von Mentz, con gran participación política y social, fue el de los profesionistas liberales, entre los que se incluían abogados y médicos, muchos de ellos formados en el Instituto Científico y Literario de Toluca, centro cultural de la entidad que durante el Porfiriato tuvo una marcada tendencia positivista. En 1897 había en la ciudad de Toluca 51 abogados y 17 médicos. Entre los abogados más antiguos figuraban Dionisio Villarello, Camilo Zamora, Carlos Suárez, Antonio Inclán, Joaquín García Luna Castro y José María Condés de la Torre. Entre los médicos decanos pueden citarse a Juan Rodríguez, Eduardo Navarro, Juan N. Campos y Ricardo Marín.

La vida cotidiana de Toluca durante el Porfiriato era interrumpida sólo por varias festividades religiosas que se celebraban en la ciudad, como la Semana Santa o el Día de Difuntos, con sus tradicionales platillos; por las conmemoraciones cívicas, en las que con frecuencia participaba el Instituto Literario organizando veladas artístico-literarias y otras reuniones; por la inauguración de alguna obra material, o por presentaciones del cinematógrafo Lumière, de Virginia Fábregas, de alguna otra compañía de teatro o de la zarzuela en el Teatro Principal.

La educación

Los liberales triunfantes plantearon un plan educativo que tenía como base los municipios, ya que eran los que habían sostenido a las escuelas y a las instancias que mayor posibilidad tenían de habilitar y mantener planteles de primeras letras. René Roberto Becerril afirma que éstos, además de lo anterior, orientaron sus esfuerzos al sostenimiento del Instituto Literario de Toluca en lo que se refiere al pago de catedráticos, directivos y personal de intendencia.

Entre las actividades que adquirieron gran difusión en el periodo de afianzamiento de la educación pública durante el Porfiriato en los años ochenta se hallaban los cursos dirigidos a obreros y artesanos. El mismo paso dado por el gobierno federal consistente en transformar la Escuela Nacional Secundaria para Niñas en Escuela Normal para Profesores se dio en el Estado de México. El gobernador José Zubieta aspiró a crear la Escuela Normal y de Artes y Oficios para Señoritas. Más tarde, José Vicente Villada centralizó los servicios de educación pública: "El del Instituto Científico y Literario, el de la Escuela de Artes y Oficios y los que proporciona el Asilo de Niñas, convertido recientemente en Escuela Normal y de Artes y Oficios para Señoritas, que ha sido incluida ya en la ley del presupuesto del año fiscal próximo". El Estado porfirista asumió como propia la tarea regeneradora. Trató de demostrar que no sólo acababa con el mal, sino que lo hacía creando los requerimientos del progreso social. Así, estableció la Escuela de Artes y Oficios en 1889, la Escuela Correccional en 1894 y el Tívoli para Obreros.

Asociaciones ciudadanas:
las organizaciones obreras y artesanales

Las primeras asociaciones fundadas bajo el espíritu de la Constitución de 1857 fueron organizadas en la ciudad de Toluca. Quienes las crearon fueron servidores públicos. Así, la Sociedad Filantrópica de Auxilios Mutuos, fundada en el año de 1862, constituyó una iniciativa de diferentes empleados del Tribunal Superior de Justicia del Estado.

Más adelante, según Norberto López Ponce, los artesanos urbanos de Toluca fundaron en agosto de 1867 la Sociedad Artística de Protección Mutua para asistencia y auxilio de sus miembros. El 8 de diciembre de 1871 otro grupo de artesanos creó la Sociedad Progresista de Artesanos de Toluca, con la finalidad de perfeccionar los distintos ramos, proporcionar auxilio mutuo para remediar los sufrimientos, moralizar las costumbres y alcanzar para las generaciones jóvenes un estatus social. Por su parte, el proceso de organización de los obreros textiles del Valle de México pertenecientes a las fábricas de San Ildefonso, La Colmena y Barrón y Miraflores está ligado a la actividad del socialista utópico Plotino C. Rhodakanaty, quien para impulsar sus ideas se rodeó de algunos discípulos y formó en 1865 un grupo de estudio de ideas socialistas al que llamó La Social. En esta asociación estaban los futuros líderes del socialismo libertario mexicano, como Santiago Villanueva, Francisco Zalacosta y Hermenegildo Villavicencio.

La defensa de los intereses de los trabajadores se hacía imperativa a finales de 1875. En plena insurrección porfirista bajo la bandera del Plan de Tuxtepec, el Gran Círculo de Obreros (GCO) lanzó el 20 de enero de 1876 la convocatoria a las sociedades obreras, artesanales, científicas y culturales para celebrar en la Ciudad de México el Congreso de Trabajadores. El objetivo: discutir y sancionar la Constitución de la Clase Obrera de la República Mexicana. Pero el movimiento obrero después de 1876 atravesó por un periodo de contracción. El 6 de marzo de 1904 quedó constituida en Toluca una federación con la denominación de Gran Club de Obreros Mexicanos (GCOM). Su objetivo confirmaba el carácter mutualista: la solidaridad de todos los buenos obreros por medio de los productos económicos de una caja de ahorros.

La seguridad social porfiriana: el mutualismo

En México, como en otros países del mundo, los primeros programas de protección y socorro para los pobres surgieron, primero, como resultado de la caridad, la moral y la virtud personales y, después, según establece Gloria Guadarrama Sánchez, con el impulso de distintos tipos de asociaciones filantrópicas y mutualistas. La función de las sociedades de socorros mutuos fue auxiliar a la familia cuando no había trabajo y apoyar a los asociados cuando caían enfermos o a su familia cuando morían. Viudas, hijos y padres ancianos tenían la posibilidad de recibir algún socorro. Las mutualidades constituyeron también formas a través de las cuales los trabajadores resistían la explotación de los patrones y procuraban entre ellos aliviar los males derivados de sus miserables condiciones de vida. De esa manera, al principiar el siglo xx, el mutualismo había tejido ya en el país una red de asociaciones con las que se procuraba prevenir y atender los riesgos que afectaban el bienestar de las familias. Con esas primeras formas de ayuda y protección social, el trabajador tuvo la convicción de que una vez formada una sociedad mutualista, aunque ésta estuviera bajo el control oficial, había encontrado la única solución posible a sus problemas. En esa imagen, que se prolonga desde el siglo xix hasta las primeras décadas del xx, podemos ver que el Estado asumía un papel proteccionista hacia las mutualidades y las sociedades filantrópicas, pero que esa protección no alcanzaba a constituirse como una responsabilidad estatal; en tales circunstancias, lo social era, en el mejor de los casos, un asunto de particulares que resolvían sus carencias con sus propios recursos.

A principios del siglo xx los obreros de las fábricas se agrupaban en sociedades de tipo mutualista ya que veían en los lazos fraternales la vía para defenderse de un sistema opresor; las organizaciones a las que pertenecían tenían raíces en las asociaciones de artesanos que funcionaron como mutualidades gremiales. En el Estado de México se instalaron algunas de las empresas más importantes de la industria textil del país; asimismo, era relevante el número de fábricas de distinto tipo: jabón, tabaco, vidrio, gas, cerveza, papel. Según Guadarrama Sánchez, el establecimiento de esos centros de trabajo también había estimulado el surgimiento de sociedades mutualistas en distintos puntos del territorio: Toluca, Chalco, Tlalnepantla, Almoloya del Río, Huixquilucan, Nicolás Romero y Jilotepec; esas organizaciones formaban redes protectoras anudadas en principios de reciprocidad y cooperación. Esos lazos se aprecian, por ejemplo, cuando en 1904 se estableció en la ciudad de Toluca la sociedad mutualista, económica y fraternal de trabajadores de todos los ramos con la denominación de GCOM, que buscaba la protección social para sus asociados y promovía el mejoramiento de la dignidad de los obreros con el auxilio mutuo y el establecimiento de una caja de ahorros. Con principios similares se multiplicaron en el territorio, al despuntar el siglo, mutualidades diversas a través de las cuales tomaba forma pública la prevención de los riesgos sociales.

Entre las sociedades vinculadas con la protección de los obreros textiles tuvieron relevancia la Sociedad Progresista de Artesanos de Toluca, la Mutualidad de la Fábrica La Colmena, la Unión de Tejedores de Miraflores, la Sociedad Mutua de la Fábrica de San Ildefonso y la Unión de Resistencia de Tejedores del Valle de México. Estas mutualidades formaron parte de una organización mayor: el Gran Círculo de Obreros Libres de México (GCOLM), que entre 1906 y 1907 llegó a contar con 95 filiales en distintos estados del país y a la que se considera como uno de los primeros sindicatos. Las asociaciones obrero-mutualistas, según Guadarrama Sánchez, fueron el germen de las organizaciones sindicales y cumplieron un papel importante en la génesis de la Revolución. Pero las formas mutualistas tardarían en modificarse, ya que habría que esperar hasta la década de 1940 para que se estableciera formalmente la intervención del gobierno en materia de protección social.

Los conflictos agrarios

La segunda mitad del siglo xix y el primer decenio del xx constituyen un periodo en el cual los campesinos, con diferentes métodos de organización, enfrentaron el proceso de modernización que el Estado liberal emprendió con la expedición de la ley del 25 de junio de 1856 relativa a la Desamortización de las Fincas Rústicas y Urbanas de las Corporaciones Civiles y Eclesiásticas, o Ley Lerdo, y que profundizó con la del 15 de diciembre de 1883 sobre Colonización y Compañías Deslindadoras y la del 26 de marzo de 1894 sobre Ocupación y Enajenación de Terrenos Baldíos. La respuesta a la modernización que arrinconó a los campesinos se expresó, a lo largo de seis decenios, por medio de una persistente defensa y lucha por la tierra, en muchos casos legal pero en otros violenta.

La solicitud y la demanda de tierras fueron frecuentes, pues eran la base de acción de los pueblos que ponían a prueba las promesas de igualdad ciudadana y justicia que hacía permanentemente el grupo liberal triunfante. La acción más famosa que se recuerda fue la comandada en el Valle de México por Julio López, quien buscó en todo momento clarificar ante los pueblos y ciudadanos el carácter agrario y de justicia del movimiento que encabezaba. Después de algunas promesas de Juárez, durante dos meses hubo tranquilidad en los distritos de Chalco y Texcoco. No obstante, a finales de mayo la paz fue rota con la noticia del nuevo levantamiento de Julio López. La victoria del Estado sobre los campesinos sublevados expresó la intención de avanzar con firmeza hacia la constitución de un Estado fuerte, capaz de contener intereses y demandas de una sociedad en otro tiempo convulsionada, violenta e inestable.

Más tarde, en la década de 1880, la ley sobre Colonización y Compañías Deslindadoras (1883), y en menor medida la de Ocupación de Terrenos Baldíos (1894), trajeron a los pueblos del distrito de Chalco dos expectativas encontradas: intranquilidad por la usurpación que podía realizar la hacienda de sus terrenos y esperanza de promover la asignación a los denunciantes de terrenos nacionales. Sin embargo, desde la perspectiva de Villada, la pacificación de los pueblos dependía del uso de la violencia del Estado. Ya para el primer decenio del siglo xx era perceptible una disminución de la movilización campesina en demanda de tierra. Sin duda, la presencia y permanencia de la comunidad campesina dependió mucho de la disponibilidad de tierras, al contrario de lo que ocurrió en Morelos, donde la hacienda arrasó con la propiedad comunal. En la práctica, al estallar la Revolución esta situación significó estabilidad en el primer caso y lucha y violencia en el segundo.

Las expresiones culturales

A finales del siglo xix y principios del xx surgen nuevas ideas respecto del arte: el modernismo y el impresionismo tienen sus representantes, así como las últimas expresiones de un romanticismo desesperado. María de los Ángeles Chapa consigna que la pintura del siglo se abre al porvenir con el arte de Saturnino Herrán, caracterizado por sus formas sintéticas y sus temas costumbristas e historicistas. Por primera vez asuntos, vida, costumbres y belleza propios del pueblo mexicano indio, criollo y mestizo encuentran su lugar en un concepto del arte que ya puede expresarlos libremente sin recurrir a ideales de belleza clásicos.

Fue la Academia de San Carlos la que abrió las puertas al exterior, al aire libre, impulsando así uno de los géneros de pintura dentro del cual se desarrollarían algunos de los grandes artistas mexicanos: el paisaje. Y fue por iniciativa de Pelegrín Clavé como llegó a México el maestro italiano Eugenio Landesio para entregar su vida a la enseñanza. Formó una generación de paisajistas de talento y a un artista excepcional: José María Velasco (1840-1912), oriundo de Temascalcingo. Durante tres años éste hizo prácticas de pintura en el taller de artes plásticas del instituto, y durante 10 permaneció estudiando en la academia bajo las instrucciones de Landesio. En sus primeras obras se advierte su gran capacidad como colorista y su interés por los temas románticos. En su obra *Un paseo por los alrededores de México* (1866), no sólo crea un precioso paisaje de grandes contrastes de luces y sombras en las arboledas, sino una serie de grupos de figuras bien distribuidas que representan todos los niveles sociales. Según Chapa, descubrió la belleza del Valle de México y sus volcanes, que se ven a distancia. En 1875 terminó y exhibió su famosa pintura *El Valle de México*. La obra más importante fue *México* (1877) y valiosos fueron los cuadros con temas arqueológicos, como *Teotihuacan* y *El baño de Netzahualcóyotl*. En 1881 pintó *Puente de Metlac,* mezcla de naturaleza y vistas del puente y del ferrocarril. En 1889 asistió a la Exposición Universal de París. En 1893 fue a Chicago para exhibir sus obras en la Feria Mundial y recibió un premio, como antes había obtenido otro en Filadelfia. Según Chapa Bezanilla, la pintura de paisaje era una de las novedades del siglo y a ella se atuvo Velasco, pero introdujo sutilmente los temas de historia y pudo abordar desde nuestro pasado indígena y colonial hasta el progreso moderno.

Menos importante que la pintura fue la escultura. Después de la Guerra de Independencia, y todavía al mediar el siglo xix, aunque la figura de Miguel Hidalgo era contradictoria, nadie se oponía a la erección de sus monumentos, como el que se realizó en 1884 con motivo de la inauguración de la Avenida Independencia, trasladado más tarde a la Plaza de los Mártires. En el año de 1889 se levantó el monumento conmemorativo a los hombres ilustres del estado en el jardín que se encuentra en la plaza de la Merced; pero el más célebre es el monumento a Colón en la calzada que conduce al pueblo de Capultitlán, que constituye la mejor expresión porfiriana en tiempos de Villada, puntualiza Chapa.

Otras manifestaciones del progreso

Para finales de la década de 1880 el Estado de México contaba con líneas telegráficas de la federación con oficinas en Toluca y Otumba, pero también con una red propia de 276 040 m y 10 oficinas distribuidas por Tenango y Tenancingo, Ixtlahuaca y San Felipe, Temascaltepec y Valle de Bravo, Temascaltepec y Sultepec, y en el Valle de México de Chalco a Texcoco. Por su lado, la red telefónica era más extensa, contaba ya con 449 683 m, que eran propiedad de la federación y del estado; pero también hubo líneas privadas que cubrían las necesidades de las haciendas. El correo y la correspondencia se realizaban de manera mixta: por ferrocarriles, carruajes, a caballo y a pie. Evidentemente, la arriería llegó a alcanzar extensas zonas que conectaron las actividades económicas en diversos puntos del estado y fuera de él.

Sin duda, el arribo de la electricidad para la industria y para la ciudad fue muy importante. Margarita García Luna consigna que la primera red de alumbrado de Toluca se construyó en 1888 y con el tiempo se extendió a otras partes del estado. Sin embargo, también hay que mencionar que los servicios de salubridad e higiene, agua potable, vacunas, hospitales —Villada construyó el Hospital Civil— y en general el ramo de salud funcionaban adecuadamente. Todas estas mejoras eran parte de la modernización de ciudades y pueblos importantes, particularmente de la ciudad de Toluca, que mejoró su urbanización con la construcción de escuelas, hospitales, edificios del ayuntamiento y monumentos —como el renombrado monumento a Colón—. De manera complementaria, localidades pequeñas como Calimaya y el distrito de Tenango, según Loera Chávez, también mostraban una vitalidad y un auge muy claro en esta época. Era la imagen de un periodo de estabilidad.

IX. LA REVOLUCIÓN MADERISTA
Y EL GOBIERNO DE MEDINA GARDUÑO (1909-1913)

El tránsito entre la paz y la guerra

A PRINCIPIOS DE 1909 SE INICIÓ LA CAMPAÑA para la elección presidencial de Porfirio Díaz con el pronunciamiento del grupo de notables del estado que hacía años venía funcionando a favor del régimen, sólo que para esta ocasión el general Villada había muerto. Se formó la "Convención Democrática", que encabezó Eduardo Henkel, con el fin de ganar las elecciones para renovar el Congreso a través de los mismos grupos identificados con el régimen. La calma era el mejor termómetro de la situación política, por lo menos hasta el 20 de noviembre de 1910, cuando se conoció de la rebelión maderista. Entonces empezaron a dictarse providencias para evitar la inestabilidad en el estado y se ordenó a las autoridades del sur el castigo a los insurrectos o rebeldes que aparecieran dentro de sus límites.

El gobernador insistía en que "la tranquilidad y la seguridad pública permanecen inalterables", lo cual era cierto en el estado, donde, como en otros, la población se entretenía más en la celebración del primer centenario de la Independencia con festejos, convivios, veladas literarias, bailes y "marchas cívicas", además de la inauguración de nuevas obras materiales, según María Eugenia Romero Ibarra. Así, hasta enero de 1911 todo parecía estar dentro de los cauces de la normalidad; por lo tanto, la reacción en el Estado de México al llamado de Francisco I. Madero para levantarse en armas el 20 de noviembre de 1910 contra el régimen de Porfirio Díaz y por la defensa del sufragio efectivo fue casi imperceptible.

Sabemos que las condiciones que propiciaron la caída de Porfirio Díaz se gestaron en el norte, en Morelos y en la capital del país. La toma de Ciudad Juárez permitió a Madero instalar un gobierno provisional. La amenaza de los hombres de Zapata sobre la Ciudad de México y las manifestaciones masivas de los capitalinos exigiendo la renuncia del presidente aceleraron el triunfo. En esas circunstancias, el régimen porfirista tenía los días contados. Sin embargo, Madero, enemigo de la lucha armada, en vez de emprender la destrucción definitiva del sistema inició conversaciones para lograr una paz negociada con los porfiristas.

El 25 de mayo, el general González abandonó la gubernatura al enterarse de las renuncias de Díaz y Corral, y del nombramiento de Francisco León de la Barra, secretario de Relaciones Exteriores, como presidente interino. Para sustituir a González se designó a Rafael M. Hidalgo gobernador interino. Pero alentados por las noticias del avance de la revuelta en el norte, el surgimiento del movimiento zapatista en Morelos y el levantamiento de los hermanos Figueroa en Guerrero, se rebelaron los hermanos Alfonso y Joaquín Miranda, comerciantes de carbón, quienes operaron en los distritos de Sultepec, Temascaltepec y Tenancingo, y poco después lo hizo Genovevo de la O en el noroeste de Morelos. En las semanas siguientes se multiplicaron los insurrectos, desde Chalco hasta Tlatlaya. A partir de abril de 1911 empezaron a surgir intentos locales de insurrección en Tenancingo, Tenango, Ocuilan, Temascaltepec y Tlatlaya, con reivindicaciones similares a las de los zapatistas.

Según O'Dogherty, la existencia de bandas armadas en el suroccidente se debía a que ésta era una región de migrantes atraídos por las inversiones mineras de finales del siglo XIX o bien expulsados de la zona central del estado por la escasez de tierras. Por otra parte, el crecimiento de la población ejercía mayor presión sobre los recursos, particularmente sobre la tierra, escasa y pobre. Sultepec, Temascaltepec y Tlatlaya eran jurisdicciones lejanas y aisladas, por lo cual el control político era débil. Por lo demás, su comunicación con las zonas más conflictivas durante la Revolución puede explicar la proliferación de bandas armadas y su articulación con el zapatismo, pero sin un programa ni ideales definidos y propios. Entre junio y agosto de 1911 las bandas fueron desmovilizadas por el maderismo, que prefirió la vía de la negociación estableciendo pactos y alianzas con los porfiristas de los estados.

Rafael M. Hidalgo, designado gobernador interino, continuaba manteniendo viejos funcionarios; además, impidió nuevos nombramientos y persiguió a los propios maderistas hasta la llegada del nuevo gobernador, Manuel Medina Garduño, cuya elección se realizó bajo un ambiente de entusiasmo. Nuevos y viejos actores políticos aparecían en la escena bajo el patrocinio de clubes que postulaban toda una gama de opciones políticas. Estos actores iban desde representantes de la vieja oligarquía estatal hasta intelectuales como Andrés Molina Enríquez, quien preconizaba el reparto de haciendas en pequeñas propiedades; o candidatos independientes como Gustavo Vicencio, que representaba a burócratas, empleados administrativos, intelectuales o miembros de uniones liberales bajo el postulado de la no reelección. Por su parte, el grupo católico bajo la bandera del Partido Popular Independiente postuló a Manuel Medina Garduño, que también fue nominado por el Partido Liberal Progresista. En esta fase de la lucha política, el ambiente electoral se caldeaba frente a las posibilidades de que el viejo régimen siguiera controlando la elección; pero fueron sobre todo las carencias institucionales, como la falta de conformación legal de varios municipios o la intervención de bandas de insurrectos, las que obstaculizaban el proceso electoral.

De todas formas, a pesar de que el gobierno hizo todo lo posible por controlar el cada vez más extendido ambiente de intranquilidad, ganó Manuel Medina Garduño en las elecciones celebradas el 10 de septiembre de 1911, y con ello desarticuló la aún débil estructura política favorable a Madero, y así los actores tradicionales, fruto del viejo régimen, mantuvieron el control del estado. Pero lo importante es que, en lo posible, hubo un proceso electoral limpio: los candidatos tuvieron que hacer campaña en los pueblos y rancherías. Medina finalmente ganó con 51.49% de los votos computados, contra 31.32% que obtuvo el candidato maderista Gustavo Vicencio y 12.55% de Alberto García. Los votos restantes se distribuyeron entre una lista que llegó a registrar nada más ni nada menos que 140 nombres. Si bien Rafael M. Hidalgo no pudo pacificar al estado, cumplió de manera satisfactoria su segundo compromiso: las elecciones para nombrar gobernador se realizaron sin mayores problemas. El 12 de octubre de 1911 fue declarado vencedor Medina Garduño, candidato del Partido Constitucional Progresista, electo para cubrir el periodo de Fernando González.

Para entonces, según O'Dogherty, el cese de las hostilidades ordenado por Hidalgo no había causado efecto alguno, pues las tropas rebeldes resistieron la medida y decidieron proseguir la lucha. Finalmente, el 25 de noviembre de 1911 Zapata se levantó en armas contra Madero y proclamó el Plan de Ayala. En éste exigía la restitución de las tierras expropiadas a las comunidades indígenas, la distribución de la tercera parte de las haciendas entre los campesinos sin tierra y el reparto de aquellas cuyos dueños hubieran combatido contra la Revolución. El Plan de Ayala se convirtió en el programa de lucha zapatista a lo largo de la siguiente década y en un instrumento que logró reunir a las diversas bandas armadas del centro del país. La expansión del movimiento zapatista se produjo porque, además de canalizar demandas agrarias, representaba aspiraciones de mayor autonomía política y administrativa. Así, desde finales de 1911 y en todo 1912, Genovevo de la O y Francisco Pacheco operaban en los límites de Tenancingo, Tenango y Sultepec, mientras en Chalco, Amecameca y Milpa Alta lo hacía José Trinidad Ruiz.

Medina Garduño permitió la libre circulación de tropas de Guerrero, Hidalgo, Michoacán y Morelos, e intentó engrosar las filas federales mediante la leva, lo que provocó gran irritación entre la población. Sin embargo, a pesar de la represión, desde los primeros meses de 1912 las fuerzas rebeldes se fueron desplazando desde el sur hacia el centro de la entidad. Al finalizar el gobierno de Medina Garduño, en marzo de 1913, la presencia del zapatismo se había fortalecido. Los municipios limítrofes con los estados de Morelos y Guerrero vivían una situación de guerra y, en su gran mayoría, los funcionarios de los ayuntamientos fueron destituidos por las fuerzas rebeldes o huyeron ante los ataques para dar lugar a la anarquía y el estancamiento en los asuntos públicos. Los abusos del ejército y los rurales no ayudaron al restablecimiento del orden. El 10 de enero de 1912 Madero enviaba una iniciativa de ley para suspender las garantías constitucionales, particularmente en los distritos de Chalco y Tenancingo, iniciativa que luego fue extendida a Tenango, Sultepec, Temascaltepec y Lerma. En su lucha contra el zapatismo, Madero ordenó la formación de cuerpos civiles de autodefensa, que fueron milicias paralelas al ejército y a los rurales que actuaban financiadas por propietarios que habían perdido sus bienes o por vecinos que habían sufrido los abusos de los rebeldes. La lucha, lejos de terminar, se extendió, pues el gobernador Medina Garduño tenía serias diferencias con Felipe Ángeles por considerar blandos sus métodos. Puntualiza Ávila que para entonces las diferencias de Madero con los zapatistas se habían acentuado y éstos avanzaron hasta los límites de Toluca.

En diciembre de 1912 se llevaron a cabo las elecciones de gobernador para el periodo 1913-1917. Medina Garduño, según Romero Ibarra, se descartó para una posible reelección, pero aparecieron en el escenario Francisco Xavier Gaxiola, de origen sinaloense y allegado al grupo de Bonilla, aliado de Madero; León de la Barra, queretano, por el Partido Católico, el Liberal Independiente y la Unión por la Patria; Pascual Morales Medina, por el partido del presidente Madero, el Constitucional Progresista, y Luis G. Becerril, postulado por el Club de Obreros Libres. Triunfó León de la Barra, pero los candidatos perdedores intentaron anular la elección. El nuevo gobernador del estado, quien tomó posesión el 11 de marzo de 1913, también se mostró favorable al gobierno de Madero, pero actuó Fernando González, pues su interés por el estado fue mínimo, lejano y caracterizado por licencias que lo mantuvieron alejado del cargo.

Tercera Parte

DE LA REVOLUCIÓN AL FINAL
DEL ESTADO CORPORATIVO
(1913-1980)

X. LA REVOLUCIÓN MEXICANA (1913-1920)

El golpe de Estado de Victoriano Huerta

E N ENERO DE 1913 SE ORGANIZÓ una conspiración contra el gobierno de Madero y Pino Suárez, quienes el 19 de febrero fueron obligados a renunciar; tres días después fueron asesinados. Mediante un golpe de Estado, Victoriano Huerta asumía la presidencia. Las autoridades estatales, grandes comerciantes, hacendados e industriales, según O'Dogherty, no ocultaron su beneplácito por la caída de Madero, un franco opositor al gobierno de Medina Garduño. No sólo apoyaron el golpe, sino que le concedieron préstamos a Huerta. Otros grupos sociales, si bien en un principio compartieron este entusiasmo, pronto optaron por negociar protección con los rebeldes. Hacia mediados de año los zapatistas, fortalecidos, dominaban Morelos, incluso las cabeceras de distrito, y comenzaron a operar cerca del Distrito Federal, mientras que en Guerrero lograban imponer a Jesús Salgado en la gubernatura. Algunos insurrectos del estado se acogieron al perdón otorgado por Huerta, pero tanto las medidas de represión como la amnistía resultaron insuficientes para enfrentar la rebelión. El gobierno estatal no contaba ni con suficientes recursos económicos, ni con las tropas necesarias. Para el gobierno federal, la rebelión en el Estado de México era un peligro menor comparada con la de Morelos y Guerrero. Además, a partir de octubre de 1913, tras la captura de Torreón por el general Francisco Villa, la atención se concentró en el avance de las tropas constitucionalistas en el norte. Una vez más, la rebelión en el norte decidiría la suerte del estado.

Tras el golpe de Huerta surgieron movimientos armados casi simultáneos en Chihuahua, Coahuila y Sonora, cuyos gobiernos se negaron a reconocer la legitimidad del nuevo gobierno. En Chihuahua, el gobernador maderista Abraham González fue asesinado y

Villa asumió la bandera del constitucionalismo. Estos movimientos, que representaban proyectos sociales distintos, lograron coordinarse para derrocar a Huerta bajo el mando de Venustiano Carranza y su Plan de Guadalupe.

LAS FUERZAS CONSTITUCIONALISTAS
Y EL GENERAL FRANCISCO MURGUÍA

El avance de las fuerzas zapatistas sobre las posiciones que habían abandonado los federales fue bruscamente detenido por la presencia de tropas constitucionalistas, que ocuparon Toluca el 8 de agosto de 1914. Finalmente, sin participación zapatista alguna, la negociación se llevó a cabo entre los representantes del nuevo presidente Carbajal y Venustiano Carranza. El 13 de agosto, en Teoloyucan, en el norte del estado, las autoridades del Ministerio de Guerra rindieron las tropas del ejército federal ante Obregón. El Plan de Guadalupe desconocía al presidente Huerta y a todas las autoridades que lo apoyaran, declaraba a Carranza Primer Jefe del Ejército Constitucionalista y le encargaba convocar a elecciones una vez que se hubiera consolidado la paz.

Al entrar las tropas constitucionalistas a la capital del estado, el general Francisco Murguía asumió el poder como gobernador provisional. La permanencia de Murguía al frente del gobierno fue breve. Sus medidas tenían por objeto incrementar los recursos económicos de la administración gubernamental; otras eran de carácter social, vinculadas con el interés liberal por garantizar la obligatoriedad de la instrucción primaria y con una preocupación relativamente nueva por las condiciones de vida de los trabajadores. Otras medidas estaban encaminadas al control de la administración pública municipal. Finalmente, expidió una serie de decretos que reglamentaban el culto católico. El 24 de noviembre Murguía abandona Toluca dejando a la deriva el gobierno del estado, según afirman Baranda y García, por lo cual los propios ciudadanos debieron nombrar gobernador, designación que recayó en Rafael M. Hidalgo.

Convencionistas y zapatistas
en el Estado de México

En octubre de 1914 se reunieron en la Ciudad de México los principales jefes en armas con el fin de evitar la ruptura entre sus facciones. Días después, esta reunión —denominada Convención— se trasladó a Aguascalientes. El Primer Jefe desconoció la Convención, abandonó la Ciudad de México y trasladó su gobierno a Veracruz.

Durante el gobierno de la Convención los zapatistas controlaron el Estado de México. El 24 de noviembre de 1914, el general Francisco Murguía abandonó Toluca, y Rafael M. Hidalgo asumió de manera formal el gobierno de la entidad. Sin embargo, el control era del Ejército Libertador del Centro y Sur. Esa misma tarde entraron triunfantes a Toluca las tropas del coronel zapatista Inocencio Quintanilla, quien fue nombrado comandante militar de la plaza. Al día siguiente, el coronel Miguel C. Martínez ocupó Lerma y, poco a poco, las plazas del interior fueron tomadas por fuerzas zapatistas a medida que eran evacuadas por las tropas de Murguía. En este contexto, además de la escasez de alimentos, el predominio militar y la dispersión del mando, asumió el gobierno interino del estado el joven coronel Gustavo Baz, originario de Tlalnepantla, quien se había incorporado a las fuerzas zapatistas en 1914.

Durante su gobierno, Gustavo Baz inició importantes reformas sociales en relación con la protección de los trabajadores y en materia agraria, que si bien tuvieron alcances limitados por la brevedad de su mandato, señalaron el rumbo de las reformas en las siguientes décadas. El 5 de enero de 1915 el gobernador creó la Sección de Agricultura, dependiente de la Secretaría General de Gobierno, como el órgano encargado de dar cumplimiento a los principios del Plan de Ayala relativos a terrenos y dotación de ejidos. Durante los primeros meses de 1915, la Sección de Agricultura dedicó su esfuerzo a la restitución de tierras y aguas. Sin embargo, esta medida y en general su política de reforma social tuvieron oportunidades muy limitadas de fructificar. En los meses siguientes, la presencia de la Soberana Convención Revolucionaria en Toluca y el fortalecimiento de los jefes zapatistas frente al avance carrancista debilitaron aún más al gobierno de Gustavo Baz.

Por su parte, la situación de Carranza era delicada, pues sólo contaba con el apoyo de algunos de sus generales, pero para mediados de 1915 la situación había cambiado por completo. La alianza militar entre el Ejército Libertador del Sur y la División del Norte se había manifestado ilusoria y, tras las derrotas de Celaya y León, el villismo inició un rápido descenso. Las tropas carrancistas fueron ocupando las poblaciones del centro del país, y en agosto se apoderaron de manera definitiva de la Ciudad de México, obligando a la Soberana Convención Revolucionaria a trasladarse a Toluca; el 14 de octubre ocuparon Toluca y finalmente, en noviembre, Carranza se volvió contra Zapata, quien tuvo que abandonar Cuernavaca y, casi la totalidad de las ciudades de Morelos.

Las tropas carrancistas ocuparon la ciudad de Toluca el 14 de octubre de 1915. Venustiano Carranza designó gobernador y comandante militar de la entidad a Pascual Morales Molina, y como gobernadores interinos fueron nombrados, de manera sucesiva, los generales Rafael Cepeda y Carlos Tejeda. A fin de incluir principios sociales en la Constitución de 1857, el Primer Jefe convocó a un Congreso Constituyente. Como representantes del estado fueron electos Aldegundo Villaseñor por Toluca, Fernando Moreno por Zinacantepec, Enrique O'Farril por Tenango, Guillermo Ordorica por Tenancingo, José J. Reynoso por El Oro, Antonio Aguilar por Tlalnepantla, Miguel Guiffard por Cuautitlán, Manuel A. Hernández por Otumba, Donato Bravo por Chalco, Rubén Martín por Lerma y Enrique A. Enríquez por Texcoco. ¿Cuál fue el significado social de la Constitución de 1917? Sin duda, su contribución principal fue su profundo contenido social, que marcaría la vida general del país durante el siglo xx, ya que las relaciones de poder no serían más las mismas, pues dispuso que la propiedad de la tierra pasaba a ser originalmente de la nación, sentó las bases de avanzados derechos laborales y la definitiva separación entre Iglesia y Estado, el voto popular directo, el municipio libre y la educación laica para todos.

El 20 de junio de 1917, vigente la nueva Constitución federal, resultó electo gobernador el candidato del Club Democrático Progresista, Agustín Millán Vivero, originario de Texcatitlán, distrito de Sultepec. Los generales carrancistas que ocuparon la gubernatura del estado entre octubre de 1915 y abril de 1920 se enfrentaron a un doble reto. Por un lado, debían reformar la sociedad y el estado de acuerdo con los principios que habían dado origen a la Revolución y con aquellos que fueron surgiendo entre diversos grupos sociales participantes en la lucha armada, y conferirles fuerza de ley. Por el otro, debían emprender la difícil tarea de reconstruir la entidad, gravemente afectada por años de lucha, tanto en su aspecto material como en el de la autoridad del estado.

La Constitución de 1917 en el Estado de México

El gobernador interino Carlos Tejeda convocó a elecciones para celebrar un Congreso Constituyente en la entidad. Fueron elegidos los abogados Carlos Pichardo, David Espinosa y Carlos Campos por los distritos de Toluca, Lerma y Valle de Bravo; los notarios Protasio Gómez y Raymundo Cárdenas por Tenango del Valle y Cuautitlán; los médicos José López Bonaga y Enrique Millán por Zinacantepec y Otumba; los maestros Isidro Becerril y Germán García Salgado por Jilotepec y Texcoco; el ingeniero Gabino Hernández por Zumpango, y los militares constitucionalistas Prócuro Dorantes e Isaac Colín, y Miguel Gudelio y Tranquilino Salgado por Ixtlahuaca y Tlalnepantla. Los distritos de Temascaltepec y Sultepec estuvieron vacantes por encontrarse fuera del control constitucionalista. Se trataba de profesionistas, funcionarios públicos y notables que formaban parte de las redes políticas locales.

La Constitución del Estado de México se promulgó el 6 de noviembre de 1917. En ella se establecían los principios para la organización y el gobierno del estado: división de poderes, sufragio directo, no reelección y municipio libre. Se prohibía a los funcionarios federales ocupar puestos de diputados; en cuestión agraria se impuso la división de haciendas de más de 700 ha de superficie en despoblado o 300 ha cuando el latifundio estuviera dentro de un radio de cuatro kilómetros de un poblado de más de mil personas. Sobre la organización del trabajo, establecía las normas de los trabajos doméstico y de menores, jornada nocturna, incapacidad y pensiones. En cuanto al sector educativo, quedó en manos de los municipios la educación primaria, o grupo "rudimentario", y dependiente del gobierno estatal aquel denominado grupo "elemental", la Normal y las escuelas indígenas.

LAS CONSECUENCIAS DE LA LUCHA ARMADA

Los ingresos estatales habían sufrido un grave deterioro. La supresión del impuesto de capitación en 1912, la inestabilidad de las autoridades y el precario control sobre el territorio de la entidad habían privado al fisco de importantes recursos. Molina Enríquez, como secretario de Gobierno de 1917 a 1919, inició una reforma tributaria que descansaba en el impuesto predial. Ligó la reforma fiscal a la agraria y dispuso incrementar la tasa impositiva a las grandes propiedades y reducirla para aquellas cuyo valor fuera menor de 5000 pesos; impulsó el fraccionamiento voluntario de las grandes haciendas mediante la exención de impuestos, fomentó el cultivo de granos y gravó la producción de pulque. Aun así, la estructura de la propiedad agraria no se modificó.

Sin duda, la Revolución significó una etapa de ruptura del proceso de desarrollo iniciado por el gobernador Villada en la entidad. Ésta, como escenario de la Revolución, sufrió graves pérdidas de vidas humanas y destrucción de la infraestructura. La pérdida de cosechas, la consecuente hambruna de 1916, la violencia misma, aunadas a la epidemia de influenza traída de España, causaron una mortalidad elevada y una migración acentuada a la Ciudad de México y a Estados Unidos. La población se redujo de un millón de habitantes que registró en 1910 a 885000 en 1921, lo cual significó una pérdida de 12%, mayor que la registrada en el país en general, que fue de 9%. En cambio, la capital del estado, Toluca, siguió creciendo por la propia violencia rural.

En cuanto a la economía, en 1913 se cerró el ciclo porfiriano en lo que tiene que ver con productos de consumo no duraderos como la cerveza y los tejidos. Se puede aceptar que para finales de 1913 los fabricantes en general se encontraban en medio de la guerra civil y consecuentemente la producción, las ventas y las ganancias bajaron. La ocupación de los ejércitos revolucionarios y la perturbación del sistema de transporte a escala nacional tuvieron el impacto correspondiente. De manera particular, las fuerzas zapatistas tomaron la fábrica textil Miraflores, que fue ocupada hasta 1919, cuando regresó a sus propietarios. San Rafael también fue confiscada por los zapatistas hasta aquel año. La Cervecería Toluca-México no pagó dividendos entre 1915 y 1920, como tampoco lo hizo San Rafael, aunque sí San Ildefonso, excepto en 1917. En general, la Revolución, según Stephen Haber, no cambió la estructura industrial básica, y si bien no afectó de manera grave el aparato físico de la industria, en cambio psicológicamente tuvo un efecto importante en los inversionistas.

El mayor descalabro lo sufrió la hacienda pública debido, según expone Riguzzi, a factores como la contracción del impuesto de capitación (que era la segunda fuente de ingresos del gobierno), base de la estructura impositiva de Villada; a esto se sumó la pérdida del control del territorio por causa de la violencia y la lucha de las facciones por los recursos, y finalmente, como consecuencia de la misma inseguridad, la pérdida de confianza del ciudadano en el gobierno, al que se consideró un poder débil, inestable y arbitrario. Entre 1915 y 1920 se intentó crear una nueva base de ingresos, pero por la debilidad administrativa no se logró un incremento con nuevos impuestos. Sólo el gran auge del mineral de El Oro propició un crecimiento en la recaudación.

En este contexto, Norberto López Ponce explica que, no obstante la lucha armada, los obreros textiles, mineros, papeleros, vidrieros y ferrocarrileros mantuvieron entre 1910 y 1920 una constante movilización en forma de protestas, conatos de huelga, huelgas "pacíficas" y huelgas en sentido pleno en demanda de aumento general a todos los jornales, revisión y corrección de las tarifas de pago en la fábrica; disminución de las horas de trabajo, reingreso de los trabajadores huelguistas despedidos, reinstalación de los representantes obreros, retiro del material defectuoso, pago de la raya en moneda fraccionaria, indemnización del tiempo perdido por falta de refacciones, garantías necesarias ante la amenaza del jefe del destacamento instalado en la fábrica, liberación del pago del impuesto estatal de capitación bajo el compromiso de sostener con sus recursos las escuelas de las fábricas; eliminación de la obligación de comprar carne al comerciante protegido por la empresa, trato humano, destitución del administrador antipatriota, desconocimiento de los ayuntamientos surgidos de un proceso electoral cuestionado y solidaridad con las demandas de las fábricas hermanas.

Durante este convulsionado periodo, las expresiones culturales no estuvieron ausentes. Es necesario señalar ejemplos del periodismo y la literatura. En el primer caso, en El Oro aparecieron *El Trancazo* y *El Constitucional* en 1913. Un año más tarde, en Toluca surgió *El Demócrata* y después de 1915 un número considerable de periódicos de diverso formato y extensión, entre los que cabe mencionar *Fraternidad, La Voz del Pueblo, El Anunciador, Juventud* y *La Lucha*. En 1918, en El Oro, surgieron *Despertador* y *Claridad*. Entre 1919 y 1920 en Toluca apareció *Juventud Liberal Amado Nervo, Ilustración, Preludio, Lira Juvenil, Argos* y *Acción Católica*. En 1923 la Liga de Obreros y Campesinos publicó *El Látigo*. También se fundaron periódicos y revistas literarias de diversas instituciones, como la Escuela Primaria Anexa a la Normal de Profesores y el Partido Socialista del Trabajo.

XI. LA RECONSTRUCCIÓN INSTITUCIONAL
(1920-1940)

Los nuevos actores políticos:
de Abundio Gómez a Wenceslao Labra

CON LA INSTAURACIÓN del régimen revolucionario y la creación de nuevas instituciones, el Estado de México presentaba facetas de renovación y novedad, pues aparecieron en el escenario nuevos actores políticos y militares, hubo una mayor presencia obrera y, sin duda, se percibían ya los efectos de las reformas constitucionales de 1917. Según Carlos Macías Richard, a lo largo de la década de los veinte y la primera mitad de los treinta, diversas figuras como las familias Gómez Díaz y Riva Palacio dominaron la política estatal. El primer Gómez, Abundio, gobernó la entidad de 1921 a 1925; Carlos Riva Palacio lo hizo los siguientes cuatro años, y, finalmente, Filiberto Gómez permaneció de 1929 a 1933. A pesar del movimiento anterior, lento pero perceptible, el Estado de México de 1934 era similar en rasgos generales al de 1910, compuesto de grandes haciendas, ranchos y comunidades indígenas, con un claro predominio de la agricultura y una industrialización incipiente.

Tal vez por ello el ámbito mexiquense presentó una notable estabilidad interna. Luchas militares y políticas fueron frecuentes, como las que se dieron bajo las banderas de De la Huerta, Serrano y Escobar. Motivo de fuerte agitación fueron la sucesión presidencial de 1924, la reelección y por supuesto el asesinato del general Obregón, la guerra cristera, la elección de un presidente provisional y las elecciones de 1929. A pesar de estas coyunturas de inestabilidad, el Estado de México sólo conoció gobernadores electos constitucionalmente. Dicha estabilidad fue posible porque en lo interno prevaleció un equilibrio entre haciendas y comunidades, no la situación crítica de Morelos, y en lo externo los principales políticos del estado tuvieron no sólo una proyección nacional, sino una articulación eficiente con la política de la capital del país. Según Macías Richard, su presencia fue clara tanto en el Congreso de la Unión y en el recién creado Partido Nacional Revolucionario (PNR) como en el núcleo del callismo. Los Riva Palacio y los Gómez figuraron en los hechos más trascendentes, pero mientras Abundio ascendía al cargo de subsecretario de Guerra y Marina, Carlos Riva Palacio tomaba posesión de la gubernatura mexiquense. Según Macías, por lo que hace a los Riva Palacio, su influencia en el ámbito estatal fue más restringida. Sin embargo, en el periodo de la "jefatura máxima", serían Carlos y Manuel quienes más se beneficiaron del aprecio y la amistad del general Calles. Agustín Riva Palacio, por su cuenta, trabajó más bien en el Partido Socialista del Trabajo del estado, cuyo líder máximo y fundador fue nada menos que Filiberto Gómez.

Al iniciarse la década de los veinte, Abundio Gómez Díaz, como parte de su estrategia política, había favorecido la entrega de tierras de buena calidad a los campesinos, sobre todo en aquellos municipios que se habían distinguido por su persistente engarce zapatista. Tal fue el caso del reparto agrario en Juchitepec, pueblo del general de división zapatista Everardo González. Paralelamente, el gobierno impulsó la formación de comités agrarios, ligas de campesinos y uniones agrícolas orientados a promover la producción agropecuaria. Pronto descubrió el grupo gomista el uso clientelar de esas asociaciones para objetivos políticos electorales. Esta idea cristalizó en la formación, en febrero de 1925, del Partido Socialista del Trabajo del Estado de México (PSTEM) bajo la conducción de Filiberto Gómez, una de cuyas tareas consistió en corporativizar particularmente a los campesinos y obreros.

El reparto agrario en la entidad continuó durante el gobierno del callista Carlos Riva Palacio. En el Estado de México se habían repartido más de 270 000 ha, la mayor parte durante su periodo. Filiberto Gómez bajó de ritmo en la dotación de ejidos a los pueblos en su cuatrienio porque, según Herrejón Peredo, había el convencimiento de que el problema agrario estaba próximo a terminar, pues en la Comisión Local Agraria quedaban muy pocos expedientes por sustanciar.

En esta misma década, otro sector que sirvió de soporte al poder de los Gómez y Riva Palacio fue el obrero, pues su papel combativo colaboró para que en el Estado de México los laboristas obtuvieran la gubernatura bajo la dirección de Abundio Gómez Díaz en 1921 y de Carlos Riva Palacio en 1925. El primero advirtió la importancia de tener el control de los obreros y campesinos para consolidar un poder político. Su pretensión cristalizó con la fundación del PSTEM, que fungió como aliado para apoyar la candidatura de Carlos Riva Palacio y ganar una elección llena de irregularidades. El lado laborista de Riva Palacio se expresó en el impulso a la organización de sindicatos obreros y campesinos, en aras de constituir una institución gremial de carácter estatal que hiciera contrapeso a la presencia de los socialistas. Con ese ánimo, en abril de 1926 se creó la Federación de Obreros y Campesinos del Estado de México. Al finalizar la década de 1920, el gobernador Carlos Riva Palacio hizo mención de más de 60 sindicatos organizados durante su gestión. El peso de Filiberto Gómez era incuestionable, pues fue electo presidente de la convención fundadora del PNR en 1929. Bajo su dirección se leería el acta constitutiva del nuevo partido. Su presencia fue producto del peso que dirigentes de partidos locales tuvieron en la composición del PNR. Otros ejemplos de presencias similares fueron Bartolomé García Correa (Yucatán), Melchor Ortega (Guanajuato) y Gonzalo N. Santos (San Luis Potosí).

Fue el propio coronel Gómez quien designó al comité que invitó a Ortiz Rubio a comparecer ante la asamblea a rendir la protesta debida. Dicho comité lo formaron Manuel Pérez Treviño, Gonzalo N. Santos, Praxedis Balboa y, para variar, Manuel Riva Palacio. En marzo de 1929, al desatarse en el norte y otras partes del país la rebelión encabezada por José Gonzalo Escobar, el coronel y senador Filiberto Gómez fue designado jefe de las fuerzas de voluntarios del Estado de México. En prevención de posibles desórdenes en el centro del país, tal ejército fue debidamente organizado y equipado. Con un celo y una disciplina propios de un experimentado militar, el coronel Gómez ya pasaba revista a su cuerpo armado apenas un mes después. El 1° de abril, sin embargo, debido a la eficacia con la que el ejército comandado por el general Plutarco Elías Calles estaba combatiendo a los escobaristas en el norte del país, el movimiento rebelde se desinfló en el resto de la República.

La derrota del escobarismo coincidió con la víspera de la sucesión gubernamental en el Estado de México. Puede decirse que la figura de Gómez llegó aún más fortalecida cuando el Partido Socialista del Trabajo, su partido, lo postuló como candidato para el periodo constitucional que estaba en puerta. Como solían hacer los militares de rango que se convertían en políticos, el coronel y senador Gómez renunció a la responsabilidad castrense ese mismo día. Sin duda, Gómez, como dirigente del PNR y fundador del PSTEM, era más un político que un militar.

Por otra parte, mientras se combatía a los cristeros, habían surgido grupos de voluntarios armados en el estado, pero lo que éstos sembraron no fue otra cosa que inquietud y pillaje por varias poblaciones, como Zinacantepec, hacienda La Trinidad, Santa María Chiconautla, Apasco y Axapusco. El coronel Gómez sabía que el aplacamiento de los cuerpos de voluntarios debía acompañarse de la satisfacción de añejas demandas de tierra. Así, dotó y amplió diversos fundos legales (con una superficie de casi 11 000 ha) en Coatlinchan, Tecomatlán, Zepayautla, Santiago Cuautlalpan, San Bartolito, Santa María Rayón, Agostadero, La Concepción Enyege, Santa María Nativitas, Pueblo Nuevo, Ecatepec de Morelos, El Oro, San Jerónimo, Cuevas, Santa Catarina, Zinacantepec, Las Manzanas, San Francisco Xhaxní, Ozumba, Ocoyoacac, Santiago Miltepec, San Juanico, El Carmen, La Gloria, Mina Vieja, San Francisco Tlalcilalcapa, San Francisco Cuatlisca, La Magdalena Panoaya y San Miguel Totolcingo.

En general, fue preocupación de Filiberto Gómez mejorar la producción del campo, perfeccionar las labores de la agricultura y la avicultura, e instruir a la población en fruticultura, plantas ornamentales y curtido de pieles. El Partido Socialista del Trabajo creó su "Laboratorio de Agricultores" para asesorar en forma gratuita a los campesinos con el fin de que obtuvieran mayor rendimiento de su labor. Dentro de esta mística, se propuso extraer del suelo el máximo beneficio al tiempo que se fomentaba la reforestación emprendida por vía de los nuevos viveros instalados en Toluca, Teoloyucan y Texcoco, principalmente con árboles frutales que sirvieron para entregar en poco tiempo una rica cantidad de injertos a poblaciones como Calimaya, Chalco y la propia ciudad de Toluca.

El gobierno de Filiberto Gómez se distinguió por su identificación con el núcleo de personas que impulsaban el PNR en la Ciudad de México. Gómez había sido presidente del comité organizador del partido, por lo que tal identificación habría de favorecer sin duda alguna la marcha de un gobierno eminentemente estable y constructivo, en el cual habrían de darse algunos pasos notables en los terrenos económico y de infraestructura. Es posible atribuir a esta relación con el centro el hecho de que el estado lograra establecer convenios fiscales con la federación que fueron beneficiosos para la hacienda local.

No debe perderse de vista que el coronel Gómez asumió el poder en una época sellada por la depresión económica, la carestía y la inquietud política. Podría afirmarse que su gobierno dedicó su esfuerzo en especial al fomento de la industria y a la creación de caminos, sin descuidar por ello el reparto agrario y la educación. En las décadas de los veinte y treinta los gobiernos tuvieron una preocupación constante de impulsar al sector industrial. Las facilidades para atraer capitales al estado con la Ley de Protección a la Industria posibilitaron la instalación de varias empresas, pues los ofrecimientos fueron muy atractivos: exención del pago de impuestos por la importación de la maquinaria necesaria (con la debida anuencia presidencial); exención del pago de 50% por derecho de introducción de carros de ferrocarril para emplearlos en el traslado de "materiales de construcción de carreteras", y un "ilimitado apoyo moral". Por ello la Compañía Minera Mexicana de Cementos Portland Apasco se interesó en instalar su planta, a principios de 1930, en la ciudad de Toluca. Sin embargo, en este tiempo cerraron sus puertas la compañía cervecera Toluca-México, así como la fábrica de hilados y tejidos de algodón María (en Otzolotepec) y al menos una negociación minera (El Oro). Por ello, y en busca de fuentes de empleo, Gómez promulgó la primera Ley de Protección a la Industria en 1931.

Mientras tanto, en el campo de la política estatal, la estricta disciplina que se propusieron los fundadores del PSTEM durante la coyuntura de consolidación del PNR se puso a prueba en la víspera de la elección del gobernador que ocuparía el cargo a finales de 1933. Algunos dirigentes intermedios del partido encontraron en tal víspera la oportunidad para hostigar abiertamente a los simpatizantes del PNR que no contaban con antecedentes partidistas. Y ahí fue donde el PSTEM dio múltiples testimonios de su dominio caciquil y de una verdadera intolerancia. Pero con objeto de evitar la creciente dispersión y las constantes pugnas de los grupos políticos de los estados que dieron vida al PNR se dispuso de un cambio de táctica que significó, en la práctica, la liquidación de las fuerzas locales identificadas con el régimen de la Revolución. Los primeros grandes obstáculos organizativos del PNR estaban determinados, según se creía, por los propios partidos locales que se resistían a una estructura coordinada y a una acción disciplinada; por ello, poco después de fundado, el PNR buscó reforzar su unidad mediante la centralización de las decisiones. En sus estatutos se estableció que el PNR asumía la organización y el control de "todos los elementos revolucionarios del país", que en adelante servirían a una sola institución política, a pesar de reconocer la autonomía de su organización en los estados, que mucho tenía que ver con el esquema federal de organización política.

Con las elecciones de 1933 y su resultado todo parecía indicar que el siguiente gobernador tendría el respaldo suficiente como para dar al estado cuatro años más de estabilidad política. La renuncia del presidente Ortiz Rubio, ocurrida el 2 de septiembre de 1932, había desactivado el enfrentamiento entre las alas oficialista y callista del Congreso de la Unión, con lo cual el poder del general Calles había salido fortalecido. El nuevo presidente, Abelardo L. Rodríguez, simplemente se dedicó a administrar el país en espera de la sucesión del año siguiente.

En el Estado de México, según Macías, el licenciado José Luis Solórzano fue postulado por el PSTEM y en poco tiempo el PNR lo hizo también su candidato. Solórzano tuvo tres contrincantes: el general Ángel Pandal y los señores Zenón Suárez y M. Sotelo. La propaganda realizada por el PSTEM fue continua y sistemática en casi toda la entidad, debido a que dicha agrupación aún tenía ramificaciones en casi la totalidad de ayuntamientos. En cambio, la propaganda en favor del brigadier Pandal se había efectuado únicamente la semana anterior al domingo de la elección y sin que hubiera mediado la actividad de comités y delegaciones en los municipios. Incluso, en la mayoría de los distritos no se registró el nombre de los candidatos opositores. Así, en la elección del 3 de julio Solórzano obtuvo 101 958 votos, Pandal 112, Suárez 97 y Sotelo uno.

Los diputados a la XXXIII Legislatura local se apresuraron a declarar a Solórzano gobernador constitucional el 14 de julio. Con el arribo de Solórzano, el peso político de los Gómez y de los Riva Palacio en el centro del país quedó fortalecido. Sin embargo, la desaparición física de los hermanos Gómez ocurrida entre 1934 y 1935 condenó al núcleo del PSTEM a su virtual desaparición a mediados de la década de los treinta, lo que cambiaría completamente el panorama político del Estado de México, a lo que se sumó el enfrentamiento entre Calles y Cárdenas, que enrareció aún más el ambiente mexiquense.

El peso político de los Riva Palacio, que rebasaba el del propio gobernador Solórzano, fue desapareciendo a la par que lo hacía el callismo a partir de 1935. Solórzano pidió licencia el 26 de diciembre del mismo año, para no regresar; lo remplazó el doctor y ex diputado Eucario López, ex miembro del consejo directivo del PSTEM, quien encabezaría el gobierno de transición hasta ser remplazado constitucionalmente por Wenceslao Labra en 1937.

La lucha por la tierra tuvo en los gobiernos estatales cardenistas una respuesta positiva, pues miles de campesinos vieron cumplidas sus demandas y otros obtuvieron, incluso, lo que no se habían propuesto. El precio que tuvieron que pagar por ello fue alto: la sumisión a la Confederación Nacional Campesina (CNC), fundada el 30 de agosto de 1938. Como central gobiernista, creada de arriba para abajo, fue la única organización que tuvo reconocimiento oficial y por ese hecho constituyó el sector agrario del Partido de la Revolución Mexicana (PRM). En los hechos, según López Ponce, los gobiernos cardenistas cumplieron con las demandas del agrarismo radical, cercanas al zapatismo, pero omitieron alentar la organización política independiente del campesinado, tal vez porque era el principio de la época corporativista subordinada al Estado.

Entre 1936 y 1940 el cambio en el paisaje agrario alteró completamente la situación anterior a la Revolución. El censo de este último año muestra la presencia de 174 000 ejidatarios, que constituían dos terceras partes de la población activa que trabajaba en labores agrícolas. En cuanto a extensión, estos ejidatarios disponían de la mitad del total cultivado en todo el estado. Para entonces era ya visible la extinción del hacendado y de la hacienda como figuras centrales del mundo agrario, a la vez que desaparecía el peonaje y se extendía el trabajo libre y asalariado.

En los primeros años de la década de los treinta, la acción sindical constituyó el recurso más efectivo para insertar a la masa de trabajadores en el PNR. La reorganización de un movimiento sindical fue impulsada por antiguos miembros de la Confederación Regional Obrera Mexicana (CROM) que habían salido de ella inconformes con la política sindical de Luis N. Morones. Los personajes centrales de ese proceso fueron Vicente Lombardo Toledano, creador de la CROM, y los miembros del Partido Comunista, quienes habían constituido el Comité Pro-Unidad Obrero Campesino. Más adelante, en unión de la Confederación Sindical Unitaria de México, constituyeron el Comité Nacional de Defensa Proletaria (CNDP). El proceso de unidad culminó con la fundación de la Confederación General de Obreros y Campesinos de México (CGOCM) en octubre de 1933.

Con el general Lázaro Cárdenas, dice López Ponce, el Estado desplegó una intensa cruzada orientada a promover la organización, la unificación y la disciplina de los obreros y campesinos. El proceso de unidad obrera culminó entre el 21 y el 24 de febrero de 1936 con la fundación de la Confederación de Trabajadores de México (CTM). A la creación de esta central concurrieron los integrantes del cndp y otras organizaciones adherentes, no así la crom ni la Confederación General de Trabajadores de México (cgtm). Con la ctm, el gobierno cardenista tuvo el instrumento principal de movilización de los trabajadores y su base social de legitimación.

La educación y las expresiones culturales

Con la creación de la Secretaría de Educación Pública (sep) en 1921, la orientación y el control del sistema educativo comenzó a centralizarse en el gobierno federal, y el Estado de México no fue una excepción. Bajo los supuestos básicos de que la educación impartida por el Estado sería laica y gratuita, y de que el Estado debía cumplir su deber de ofrecer servicios educativos a toda la población, el Estado de México se sumó al programa de educación popular. La sep mantuvo una política fuertemente intervencionista, y su influencia en las escuelas no se limitó a la primaria en las zonas rurales, sino que llegó al sistema educativo estatal en su conjunto. En 1934 la sep se hizo cargo temporalmente de las escuelas de Toluca pero también, a partir de 1936, de la Dirección de Educación del Gobierno del Estado de México, y por lo tanto, de todas las escuelas estatales, hasta principios de la década posterior. Pese a su creciente presencia en la entidad, la sep tuvo que hacer concesiones culturales y políticas importantes. Desde los años veinte, pero sobre todo en los treinta, debió moderar su radicalismo en temas difíciles en el estado, como el anticlericalismo, la educación socialista, la coeducación y la educación sexual, para exaltar una educación liberal para la mujer. En lo político, paradójicamente, tuvo que tolerar que los maestros estatales conservaran su agrupación gremial, y en términos de expansión de la red escolar, limitar su intervención casi al mínimo en las zonas urbanas. De todas formas, según Civera y Beato, si bien la política educativa de Filiberto Gómez, populista y conciliadora, se desgastó, abrió paso a la educación socialista propiciada por Solórzano, aunque después Labra, abandonando el fanatismo, promovería una educación menos conflictiva.

Los gobiernos revolucionarios concentraron sus esfuerzos en la expansión de la escuela primaria. Aunque la Federación sostenía escuelas de tipo urbano en 13 municipios (que, salvo dos, también contaban con escuela estatal), se concentró en la población rural, mientras que el gobierno estatal sostenía escuelas de tipo urbano y rural. La mayoría de las escuelas eran, por necesidad, mixtas, y los niños y niñas, de edades muy variables, aprendían obligatoriamente en español aunque su lengua materna fuese otra.

En el campo de la cultura, el gobernador Filiberto Gómez impulsó los trabajos de exploración y rescate de las ruinas arqueológicas de Calixtlahuaca al mando del señor José García Payón. Gómez, como apoyo a estas tareas, legisló sobre la conservación y protección de los monumentos arqueológicos. Si bien es cierto que el precedente inmediato al respecto databa del régimen obregonista (cuando Manuel Gamio empezó a explorar el Valle de Teotihuacan), no fue hasta el 30 de enero de 1930 cuando el presidente Ortiz Rubio expidió la Ley Federal de Monumentos. Cabe entonces al coronel Gómez la distinción de haber estado entre los primeros gobernadores que legislaron sobre arqueología y bellezas naturales.

En su tiempo se acrecentó el acervo de la biblioteca pública central del estado. En tan sólo seis meses de gestión, el gobierno del Estado de México había obtenido casi seis mil volúmenes, sin contar los "115 magazines y un gran número de periódicos". Afirma Yolanda Sandoval Santana que la Revolución fue un tiempo de claroscuros, pues, por ejemplo, paralizó todo el dinamismo que el teatro venía mostrando a principios del siglo XX. Teatros los había en Toluca, Texcoco, Tenancingo, Valle de Bravo, Hixtlahuaca, Ixtapan de la Sal, Santiago Tianguistenco, etc. Sólo después de 1926 se generalizó el gusto por este género, cuando Naucalpan, Atlacomulco y Aculco inauguraron sus salas. El Teatro Principal de Toluca presentaba a alumnos del Conservatorio de Música, y el Teatro Rívoli en 1930 había dejado de ser escenario de peleas de box y mítines políticos para albergar obras teatrales clásicas. Para espectáculos y variedades se construyó el Teatro Riva Palacio o Teatro Municipal. En estos lugares también se exhibían películas.

Después de la Revolución, una actividad que tuvo acogida y difusión fue el muralismo. Diego Rivera pintó un mural en la Escuela Nacional de Agricultura de Chapingo entre 1926 y 1927. Temas revolucionarios, obreros o de problemática social encontraron en Alfredo Zalce un notable representante.

En el campo de la literatura, la antropología y el derecho figuraron Josué Mirlo, quien canta al paisaje del campo, mientras Enrique Carniado da voz, entre otras obras de teatro y novela, a *Canicas* en 1928 y a *Alma párvula* en 1935, además de su amado "Canto a Toluca". Junto a ellos, y un poco antes, aparece Laura Méndez de Cuenca (Amecameca, 1853-México, D. F., 1928) con *Amaralis,* novela costumbrista, *Mariposas fugitivas* y su poema "Al pasar el regimiento", en alusión al ejército constitucionalista. Su poema más famoso es *Niebla,* que al parecer tiene que ver con Manuel Acuña (1849-1873), con quien estuvo relacionada sentimentalmente. Pero Méndez de Cuenca fue sobre todo periodista y pedagoga innovadora. A ella se sumaron Horacio Zúñiga e Isidro Fabela, que escribieron novelas y poesía.

XII. EL ESTADO DE MÉXICO FRENTE
AL NUEVO FEDERALISMO (1940-1982)

La etapa institucional
y el tránsito político hacia la modernidad

EL INICIO DE LOS AÑOS CUARENTA marcó el fin de un político importante por su pasado cardenista: el entonces gobernador del estado, coronel Wenceslao Labra (1937-1941), que era, al final de la década de los treinta, la figura política más importante. Su personalidad y su liderazgo políticos definían y orientaban las controversias de aquellos años. Además, orgullosos de su pasado cardenista, Labra y sus fieles seguidores, que de acuerdo con Álvaro Arriola se autoidentificaban como "el Bloque", pretendían, en vista del relevo del Poder Ejecutivo local que tendría lugar en 1941, asegurar la permanencia de su corriente política, a pesar de que en el ámbito federal la llegada del general Manuel Ávila Camacho a la presidencia no aseguraba su continuidad ni su presencia.

No obstante, la sucesión en el Poder Ejecutivo local, al término del periodo de Labra, demostró la fuerza que el llamado Bloque tenía en su época. Los hombres agrupados en torno al coronel Labra mantuvieron el control de las decisiones fundamentales de la vida política. Una de éstas fue el apoyo a la causa del candidato Zárate Albarrán, en torno al cual se fue integrando un número importante de políticos mexiquenses, antiguos aliados de los hermanos Abundio y Filiberto Gómez; entre otros, los señores Reyes Nava, Juan N. García, Ignacio Bustamante, Mucio Cardoso y Juan Fernández Albarrán. Pero Alfredo Zárate Albarrán gobernó el Estado de México solamente por un periodo corto. Fue herido de muerte el 5 de marzo de 1942 por el entonces jefe de Tránsito de la ciudad de Toluca y presidente de la legislatura local, Fernando

Ortiz Rubio, hecho que marcó definitivamente la historia política moderna del estado.

Durante los días siguientes a la muerte de Zárate, Ávila Camacho pedía que todos los sectores sociales y políticos del estado ofrecieran su completo apoyo y colaboración al sucesor, el licenciado Isidro Fabela, quien después agradeció al presidente, pero también señaló a los diputados mexiquenses que él nunca tuvo la mínima intención de ocupar el puesto, lo que, según transcribe Arriola, les demostraría "que vengo libre de prejuicio; no tengo partido político; quiero gobernar para todos y quiero ser amigo de todos; quiero, por eso, que todos estén conmigo".

La llegada de Isidro Fabela produjo en la entidad muchas expectativas, pero también serios conflictos. Los diputados no sabían que Fabela llevaba la encomienda de Ávila Camacho de continuar en el gobierno hasta completar los cuatro años que correspondían a su antecesor, cuando la Constitución del estado ordenaba que el mandatario interino debía convocar inmediatamente a nuevas elecciones. Unos apoyaban en todo al nuevo gobernador; fue el caso de Aurelio Vera, Isidro Sánchez, Daniel Hernández, Antonio Sánchez, José Jiménez y, además, un senador, Augusto Hinojosa; el otro bando se integraba con Sidronio Choperena, Juan Sánchez, Andrés Francés y el senador Alfonso Flores M.

Desde el 4 de julio de 1942 Fabela, gobernador sustituto del Estado Libre y Soberano de México, realizó una política abierta a los inversionistas privados y un esfuerzo por aplicar las leyes de portación de armas de fuego. También buscó integrar un grupo de políticos afines a su proyecto, con lo cual empezó a transformar poco a poco las costumbres políticas de la entidad.

Formado a costa y sobre los restos de la dispersión política, el nuevo gobierno de la entidad se consolidó especialmente por medio de mecanismos como la política fiscal, que consistió principalmente en la exención de impuestos sobre la renta, importación, ingresos y exportación ofrecidos a las industrias de capital privado, nacional y extranjero, por periodos de hasta 30 años, según las características de los productos manufacturados que elaborasen. Nunca, subraya Arriola, una legislación local que haya promovido la industrialización capitalista tuvo tan grandes logros. La Ley de Protección a la Industria del Estado de México del 19 de octubre de 1944, mientras estuvo en vigencia, cosechó todo tipo de apoyos. Esa ley hizo figurar en la historia política mexiquense a don Isidro Fabela como el "hombre industrializador". La política de condonación de impuestos fue el mejor estímulo en la entidad para el asentamiento industrial. Otras herencias de Fabela de sonada importancia para la historia política de la entidad que vale la pena recordar fueron las reformas constitucionales que se establecieron durante su gobierno y que debía cumplir el gobernador en turno; entre ellas, que el gobernador duraría en su cargo seis años. Otra reforma constitucional de importancia fue la ampliación de uno a tres años en la duración en su cargo de los ayuntamientos.

El 15 de septiembre de 1945 concluyó el gobierno sustituto de Fabela. La transmisión del poder en 1945 quedó resuelto en el nombre de Alfredo del Mazo Vélez, nacido en Atlacomulco en 1904. Su gobierno se caracterizaría políticamente por la creación de mecanismos legales tendientes a centralizar en el Ejecutivo las decisiones más relevantes de la actividad pública. Internamente, prosiguió con la consolidación de la corriente política más importante del siglo xx, el Partido Revolucionario Institucional (PRI), e impulsó el mismo esquema económico que su antecesor.

Fue otro oriundo del municipio de Atlacomulco el tercer gobernador que en forma continua marcaría con su presencia la marcha del estado: el ingeniero Salvador Sánchez Colín (1951-1957). En pocos años los logros económicos eran claros. El fortalecimiento de la infraestructura de carreteras, transportes, comunicaciones y energía era una realidad. Por otra parte, con el impulso a la educación se fue consolidando laboralmente un tipo de personal calificado. El proceso de industrialización, impulsado también por su antecesor, trajo consigo la creación de un tipo de burguesía industrial con características distintas a las de los antiguos sectores de comerciantes y latifundistas de la década de los treinta, pero sobre todo, la industrialización trajo consigo la expansión del proletariado mexiquense con base en las nuevas e inmensas fábricas de Tlalnepantla, Naucalpan, Lerma, Toluca, Ecatepec y Cuautitlán, más los grandes territorios de lo que sería Nezahualcóyotl. Durante el gobierno del ingeniero Sánchez Colín se decretó el mayor número de reformas a la Constitución local hasta entonces promovidas por un gobierno. Los políticos mexiquenses habían logrado un alto grado de autonomía relativa en el ejercicio del poder frente al centralismo político, pues se vincularon y afianzaron con las fuerzas empresariales y políticas del país. No había oposición fuerte; por ello las disputas provenían de los grupos y miembros del partido oficial.

En 1957 fue electo gobernador constitucional Gustavo Baz Prada. En su política interna, impulsó la discusión sobre el problema agrario en 1959 y se creó el Pentatlón Universitario, cuerpo miliciano-deportivo cuyos objetivos eran conformar jóvenes "sanos en el orden moral e intelectual". Se fundó también el llamado Ejército del Trabajo, que hasta 1981 fue el modelo de labor social, y finalmente, continuó con el impulso a la industria y al comercio.

La sucesión política de 1963 la aseguró un hombre vinculado con las fuerzas de Atlacomulco: Juan Fernández Albarrán, para el periodo 1963-1969. Durante este tiempo fue clara la pérdida de hegemonía del núcleo original de los políticos comandados por Fabela, debido a la edad y a problemas de salud. Más tarde, con Carlos Hank González, oriundo de Santiago Tianguistenco, culminó la etapa de candidaturas únicas en la entidad, característica que había tenido de 1951 a 1975. Hank González consolidaría el gobierno ideal de una burguesía política en ascenso; una ejemplificación del éxito a partir del esfuerzo personal; un hábil manejo de la propaganda y de las relaciones públicas; una exaltación de su estado y de la patria chica, y una estrecha relación entre gobierno y empresa privada.

Pero a partir de 1975, ilustra Arriola, se empezó a conformar una oposición ciudadana al estado de cosas. Los ciudadanos del estado empezaron a apoyar a organizaciones contrarias al PRI. Por ejemplo, en las elecciones del 6 de julio de 1975 se dividieron entre Jorge Jiménez Cantú (PRI), J. G. Silva Flores (Partido Acción Nacional [PAN]) y Gustavo G. Velásquez (Partido Popular Socialista [PPS]). Según los datos oficiales el triunfador fue Jiménez Cantú, pero era notable que en los municipios más urbanizados del estado se dieron los apoyos, en votos, más importantes para los opositores al PRI.

El gobierno de Jorge Jiménez Cantú (1975-1981), según Arriola, siguió los pasos de sus inmediatos antecesores: consolidó la hegemonía de una corriente política de pensamiento y afirmó el proceso industrial. En 1980 aseguraba que su gobierno había funcionado de acuerdo con la iniciativa privada para establecer el equilibrio económico. Jiménez Cantú prosiguió con la forma que había despertado admiración en la oligarquía local, el Ejército del Trabajo.

Hasta ese tiempo, el Grupo Atlacomulco parecería haber marcado las pautas de la política estatal. Sin embargo, Rogelio Hernández sostiene que, más allá de la existencia o inexistencia de ese grupo, lo cierto es que después de la llegada de Fabela al gobierno del estado la élite política logró desarrollar una unidad excepcional, hecho que le ha permitido negociar sus diferencias y, por lo mismo, tomar decisiones en los momentos de cambio en el poder. Esta unidad no se originaba en las decisiones de un patriarca, sino en una combinación de valores que abarcaban desde expectativas hasta coyunturas y circunstancias concretas. La historia territorial del estado produjo un profundo sentimiento de despojo, dice Hernández, por lo que su élite política ha añadido al agravio la necesidad de protegerse y proteger la política local para que siga siendo un patrimonio de sus políticos, consecuencia de lo cual es la existencia de un principio de lealtad. De todas formas, la élite política del estado se compone de varios grupos encabezados por líderes específicos.

La dinámica general de la economía mexiquense

El Estado de México figuró entre las 23 entidades federativas que de 1900 a 1940 registraron un crecimiento inferior al del país, pero en general la dinámica tanto de la población como de la economía en 1940 le permitieron permanecer como la séptima más poblada y la sexta con mayor generación de riqueza, según Luis Jaime Sobrino.

El dinamismo de la agricultura y de la industria del estado fue un tanto distinto respecto al observado en el país, ya que ambas ramas presentaron un importante crecimiento en comparación con el comercio y los servicios. En 1940 el sector agrícola aportó 25% del producto interno bruto (PIB) estatal y la industria 24%, mientras el sector del comercio y los servicios cayeron a 51%. La producción agropecuaria de la entidad se vio favorecida por su cercanía al principal mercado de consumo y distribución en el ámbito nacional, la Ciudad de México, al tiempo que la industria se multiplicó por el aprovechamiento de "economías de aglomeración" originadas también por la capital del país. Así, el Estado de México se especializó en la producción de bienes agropecuarios y manufactureros. Este dinamismo se reflejó en el empleo, pues si en 1930 se registró un personal ocupado total de 11 396 personas, en 1940 casi se duplicó para llegar a 19 553; los mayores empleadores fueron las fábricas de hilados de algodón, lana e ixtle, así como los aserraderos y las papeleras.

¿Cuáles son las razones de este crecimiento? Desde el punto de vista demográfico, el dinamismo de la población obedeció a un marcado descenso en la mortalidad, en especial la infantil, y su tendencia a la concentración en zonas urbanas. Por otro lado, el Estado mexicano emprendió una serie de acciones con el propósito de impulsar el crecimiento industrial, como fueron la realización de grandes obras de infraestructura vial para mejorar la accesibilidad y la conectividad hacia los mercados, y obras de irrigación con el fin de mantener un suministro constante de materias primas. Además, impuso férreos controles a sindicatos para limitar exigencias salariales y sociales y fortalecer su carácter corporativista dentro del partido oficial. Sin duda, también hubo estímulos fiscales para incidir en la creación de industrias nuevas y necesarias y garantizar las ganancias. Finalmente, estableció aranceles y permisos previos a la importación con el fin de restringir la competencia extranjera. Estas acciones se combinaron con factores internos, como la estabilidad política y el apoyo al desarrollo, y externos, como la segunda Guerra Mundial y medidas proteccionistas para el fomento industrial, lo que favoreció el desarrollo de este sector.

Así, el Estado de México arribó a 1980 con una población de 7.6 millones de habitantes. Se estima que su crecimiento promedio anual en el periodo 1940-1980 fue de 4.8% en lo demográfico y de 8.8% en lo económico, lo que significó que cada mexiquense anualmente ganaba en el último año unos 12713 pesos, quedando ya muy cerca del promedio nacional de 13049 pesos. Del crecimiento poblacional total, 40% obedeció al crecimiento natural (nacimientos menos defunciones) y 60% al social (inmigrantes menos emigrantes), aunque propiamente no hubo un flujo migratorio, sino más bien una movilidad o desplazamiento intrametropolitano.

El Estado de México escaló de la séptima posición en 1940 a la quinta en 1960, y a la segunda en 1980, entre las 32 entidades del país según tamaño de población, siendo superada en el último año tan sólo por el Distrito Federal, mientras que su importancia económica avanzó del sexto lugar en 1940 al cuarto en 1950 y al segundo en 1970. Ninguna otra entidad mostró un avance de tal naturaleza. Este dinamismo estuvo comandado por la expansión de las fábricas y las manufacturas. La planta manufacturera se consolidó en el sector textil, al tiempo que se diversificó hacia los sectores de los alimentos, el papel, la química, automotriz y la maquinaria, actividades incentivadas por la Ley Federal de Industrias Nuevas y Necesarias. Cabe mencionar que en 1980 el Estado de México logró la mayor participación del sector manufacturero en relación con el conjunto nacional.

LOS INICIOS DEL PROCESO DE INDUSTRIALIZACIÓN

A partir de 1930 se pueden distinguir tres periodos en el desarrollo industrial de la entidad: *a)* 1930-1960: inicio de la industrialización moderna; *b)* 1960-1975: industrialización media, y *c)* 1975-1980: inicio de una industrialización avanzada. Durante la primera etapa, de desarrollo incipiente, se dictan medidas dirigidas a la promoción de la industria moderna; se sustituyen —sin desaparecer— los talleres artesanales por las industrias de producción en masa, para posteriormente exhibir un crecimiento importante, que se consolidó en las décadas subsecuentes con los apoyos económicos y fiscales otorgados tanto por el gobierno federal como por el estatal, además de la política de parques industriales vigente en todo el país desde la década de los sesenta hasta los ochenta.

Por otra parte, se puede observar que la actividad industrial del Estado de México es relativamente mayor que la desarrollada por otras entidades de la República, pues a pesar de que posee una extensión territorial pequeña (1.1% de la superficie del país), concentra 12% de la población y 10.5% del PIB nacionales. Además, la quinta parte de la producción industrial se concentra en él, y de las 500 empresas más importantes del país 58 se ubican en su territorio. Desde una perspectiva de más largo plazo, según Luter y Madrigal, la participación de la industria química crece; una tendencia parecida presenta la industria metalmecánica; la industria alimentaria permanece estable, mientras que las otras manufactureras presentan una disminución de su participación en la industria estatal.

Otra característica de la industria es que tanto económica como territorialmente se polarizó o concentró en algunas regiones y municipios conurbados, fenómeno que se muestra tanto en el ámbito regional como en el municipal. Así, los cinco principales municipios industriales del estado son Tlalnepantla, Naucalpan, Ecatepec, Toluca y Cuautitlán-Izcalli, que concentran más de 90% del personal empleado en la industria manufacturera. Lo anterior significa que los 120 municipios restantes del estado concentran apenas 10% del personal ocupado en esta rama. En general, afirma Millán Valenzuela, de acuerdo con el censo económico de 1999, de 324 811 empresas dedicadas a la producción de bienes y servicios, excluyendo la agricultura, sólo 11% pertenecían a la industria de la transformación, y la mayor parte estaban dedicadas al comercio y a los servicios, lo cual muestra un cambio hacia la microempresa.

EL CRECIMIENTO DE LAS CIUDADES Y LA URBANIZACIÓN

La urbanización de la entidad, según Aranda Sánchez, ha estado condicionada por el Distrito Federal, pues el Estado de México es la zona receptora natural y directa de la influencia y expansión de la Ciudad de México. Esa función de área complementaria se evidencia por el rebasamiento del asentamiento poblacional del área metropolitana de la Ciudad de México, extendida sobre territorio de ambas entidades al margen de los límites político-administrativos; desbordamiento que, con los mismos rasgos, se ha dado en la instalación industrial, la red organizativa del comercio, la banca y los servicios, y en las materias primas, insumos, bienes de consumo y recursos naturales (sobre todo el agua) y humanos con que el Estado de México provee al área metropolitana. Lo anterior permite afirmar que existe una dependencia de la entidad respecto a la capital nacional, es decir, que el Estado de México se ha desarrollado en función de las necesidades de la gran capital, a costa de sus propios intereses, en un proceso desigual en el que la calidad de vida es deficitaria para la mayoría de la población mexiquense que habita en los municipios conurbados, y sin que los recursos públicos correspondan a sus necesidades.

La urbanización del Estado de México durante la década de los treinta y hasta finales de los cincuenta corresponde a un proceso de lenta transformación socioterritorial. Su configuración predominantemente rural habría de cambiar con la llegada de la gran industria y de una importante inmigración. Así, con la implantación de nuevas industrias subsidiarias y complementarias de las ya instaladas, y la apertura de una gran cantidad de comercios y servicios indispensables para el adecuado funcionamiento industrial, así como para la demanda de los obreros y empleados que se incorporaban a las actividades secundarias, principalmente los municipios de Ecatepec, Naucalpan y Tlalnepantla, en un primer momento, detonaron la industrialización y sentaron las bases de la conurbación entre la Ciudad de México y el Estado de México, con lo cual se iniciaba un proceso de redistribución de la población y de cambios en la apropiación y el uso del suelo que ya perfilaba una suburbanización con graves consecuencias socioambientales; aunque se presentaba como la posibilidad de impulsar el "progreso" y el "desarrollo" en un país que difícilmente podía decidir su futuro urbano.

Ahora bien, a partir de los años cincuenta se registró un proceso de crecimiento urbano acelerado, que de hecho duró hasta finales de los sesenta con gran intensidad, ya que a diario se incorporaban forzadamente tierras ejidales a las áreas en proceso de urbanización, en general de manera ilegal y sin planeación. Por ello, una incontrolable construcción de viviendas precarias y sin servicios acompañó al proceso de ocupación del suelo, con lo que la urbanización quedaba principalmente en manos de los ocupantes y sus reducidas posibilidades económicas.

En lo relativo al resto del Estado de México, entre 1930 y finales de los cincuenta sólo podría hablarse de una urbanización preindustrial, puesto que la mayor parte del territorio de la entidad gravitaba en torno a las actividades agropecuarias, de tal manera que aun la capital del estado, Toluca, en aquellos años era un centro de población sin una estructura urbana completa y definida, concentrada en unas cuantas calles de la zona centro y sin visos de crecimiento, sobre todo debido a que era únicamente lugar de paso hacia Morelia.

El área urbanizada de la Ciudad de México fue el núcleo para la formación de la zona *metropolitana*. Naucalpan fue el primer municipio mexiquense en ser anexado a dicha zona metropolitana. Diez años después, durante los sesenta, otros tres municipios del Estado de México se incorporaron a ella: Tlalnepantla, Ecatepec y Chimalhuacán. Esa "intrusión" de la zona metropolitana dentro del Estado de México desde la década de los sesenta fue favorecida por la disponibilidad de suelo a bajo costo, además de concesiones en impuestos al suelo en la entidad. Así, para 1970, 11 municipios del Estado de México vecinos a los extremos norte, noreste y noroeste del Distrito Federal se consolidaron como parte de la zona metropolitana. Entre 1950 y 1970 se dio el mayor crecimiento urbano, expandiéndose la zona metropolitana de 9 000 a casi 69 000 ha. Desde inicios de los años setenta se registró un crecimiento incontrolado y disperso de esta zona, a lo cual contribuyeron en buena medida el desarrollo industrial de Cuautitlán-Izcalli, así como el del municipio de Tultitlán, por una parte, y la política de control en la construcción de fraccionamientos habitacionales dentro del Distrito Federal, por otra. La consecuencia del crecimiento fue la conurbación de otros municipios, llegando a 17 los que integraron la zona metropolitana; para 1990 ya eran 27 los municipios pertenecientes a la misma.

La situación para la mayoría de la población asentada en la Zona Metropolitana del Valle de México era precaria, de ahí que la urbanización no podía mostrar sino los rasgos de la suburbanización, es decir, una ocupación territorial en forma de colonias populares, configuradas por la vía de la irregularidad o en la ilegalidad, con un esquema que se multiplicaba en casi todos los municipios conurbados a la Ciudad de México. Esa ocupación alcanzó cerca de 42 000 ha en 1980, con alta densificación del suelo, toda vez que mientras la población metropolitana se multiplicaba cerca de 28 veces, la superficie urbanizada apenas creció cuatro veces.

La marginación de la mayoría de la población se evidenciaba en graves carencias en alimentación, educación, salud y empleo, vinculadas a su condición de inmigrante, cuyas viviendas eran deplorables y en buena medida autoconstruidas, por lo cual no se trazaban adecuadamente y dificultaban con ello la introducción de servicios urbanos básicos. El déficit de vivienda digna era muy elevado, y era crítico tanto en los 12 municipios originalmente conurbados, como en Chalco, Chicoloapan, Ixtapaluca y Nicolás Romero, nuevas áreas de expansión de la mancha urbana que en forma acelerada avanzaron en su conurbación con la Ciudad de México, absorbiendo a las clases populares que estaban siendo expulsadas del Distrito Federal y de otros municipios metropolitanos. Un ejemplo de estos últimos es Nezahualcóyotl, que por su elevada densificación se convirtió en expulsor de población hacia municipios colindantes.

El proceso de urbanización también se ha concentrado en los municipios que integran la Zona Metropolitana del Valle de Toluca. En el caso de las localidades pertenecientes al municipio de Santiago Tianguistenco, el crecimiento registrado durante la década de los ochenta tuvo que ver con la industrialización iniciada en los años setenta; aunque no se había difundido ese dinamismo hacia el área colindante, con el tiempo, según Aranda Sánchez, esta subregión de industrialización media se ha consolidado como centro impulsor del desarrollo.

La educación

El crecimiento de la red de escuelas primarias impulsó la demanda de educación secundaria, nivel educativo que se creó en la década de los veinte en el país y en los treinta en la entidad. En 1945 existían en el Estado de México 512 escuelas estatales, de las cuales 503 eran primarias, sólo siete secundarias, una técnica y una profesional. Estudiar la primaria completa era difícil fuera de Toluca, ya que la mayoría de las escuelas no impartían los seis grados, pero seguir la secundaria, preparatoria o estudios profesionales lo era aún más. Todavía en 1960, según Civera y Beato, la cobertura de secundaria era reducida, aunque fue notable su expansión en 1970.

En el Instituto Científico y Literario, tras años de conflictos estudiantiles y de una gran dificultad para mantener abiertas unas pocas carreras profesionales, se aprobó en 1943 el proyecto de ley que le concedía autonomía, con lo que inició una nueva etapa, mientras que los estudios de normal y contaduría comenzaron a ser importantes vías de ascenso social para las clases medias urbanas, especialmente para las mujeres. La Escuela Normal Mixta de Toluca y la Escuela Normal Rural de Tenería (esta última dependiente de la federación) eran las únicas instituciones de formación de maestros, hasta que en 1943 se iniciaron los trabajos del Instituto Federal de Capacitación del Magisterio, agencia que se encargaría de promover la actualización de los maestros sin preparación normalista que se habían venido contratando desde la Revolución y que estaban en servicio.

Por otra parte, la demanda de educación secundaria y preparatoria aumentaba como consecuencia de la expansión de la educación primaria. Se sabe poco del desarrollo de la escuela preparatoria, pero es posible, según Civera, que haya cobrado impulso con la conversión del Instituto Científico y Literario en Universidad Autónoma del Estado de México (UAEM) en 1956. La nueva universidad impartía educación media con las escuelas de Iniciación Universitaria, Preparatoria, de Enfermería y Obstetricia, y Superior de Pedagogía. La creación de esta última (que en 1964 se transformaría en Facultad de Filosofía y Letras) buscaba impulsar la apertura y el fortalecimiento de la educación superior, concentrada en esos años en las facultades de Jurisprudencia, Medicina, Comercio y Administración, e Ingeniería.

En general, durante los años cincuenta y sesenta la entidad tuvo un desarrollo menos conflictivo que otras regiones del país. La mayor parte de la demanda de educación superior siguió siendo atendida por escuelas pertenecientes o incorporadas a la UAEM, a pesar de la instalación de institutos tecnológicos con ayuda de la SEP y de la iniciativa privada. Más tarde, en la década de los setenta, se asistió a una reforma importante de la escuela primaria y a los primeros intentos de descentralización. El gobierno de Luis Echeverría planteó una reforma educativa en 1973 que pretendía expandir los servicios educativos a los grupos menos favorecidos, en la búsqueda de una preparación que atendiese principalmente a las necesidades del desarrollo tecnológico y científico. Lo que se planteaba era una transformación importante en los fines y en las orientaciones de la educación, particularmente en el papel del maestro, con el fin de que éste se convirtiera en guía del estudiante, el cual debía ser más activo en los procesos de aprendizaje, más dinámico y colaborativo en el trabajo de clase, y que se dotara a los programas de una supervisión del trabajo escolar más cercana y orientadora. La idea era plantear una articulación más estrecha y armoniosa entre los gobiernos estatales, la Secretaría de Educación Pública y la iniciativa privada, así como una modernización administrativa que hiciera hincapié en la planeación, la coordinación y la descentralización técnica y administrativa.

Por otra parte, el crecimiento demográfico e industrial demandaba la formación de trabajadores calificados, dispuestos a ser más participativos socialmente y que pudieran resolver por sí mismos sus problemas. En este sentido, se reorganizó la Dirección de Educación Pública con la idea de que la estructura administrativa hiciera más eficientes sus recursos humanos y materiales frente al incremento de la matrícula, elevara el grado de especialización técnica y mejorara la función directiva y de supervisión de todos los niveles educativos, con la diferenciación de las tareas administrativas de las técnicas, agilización de los trámites, la descentralización del poder y el desarrollo de la planeación y la evaluación educativas. Entre otros cambios, según los especialistas, se observó la transformación del Departamento de Psicopedagogía en Departamento de Control Técnico para orientarlo a la investigación y difusión de métodos y técnicas avanzados. El departamento se abocó a la difusión del método ecléctico y global de análisis estructural para la escritura y la lectura, así como de las matemáticas modernas, y a la preparación para el uso de los nuevos libros de texto que elaboró la SEP.

En lo que toca al sector docente, las autoridades buscaron elevar el nivel académico y técnico de los maestros y reestructurar el sistema de incentivos y escalafón, pero siempre en el marco de las relaciones corporativistas entre el gobierno y el sindicato magisterial. A lo largo del sexenio de Carlos Hank González se impartieron una gran cantidad de seminarios y cursos orientados a la reforma educativa y a la planeación, se amplió el número de zonas escolares, se instaló el Instituto de Capacitación del Magisterio como dependencia de la Escuela Normal del Estado (1970-1971) y se abrieron normales en diferentes zonas de la entidad. En 1973 se puso en marcha un nuevo plan de estudios, en concordancia con el propuesto por la SEP, que establecía un bachillerato básico de dos años y un ciclo profesional de otros dos para poder pasar de normal a educación superior. Por último, en los estudios de normal superior se incluyeron especializaciones.

En cuanto a la educación primaria, aparte de la introducción de los nuevos planes de estudio y de los libros de texto federales, Civera menciona que en 1971 se establecieron 11 escuelas de concentración en zonas donde no había escuelas de organización completa, y durante el año siguiente, comenzaron a trabajar 25 escuelas de Demostración Pedagógica. Por otro lado, se dio importancia a un área muy relegada: la educación especial. En secundaria se dio prioridad al programa de oficialización de escuelas, que empezó a funcionar en 1973, ya que de las 173 escuelas de este nivel que funcionaban en el estado sólo seis eran sostenidas por el gobierno estatal; las demás se mantenían por cooperación y trabajaban muy precariamente. En cada plantel se instalaron colegios de especialidad para renovar conocimientos y técnicas, se adoptaron talleres y laboratorios, y, al igual que en la educación primaria, se implantaron distintas estrategias para apoyar a los estudiantes de aprovechamiento rezagado y mejorar la eficiencia. Posiblemente esta reforma educativa sea un parteaguas importante en el camino del fortalecimiento de la estructura educativa estatal y de los esfuerzos federales de descentralización.

Los sindicatos y el nuevo corporativismo

La agrupación de los trabajadores en sindicatos y centrales obreras ha sido una preocupación fundamental en la historia mexicana desde principios del siglo xx. Según Javier Aguilar García, esta tendencia tomó mayor fuerza en 1938, con la política impulsada por el gobierno del general Cárdenas, y condujo a crear un régimen de dominación política de carácter corporativo que vino a tomar cuerpo en la fundación el entonces denomicado Partido de la Revolución Mexicana (PRM), que fundara Calles como Partido Nacional Revolucionario (PNR) y que después sería Partido Revolucionario Institucional (PRI). Desde entonces, el control político que se ejerce sobre los trabajadores ha sido posible porque sus organizaciones están incorporadas a dicho partido, con lo cual se ha conformado uno de los sectores sociales oficiales de mayor peso en el estado y en el país. Las consecuencias económicas, sociales y políticas deberán ser estudiadas, pero es el rasgo principal del corporativismo.

Sin duda, la corriente sindical más notable está representada por la Confederación de Trabajadores de México (CTM), en la medida en que ha sido el sector de mayor fuerza e influencia en el partido oficial, pues ha tenido a su cargo la política de apoyar e instrumentar los programas de los distintos gobiernos. Siguiendo su historia, es perceptible el hecho de que entre 1953 y 1970 la CTM se mantuvo como la principal organización del movimiento obrero. La institucionalidad de la CTM se desarrolló en su máxima expresión en este periodo de unidad interna, en el que se ejerció la política del desarrollo estabilizador y en el que el crecimiento industrial del país adquirió un nuevo impulso, así como hubo una sustancial participación del capital transnacional en diversas ramas de la economía. La CTM funcionó con un gran consenso en su interior y en sus relaciones con el Estado. Su colaboración con el Estado y el sistema político resultó estratégica para impulsar otra fase del crecimiento económico apoyada en la sustitución de importaciones y en la participación creciente del capital extranjero. El corporativismo sirvió como palanca del desarrollo nacional y de la estabilidad política. Dos mexiquenses desempeñaron un papel notable en el mundo sindical nacional: Fidel Velázquez (1900-1997) y Leonardo Rodríguez Alcaine (1919-2005).

Más tarde, de 1970 a 1982, el modelo económico del país empezó a manifestar agotamiento. Según Aguilar García, se llegó al final de una época donde se gozaba de amplia estabilidad social y económica, pero también la CTM comenzó a tener dificultades para mantener el consenso interno y externo, y surgieron sus primeras fricciones con la política económica del régimen, pues el Estado enfrentó mayores problemas para continuar la tradicional política de distribución del ingreso, particularmente con el sector obrero. Así, el liderazgo de la CTM fue puesto en duda por la figura presidencial; se dieron algunos conflictos y fricciones entre los dirigentes cetemistas y el gobierno; asimismo, la dirección fue cuestionada por el movimiento obrero emergente. La creciente presión social y política ocasionó que el Estado promoviera una reforma política que se inició, en los hechos, desde 1977. Luego, la economía mexicana entró en colapso en 1981-1982 y el corporativismo sindical fue criticado por el movimiento obrero independiente, así como por los representantes del Estado.

De 1983 a 1990 la CTM fue duramente cuestionada: en su política, en su estructura, en su liderazgo, en sus métodos corporativos. La crítica a la CTM se realiza desde sus propias filas, desde el poder, desde los patrones, desde las otras centrales sindicales. En los hechos, la confederación es señalada como incapaz de enfrentar la crisis, la llamada modernización y la política laboral del Estado. La nueva actuación de los representantes del Estado responde a la idea de modernizar las estructuras económicas, políticas y sindicales, e imponer un nuevo modelo de desarrollo, expuesto en páginas anteriores. Junto a este poderoso sindicato nacional, formaron parte de la vida activa nacional y estatal la Confederación Nacional Campesina (cnc), el Sindicato Nacional de Trabajadores de la Educación (snte), la Confederación Revolucionaria de Obreros y Campesinos (croc) y una gran cantidad de agrupaciones sindicales menores e independientes.

Por su parte, los empleados públicos de los poderes y los ayuntamientos constitucionales también han buscado mejores condiciones de trabajo. Con estos objetivos aparecieron, en 1937, el Sindicato de Trabajadores al Servicio del Estado y Municipios y la Unión de Trabajadores Oficiales del Estado de México, que se unificaron luego, el 27 de octubre de 1938, en el Sindicato Único de Trabajadores al Servicio del Estado y Municipios (sutseym). El 1º de agosto de 1939 esta organización se incorporó al sector popular del Partido de la Revolución Mexicana (prm).

Las manifestaciones culturales

Las expresiones culturales individuales

Antes que la cultura institucionalizada, en el siglo xx hubo diversos exponentes que marcaron un hito en la vida cultural nacional. En los ámbitos de la jurisprudencia y de las letras destaca Narciso Bassols (1898-1959), nacido en Tenango. Jurisconsulto, político y diplomático, dejó varias obras acerca de las nuevas circunstancias nacionales, sobre todo referidas a la problemática agraria. En la pintura es de mencionar la labor de Luis Nishizawa (1918), nacido en Cuautitlán; gran conocedor de técnicas pictóricas, ha sabido, según los críticos, combinar en su obra la espiritualidad y el sentido estético oriental —su padre era japonés— con la fuerza del color y las tradiciones mexicanas. Junto a Nishizawa sobresale la figura de Leopoldo Flores en el muralismo estatal.

En el campo de las letras, Ángel María Garibay K. (1892-1967), nacido en Toluca, dejó obras importantes sobre las antiguas literaturas indígenas, particularmente náhuatl y otomí, además de trabajos reconocidos sobre literatura clásica. Pablo González Casanova (1922), también de Toluca, es un destacado historiador, sociólogo y crítico, al igual que Víctor Flores Olea (1932), otro toluqueño, profesor universitario, ensayista, narrador, autor de libros de política nacional e internacional y diplomático. Alejandro Ariceaga (1949-2004), nacido en Toluca, en 1964 se integró al grupo de teatro *tunAstral*. Publicó la colección Letras de Hoy, en coedición con la Universidad Autónoma del Estado de México. Junto a ellos hay que destacar a Mario Colín, editor de la Biblioteca Enciclopédica del Estado de México. Alfonso Sánchez García, Gustavo G. Velázquez y José Romero Quiroz tienen un lugar en el campo de la historia, el periodismo y la crónica del estado.

La cultura de masas

Cine

El cine fue la primera y más exitosa manifestación cultural en medios masivos hasta el arribo de la televisión. En 1960 había 33 salas de exhibición y se habían vendido 3 963 000 boletos, con un promedio de espectadores de 10 000 diarios. Según Alfonso Sánchez Arteche, el monto recaudado sobrepasaba los nueve millones de pesos anuales, que era casi el monto de la inversión en escuelas realizada por el gobierno estatal entre septiembre de 1959 y agosto de 1960. Evidentemente, las manifestaciones regionales muestran una concentración en Toluca, Texcoco, Tlalnepantla y Tenancingo. Música y teatro habían sido desplazados por el cine, que ocupaba los locales antiguamente usados para exhibir obras de teatro. Por otra parte, el costo más bajo y un tiempo mayor de diversión repercutían en este desplazamiento, aunque no en la extinción de aquéllos.

Radio y televisión

Si bien la radio tenía una amplia cobertura rural y urbana, la televisión es la mejor expresión contemporánea de la cultura de masas y la innovación cultural y tecnológica más importante desde mediados del siglo xx. A imagen de la experiencia norteamericana, en el Estado de México, según Sánchez Arteche, se instaló una televisión privada, comercial y publicitaria dirigida a una audiencia cautiva que dejó de asistir al teatro, hizo a un lado la lectura y trasladó el cine de las salas públicas a las salas de las casas. Este fenómeno, que se extendía rápidamente por Europa y Estados Unidos, se hizo presente en Toluca en 1950 con la venta de receptores, aunque fue después de 1960 cuando se produjo la mayor expansión; en ese año casi 3% de las viviendas tenían televisor, pero para 1970 este porcentaje subió a 35.7% y en la década de 1980 ya 70% disponían del aparato receptor. Sin embargo, esta expansión era visible sólo en cinco de los 121 municipios, que concentraban la mayoría de los receptores: Toluca, Ecatepec, Nezahualcóyotl, Naucalpan y Tlalnepantla. Sin duda, tecnología y pobreza no eran incompatibles, y la muestra eran "la selva de antenas de televisión" que se levantaban sobre las casas humildes.

En el Estado de México, en mayo de 1983 empezó operaciones en Metepec la emisora XEGEM, Radio Mexiquense, con 5 000 vatios de potencia. Un año más tarde, en 1984, se crea Televisión Mexiquense. Los canales inicialmente autorizados fueron Canal 7 de Metepec, Canal 12 en Tejupilco y Canal 4 en Atlacomulco. En 1998 se creó el Sistema de Radio y Televisión Mexiquense, como parte de la Secretaría de Educación, Cultura y Bienestar Social, pero en 1999 pasó a depender directamente del gobierno del estado. Durante este mismo año se inicia la cobertura desde la zona oriente, Valle Cuautitlán-Texcoco, incluyendo al Distrito Federal, a través del Canal 34, y con la distribución de la señal de televisión desde la torre instalada en el cerro de Pico Tres Padres, municipio de Coacalco. En 2001 Televisión Mexiquense llega a toda la República Mexicana por señal restringida a través del satélite *Solidaridad II* y el sistema Sky, Canal 146. En mayo de 2003 se sube la señal de Radio Mexiquense al ciberespacio. En noviembre de 2003 Televisión Mexiquense también cubre el Distrito Federal por señal restringida de Cablevisión Plataforma Digital, Canal 134. En enero de 2004 la señal de Televisión Mexiquense pasa al satélite Satmex V y con él es capaz de cubrir mediante decodificador todo el territorio nacional, Estados Unidos, Centroamérica y el Caribe, la mayor parte de Sudamérica y el sur de Canadá. Desde julio de 2004 Televisión Mexiquense puede captarse también por Internet.

Los deportes de masas

Esta disciplina tuvo en José "el Toluco" López su primera expresión como deporte de masas. Renombrado deportista de talla internacional, nació en El Oro en 1932 y murió en México, D. F., en 1972. A lo largo de su vida tuvo 99 victorias, 20 derrotas y sólo cuatro empates.

La mayor institución deportiva del Estado de México durante casi cien años ha sido el Club Deportivo Toluca, cuyo equipo también es conocido como los "Diablos Rojos", que en el futbol de la primera división nacional es uno de los que más campeonatos tiene en su haber. El Deportivo Toluca fue fundado por Román Ferrat, Fernando y Armando Mañón, Alfonso Faure, José Estrada Madrid, Raymundo Pichardo, Joaquín Lajous, Arnulfo "Fito" García, Daniel Valero, Manuel Henkel, Flavio Martínez, Filiberto Navas (también preparador físico) y José Plascencia. Román Ferrat Albay fue jugador, presidente y capitán. El acta de fundación del equipo data de 1917. En 1953 se convirtió en una asociación civil denominada Deportivo Toluca, F. C., cuyo primer presidente fue Luis Gutiérrez Dosal. A principios de 1954 don Luis, quien fue el responsable de construir la Casa Club, dio inicio a las obras de ampliación del Estadio Deportivo Toluca. El 8 de agosto del mismo año se inauguraría el estadio "La Bombonera", que ahora es conocido como Estadio Nemesio Díez. El primer título conseguido por el Toluca en la primera división fue de copa, el 27 de mayo de 1956, ante el Irapuato. En el ahora denominado Nemesio Díez, el cual tiene capacidad para 30 000 personas, aproximadamente, se jugaron partidos de dos campeonatos mundiales (1970 y 1986). El equipo ha sido campeón en 10 ocasiones, lo que lo sitúa entre los tres mejores del país. El Club Deportivo Toluca ha tenido algunos de los mejores jugadores mexicanos y extranjeros en distintas épocas, como Mateo de la Tijera, Amaury Epaminondas, Héctor Hugo Eugui, Ítalo Estupiñán, Vicente Pereda, Walter Gassire, Juan Dosal, Horacio Humolleer, Pedro Munguía, Marcelino Bernal, Nidelson Silva de Mello, Alberto Macías, José Saturnino Cardozo, Sinha, J. M. Abundis, Hernán Cristante, Paulo César da Silva e Israel López, nombres que destacan en una larga lista de jugadores importantes. El director técnico más recordado es Enrique Meza.

En el Valle de México, un equipo de importancia fue el popular "Toros" de Neza o "Toros Neza", que ascendió ganando el campeonato de segunda división en la temporada 1992-1993 (con el mote de Toros de la Universidad Tecnológica de Neza). Como antecesores de este equipo en dicha ciudad mexiquense aparecen los Coyotes de Neza, los Osos Grises y los Potros Neza (que al ascender en 1989 vendió su franquicia para convertirse en Tiburones Rojos de Veracruz). En Toros Neza, con Carlos Reinoso, Alberto Guerra y Enrique Meza como directores técnicos, aparecieron jugadores como Antonio Mohamed (un símbolo), Miguel Herrera, Memo Vázquez, Pedro Osorio, Javier Saavedra, Pablo Larios, el "Capi" Ramírez Perales, Miguel Herrera, Carlos Germán Arangio, Silva de Mello, Federico Lussenhoff y Rodrigo "Pony" Ruiz, entre muchos otros. Desaparecido en 2002, este equipo aguerrido llegó a tener en el Valle de México mucha simpatía por su entrega e ingenio para enfrentar sus partidos.

CUARTA PARTE

EL ESTADO DE MÉXICO EN LA GLOBALIZACIÓN
(1982-2009)

XIII. LOS AVATARES DE LA ECONOMÍA, LA SOCIEDAD Y LA DEMOCRACIA

La dinámica demográfica. La población del Estado de México ahora es metropolitana

E N LOS ALBORES DEL SIGLO XXI la población del Estado de México era poco más de 14 veces la de 100 años antes. Su mayor crecimiento se registró en la época en que el modelo económico de sustitución de importaciones demandó en las zonas urbanas mano de obra en la industria, lo que atrajo a la población rural de la entidad y a la asentada en el Distrito Federal. Las tasas de crecimiento ilustran esta dinámica: de 1950 a 1960 se registró un promedio anual de 3.1%, igual al del país; de 1960 a 1970, el crecimiento promedio anual fue de 7.6%, el doble del porcentaje nacional; de 1970 a 1980 bajó a 6.8%, pero siguió siendo el doble de la tasa general del país. Para 1990 la tasa de crecimiento fue de 4.4% (contra 2.5% de la nacional); de 1990 a 2008, de 2.8% (contra 2.1%), y de 2000 a 2005 el aumento fue de 1.6% (contra 1.3% nacional). Resalta la relación casi igual entre la población masculina y la femenina. Como se puede observar, a pesar de que la tasa de crecimiento de la población ha disminuido en los últimos 25 años, el crecimiento del Estado de México siempre es superior al nacional. Esto se debe, principalmente, a la dinámica económica por el cambio de modelo y a las políticas públicas que, en su conjunto, han disminuido las tasas de natalidad, mortalidad y fecundidad.

Para tener una idea más clara del explosivo crecimiento de los últimos 40 años, José B. Morelos traza las fases que caracterizaron el crecimiento de la población del estado en el largo plazo. La primera, de lento crecimiento, cubre el periodo de 1895 a 1950, la segunda, de rápida expansión, se presenta entre los años sesenta y finales de los ochenta, y la tercera, a partir de 1990, marca el inicio

GRÁFICA XIII.1. *Población del Estado de México (1930-2005)*

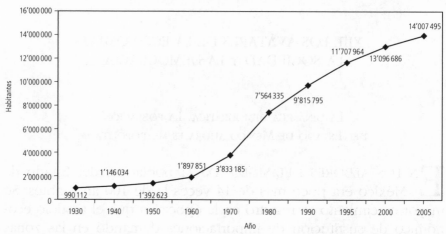

FUENTE: INEGI, Censos de Población y Vivienda, 1930-2000, y Conteos de Población y Vivienda, 1995 y 2005.

de la tendencia hacia la baja. La gráfica XIII.1 muestra la tendencia de crecimiento.

El despegue y el dinamismo del poblamiento del Estado de México coinciden, como mencionamos, con el crecimiento estable de la economía mexicana en los años de 1950 a 1980, sustentada en la estrategia de sustitución de importaciones que privilegiaba el desarrollo de la industria. Factores como el desarrollo fabril de la Ciudad de México, Toluca y los municipios conurbados; los movimientos migratorios del campo a la ciudad; la reestructuración de los mercados de trabajo metropolitanos que permitió la absorción de la mano de obra nativa y migrante, así como la ampliación de las oportunidades educativas y de la infraestructura de salud, explican la mejoría en los niveles de ingreso de la población urbana metropolitana. El rápido crecimiento de la población, ha consignado Francisco Alba, podría interpretarse como un factor complementario y coadyuvante del crecimiento de la industria, y en general económico, y no como un obstáculo al progreso de la sociedad mexicana. En síntesis, esta etapa se caracteriza por el explosivo crecimiento de la población mexiquense y el surgimiento de un paisaje más urbano, del que dan cuenta por su papel protagónico los municipios conurbados de la Zona Metropolitana del Valle de México (ZMVM) y los que conforman la Zona Metropolitana de Toluca (ZMT).

Desde 1895 y hasta 1959, el crecimiento natural de la población fue muy importante; sin embargo, la capacidad de la entidad para retenerla resultó baja. Esta situación se invirtió entre 1950 y 1990, pues de expulsora de población se transformó en receptora, sobre todo porque en los municipios conurbados se asentaron familias e individuos cuya residencia anterior había sido el Distrito Federal, los municipios rurales del estado y otras regiones del país.

El crecimiento demográfico, si bien fue producto del desarrollo económico y constituyó un componente del progreso social, al pasar de los años se convertiría en un problema. Esto derivó en dos dificultades principales: la tensión entre el crecimiento económico y poblacional, y la concentración de habitantes en la zona metropolitana. En el primer caso, ha sido evidente en los últimos años el desequilibrio que existe entre la demanda y la oferta de mano de obra debido, principalmente, a la implementación de las políticas neoliberales de ajuste económico y contención salarial, lo que explica la aparición y prevalencia del empleo informal y, desde el punto de vista social, la marginación. A los efectos derivados de la falta de atención en el desarrollo agrícola, debido a que las políticas públicas para este sector fueron ineficientes en su gestión, porque los apoyos no llegaron a quienes estaban dirigidos y porque su diseño se orientaba a paliar sus efectos inmediatos y no a contribuir a un desarrollo de más largo plazo, hay que agregar el que no se crearan las condiciones para que la producción agrícola fuera el insumo principal en la industrialización, ni se constituyera en la base del mercado de consumo interno. Las políticas establecidas mostraron la incongruencia en las políticas del desarrollo equilibrado de las regiones. Los gobiernos calcularon que el desarrollo industrial tendría efectos multiplicadores en el campo, lo que en la realidad no se logró.

En el segundo caso, es posible observar la persistencia de la migración urbana metropolitana hacia los municipios conurbados de la Ciudad de México. Entre 1990 y 2000 el aumento de la población en esa zona fue cinco veces superior a la del Distrito Federal; la de este último aumentó, de acuerdo con José B. Morelos, en 600 000 personas, mientras que los municipios conurbados lo hicieron en tres millones. En 2005 la población de la entidad registraba más de 14 millones de habitantes.

En suma, las principales transformaciones demográficas se dieron en el estado en los últimos 50 años; el perfil de la población también se transformó: de ser en los cincuenta principalmente rural, a finales del siglo ya lo era urbana, al registrarse una vertiginosa variación hacia un perfil eminentemente metropolitano.

LA POBLACIÓN INDÍGENA

En el Estado de México la población de habla indígena ha disminuido considerablemente. En 1995 el conteo de población y vivienda en la entidad registró 247 492 personas hablantes de alguna lengua indígena y pertenecientes a los pueblos originarios del estado; para 2005, el mismo censo registró 182 899 de estas personas, es decir, 35.3% menos; en el censo de 2000, la proporción de la población indígena respecto del total de la entidad era de 3.3%; de ésta, 3.1% hablaba tanto su lengua original como el español, lo que refleja un proceso de asimilación a la cultura predominante.

Los mazahuas y los otomíes, según José Morelos, representaban en 1990 más de 60% de la población indígena, y en 2000 esta proporción se redujo a 52%; el mayor decremento lo tienen las mujeres de estas dos etnias: de 69 a 54%. Cifras muy inferiores se estiman para la población que habla náhuatl, mixteco y zapoteco. En el año 2000 la proporción de población indígena hablante de estas tres lenguas era superior a la observada en 1990. La razón de estos aumentos son las diferencias en los ritmos de crecimiento de las cinco etnias.

Desde la perspectiva social, los pueblos indígenas se agrupan entre los más pobres de los pobres; pueblos que a lo largo de su historia han sido explotados por los poderes establecidos, tanto público como social y privado. Para hacer frente a las injusticias, a la marginación y a la explotación, algunas etnias zapotecas y mixtecas, entre otras, están difundiendo a través de los programas de la radio rural sus tradiciones, costumbres y cultura para afirmar su identidad en el amplio espectro de la modernidad.

Por otra parte, la inmensa movilidad de población hacia las ciudades transportó también una "escalofriante" experiencia humana de inadaptación y comprensión de un mundo ajeno. Ni la educación ni los textos han podido traducir el mundo rural indígena para adaptarlo e integrarlo a un nuevo mundo, pues, aunque haya cursado la educación primaria, que de poco le sirvió —a decir de Hiernaux—, el inmigrante cuando llega a la ciudad es incapaz de expresarse en español, ante lo cual opta por adaptarse y negar su identidad o se integra, pero mantiene actitudes e ideologías originales, o, finalmente, reacciona, que es el caso de pocos, tratando de reivindicar su identidad indígena. Esto es, por lo menos, lo que sucedía en Chalco a finales del siglo xx.

Otros datos que muestran que los grupos indígenas han estado fuera de la planeación gubernamental y de las acciones públicas son la temporalidad y los objetivos de la creación de organismos en las estructuras gubernamentales vinculados a esta temática. En el Estado de México se fundó en 1988 el Colegio de Lenguas y Literaturas Indígenas para proporcionar educación especial a los grupos étnicos en la entidad; seis años después, en 1994, se estableció el Consejo Estatal para el Desarrollo Integral de los Pueblos Indígenas del Estado de México (CEDIPIEM), ya como organismo público descentralizado.

El resurgimiento de las acciones de atención se ubican en el contexto político que se manifestó a escala nacional con el movimiento zapatista en Chiapas, que en 1994 impactó al país. Asimismo, las presiones internacionales y nacionales derivadas de la Declaración Universal de los Derechos Lingüísticos y de la Ley General de Derechos Lingüísticos de los Pueblos Indígenas en México, que se emitió en 2003, empujaron como respuesta oficial, en los marcos formales ya señalados, la creación en octubre de 1994 del ya citado CEDIPIEM y en diciembre de 2003 de la Universidad Intercultural en el Estado de México, primera en el país, que se construyó en el municipio de San Felipe del Progreso, lugar que concentra a la mayor población mazahua. Esta universidad al iniciar sus actividades registró a 272 estudiantes, de los cuales 88% provenían de comunidades indígenas y 12% de no indígenas, en las carreras de lengua y cultura, comunicación intercultural y desarrollo sustentable. Lo anterior evidencia, una vez más, que las acciones gubernamentales en esta como en otras materias se emiten de manera reactiva y con un gran componente político, pues las carreras corresponden más al nombre de las leyes y disposiciones internacionales y menos a lo que podrían ser los requerimientos de desarrollo de las propias comunidades indígenas.

LA APERTURA COMERCIAL NO FAVORECIÓ
EL CRECIMIENTO ECONÓMICO

El modelo sustitutivo de importaciones se agotó hacia finales de los años setenta y principios de los ochenta. Las economías del mundo ejercieron presión sobre países como México para que se integraran a los mercados globales. Las condiciones que fijaron los organismos internacionales para apoyar el desarrollo de la economía y solventar el déficit público fueron la apertura comercial, la disminución o cancelación de aranceles y la reducción de la intervención del Estado en la economía. Estas medidas, según Sobrino, impactaron en la configuración del desarrollo económico porque implicaron cambios en la dinámica económica y, en consecuencia, en la poblacional. En el Estado de México se observó una desaceleración económica que tuvo como principal expresión la desindustrialización.

En la primera década de la apertura, los años ochenta, el crecimiento económico y poblacional no detuvo su dinamismo pero comenzó a disminuir. La economía del estado se favoreció de la concentración poblacional y de la economía de aglomeración para la expansión manufacturera. Todavía en esta década el Estado de México se contaba entre las 14 entidades del país con un crecimien-

to del PIB mayor que el nacional. Sin embargo, con la crisis finan-
ciera que padeció el país en los años ochenta y con las medidas
para superarla, el desempeño y el crecimiento de la actividad se
vieron afectados. Por otra parte, como consecuencia de la apertura
comercial, los insumos importados disminuyeron su costo y las
empresas que más se habían consolidado, como la textil, la química y la metal-básica, perdieron competitividad. Pero también las
industrias automotriz y de maquinaria y equipo, que en los inicios
del nuevo modelo económico habían resistido, después de los noventa fueron reubicadas.

Las consecuencias del nuevo modelo económico también se
manifestaron en una reconversión de la participación de los estados
en la economía del país. Los de la frontera norte denotaron un
crecimiento en su actividad y en su contribución a la economía;
en contraste, los del centro del país, que hasta la década de los
ochenta habían participado en el mayor crecimiento económico,
en los últimos 26 años fueron los que presentaron menor crecimiento relativo (porcentual), entre ellos el Estado de México. Sin embargo, en este mismo periodo se registró en el estado una nueva
concentración demográfica y de actividades económicas alrededor
de la ciudad de Toluca, como resultado de la propagación de los
intercambios migratorios y económicos de la gran concentración
de la Zona Metropolitana del Valle de México (ZMVM). En 2009 el
Congreso local decretó oficialmente el surgimiento de la Zona Metropolitana del Valle de Toluca (ZMVT), integrada por 22 municipios (*Gaceta del Gobierno,* 2009).

En resumen, entre 1900 y 2005 el Estado de México multiplicó
su PIB 101 veces y su posicionamiento económico avanzó del sexto puesto nacional al segundo. Durante todo el periodo, la estructura productiva de la entidad se caracterizó por su especialización
en el sector de las manufacturas, el cual fue el motor del crecimiento económico local y nacional hasta la década de los setenta. A
partir de los ochenta, concluye Sobrino, el cambio sectorial se caracterizó por un menor dinamismo del sector agrícola y manufacturero, e incluso hubo una caída de la industrialización, por lo que el
comercio y los servicios fueron los sectores en los cuales la gente

buscó empleo, a la par que la marcha de la economía estatal dependió cada vez más del desempeño de los municipios pertenecientes a la Zona Metropolitana de la Ciudad de México (zmcm).

DE LA INDUSTRIA A LOS SERVICIOS.
LA FALTA DE EQUILIBRIO EN EL DESARROLLO

El sector secundario en el Estado de México representaba en 1980 40% del PIB total del estado y 16% del PIB industrial del país. En cuanto al sector terciario, la concentración poblacional en la zmcm propició el crecimiento de sus actividades. De esta forma, en ese mismo año las actividades del sector terciario llegaron a representar 56% del PIB total del estado.

En 1988 el país adoptó el modelo económico neoliberal, el cual consideraba, entre otras medidas, la apertura comercial, el control de la inflación, la contención de precios y salarios, la disminución o cancelación de subsidios y la privatización de empresas. El modelo neoliberal modificó la composición de la economía y cambió la influencia y el peso de los sectores. Los cambios más notables se pueden observar en el aumento del peso del sector terciario en su aportación al PIB y en la disminución del sector manufacturero y del campo. En 2006, el sector terciario ya representaba 68% del PIB, mientras que el secundario había bajado a 27%. De esta forma, el sector del comercio y los servicios crecía de manera imprevista en los cálculos del desarrollo económico, el cual se basaba en la instalación y el aumento de las manufacturas.

Los cambios en la aportación al PIB por los diversos sectores de la economía estuvieron acompañados por las crisis económicas de los ochenta y los noventa e impactaron en los salarios, las ocupaciones y los desplazamientos poblacionales. El Distrito Federal dejó de ser el polo de recepción de población y más bien registró fenómenos de expulsión. Su población se estabilizó e incluso disminuyó, no así la del Estado de México, y mientras el Distrito Federal mantuvo una población de alrededor de ocho millones de habitantes durante 25 años, el Estado de México duplicó su población en ese mismo lapso para llegar a 14 millones de habitantes en 2005, con lo cual se constituyó en la entidad más poblada del país.

Pero la concentración poblacional y de actividades ya no estaba ubicada solamente en los municipios del estado conurbados a la Ciudad de México, sino, como mencionamos, se expandió hacia la capital del estado y a sus municipios conurbados. Para 2003, la mayor parte del PIB por kilómetro cuadrado se producía en los municipios metropolitanos de la Ciudad de México y Toluca; 89% del PIB lo generaban tan sólo 23 de los 125 municipios (16 de la ZMCM, cinco de la ZMVT, y Jilotepec y Atlacomulco). El resto de los municipios, especialmente los de la zona surponiente del estado, reportaban un bajo porcentaje de aportación al PIB. En 2006, la contribución del estado al PIB nacional en el sector secundario fue de 13%, mientras que en el sector terciario disminuyó su aportación de 16% en 1980 a 10.6% en dicho año.

Es posible observar, con los datos presentados, que la actividad económica del estado se concentra en unos cuantos municipios, predominando aún los de la ZMCM, aunque con variación de sectores, pues municipios como Nezahualcóyotl y Tlalnepantla ahora son los que más contribuyen al PIB del sector terciario. Las otras dos zonas territoriales de concentración económica son Toluca y sus municipios metropolitanos, y el área de Atlacomulco. Estas zonas siguen sosteniendo el desarrollo de la actividad manufacturera de la entidad.

En los últimos 35 años, el Estado de México ha experimentado las transformaciones propiciadas por la política económica nacional y por sus consecuentes impactos en la movilidad de la población. Su dinámica puede observarse como un tránsito del desarrollo económico basado en el campo, con un porcentaje de población mayormente rural, hacia una configuración poblacional más urbana concentrada en los territorios estatales de mayor producción económica manufacturera. En los últimos años, marcados por la apertura de los mercados nacionales, la migración poblacional se ha caracterizado por el movimiento intrametropolitano y porque las actividades se orientan hacia el sector terciario de la economía, salvo los casos de los municipios metropolitanos de Toluca y su cercano Atlacomulco.

La nueva dinámica económica, que se destaca por la desindustrialización en las principales zonas del estado y por la excesiva concentración poblacional, pone en evidencia el aumento de las actividades del sector terciario. La presión de las megaurbes puede ayudar a comprender este fenómeno, pero también la reubicación geográfica (en la franja fronteriza) de la industria manufacturera, ligada ahora a las necesidades comerciales de mercados extranjeros, el norteamericano particularmente.

En cuanto a la inversión extranjera, Mejía y Rendón (véase la gráfica XIII.2) muestran un ritmo al alza a partir de mediados de los años noventa. La inversión extranjera presenta, sin embargo, un ritmo muy irregular con fluctuaciones muy pronunciadas. Y respecto al empleo, Luz María Salazar advierte una caída visible, sólo que es importante señalar el hecho de que entre 2002 y 2007 será el trabajo femenino el que sostenga la nueva distribución ocupacional de la población económicamente activa. La información muestra que las mujeres mexiquenses que se insertan en el mercado de trabajo, según Emma L. Navarrete, tienen una fuerte presencia especialmente en los servicios.

Al nuevo panorama económico estatal habría que añadir el surgimiento de municipios centrales que cubren las necesidades de los intermedios y periféricos a la Ciudad de México y a Toluca, los cuales se caracterizan por ofrecer espacios de vivienda a la población que trabaja en los primeros. Son las llamadas "ciudades dormitorio", que cubren las necesidades de los municipios donde se concentran las actividades económicas.

En cuanto a la organización económica espacial, a la distribución territorial del PIB por kilómetro cuadrado, en 2003 se distinguía la existencia de dos microrregiones: la primera abarcaba seis municipios de la ZMCM (Atizapán de Zaragoza, Ecatepec, Naucalpan, Tlalnepantla, Tultitlán y Cuautitlán-Izcalli), que se caracterizaban por tener un alto producto en bienes y servicios; la segunda se ubicaba en el sureste y abarcaba 13 municipios (Almoloya de Alquisiras, Amanalco, Amatepec, San Simón de Guerrero, Sultepec, Tejupilco,

GRÁFICA XIII.2. *México y Estado de México. Inversión extranjera directa como porcentaje del PIB (1980-2006)*

FUENTE: Pablo Mejía y Liliana Rendón, "La producción del Estado de México en la era de la economía global", en *Historia general del Estado de México,* El Colegio Mexiquense, vol. 6 (en prensa).

Temascaltepec, Texcaltitlán, Tlatlaya, Valle de Bravo, Villa de Allende, Villa Victoria y Zacazonapan) con un bajo producto interno de bienes y servicios, situación que también presentaban dos municipios del norte: Jilotepec y Nopaltepec.

De los 23 municipios más importantes de la entidad, 16 pertenecen a la ZMCM, cinco a la ZMVT y los restantes, Jocotitlán y Atlacomulco, son unidades contiguas que han conformado el tercer núcleo de concentración económica en el estado. Así, muestra Sobrino, la distribución territorial de las actividades económicas en el Estado de México se caracteriza por una elevada concentración en pocos municipios pertenecientes a la ZMCM. La desindustrialización de la entidad ha estado fundamentada por el decaimiento de los antiguos distritos industriales localizados en Naucalpan y Tlalnepantla, municipios que han experimentado una reestructuración productiva hacia el sector del comercio y los servicios. Por su parte, la ZMVT es la segunda gran concentración económica, con niveles de productividad global que superan a los de los municipios metropolitanos de la Ciudad de México. Por otro lado, Atlacomulco y Jocotitlán emergen como el tercer núcleo de concentración económica, amparados en la localización de empresas manufactureras. En el resto de los municipios del Estado de México existe una dispersión de actividades económicas de poca importancia relacionadas, en buena parte, con la explotación de recursos naturales.

Como se ha podido observar, el Estado de México ha transitado por las diversas etapas del desarrollo económico, y en algunos periodos de la historia reciente ha tenido niveles elevados de crecimiento y de contribución al PIB nacional, sin que, por el contrario, esto se haya reflejado en la consecución del precepto fundamental de un gobierno, que es el conseguir el desarrollo equilibrado para las regiones y los sectores de la economía estatal. Como una consecuencia directa de este desarrollo, la migración interna e internacional revela fases de crecimiento y desequilibrio.

La migración interna

El crecimiento industrial de México y el menor crecimiento de la agricultura contribuyen al proceso de reacomodo de la población migrante procedente de las zonas rurales. Los cambios de residencia de la población migrante, según Szasz, transformaron el perfil rural y urbano, aceleraron el proceso de urbanización, contribuyeron a la concentración de la población en los centros metropolitanos y alteraron el sistema urbano. Según Papousek, otra causa del gran flujo migratorio del campo a la ciudad ocurrió en la década de los sesenta: el crecimiento de la población. Para entonces la tierra, con escasas excepciones, ya había sido repartida y los hijos de los campesinos revolucionarios se iban quedando sin parcelas para trabajar. El rendimiento de la agricultura era bajo y no había empleo. El proyecto de fomentar una ganadería lechera había fracasado en Temascalcingo; la falta de tecnificación, de educación técnica y de fertilizantes, y los problemas de transporte contribuyeron en este fracaso. Así, el estado buscó, como alternativa, el impulso a la actividad artesanal, que tampoco resolvió el problema. Dado que la población rural crecía pero los recursos no, para el campesino salir en busca de empleo a la ciudad fue el mejor camino. Hombres expulsados hacia la construcción y mujeres al servicio doméstico o a la venta ambulante en las calles, fueron muy visibles a partir de la década de los sesenta.

El Estado de México, según José B. Morelos, presentó cambios en la movilidad de la población. Si en 1950 el porcentaje de población que salía de la entidad era de 23.8 contra sólo 5.1 que llegaba, en 1990 se revirtió: 39.9% de inmigrantes contra 9% de emigrantes. Es importante señalar que el cambio de las corrientes migratorias ocurre en 1970. La proporción de población de cinco años y más que residía en la entidad en 1985 era de 90.1% y sólo 9.2% vivía en otra entidad; en 1995 estos porcentajes eran de 93.3 y 6.2%, respectivamente. Por el contrario, el Distrito Federal ha ido perdiendo en forma gradual su poder de atracción sobre los migrantes del resto del país. Si entre 1955 y 1960 fue la zona de atracción principal, entre 1995 y 2000 apenas fue la cuarta. Según José Morelos, en 1980 y 1990 los arribos al Estado de México de población proveniente de otras entidades son los más numerosos. Si se excluye la migración de la Ciudad de México a los municipios conurbados, según Szasz, la mayoría de las migraciones hacia el Estado de México en los últimos 40 años han correspondido a traslados desde zonas rurales pobres hacia la zmcm.

La migración internacional. La importancia de las remesas familiares

Según el Fondo Monetario Internacional (fmi), las remesas familiares son "transacciones en las que una persona en el extranjero aporta a otra persona de su país de origen —sea o no sea familiar— un valor, sin que la primera reciba nada a cambio". Según el Banco de México, durante 2001 estas aportaciones sumaron en el país un total de 2'774 429 que implicaron un total de 8 895.2 millones de dólares, dinero que, comparado con los ingresos de 11 594 millones de dólares por concepto de exportación petrolera en el mismo periodo refleja, la importancia que revisten las remesas.

El envío de remesas que hacen los migrantes a sus lugares de origen ha tenido efectos positivos en la calidad de vida de la población que las recibe, sobre todo porque la mayor migración internacional se produce cuando los municipios de procedencia atraviesan por una crisis económica aguda, pero muestran también un compromiso importante de la población que migra con su comunidad tradicional o con la familia que ha quedado atrás. Las remesas, según los estudiosos, no constituyen una fuente de ahorro; es más bien un salario destinado a cubrir las necesidades básicas de alimentación, vestido y pago de los principales servicios de las familias que las reciben.

El crecimiento de las remesas se puede explicar, según Alejandro Canales, por una intensificación del fenómeno migratorio en las regiones tradicionales de migración. Entre 2000 y 2006, 75% del incremento de las remesas fue para 11 entidades, mientras que las 21 restantes sólo recibieron el otro 25%. Veracruz, Chiapas e Hidalgo tuvieron casi 20% del incremento global de las remesas, como no lo habían hecho antes. En cambio, Michoacán, Guanajuato y Jalisco recibieron 22% de ese crecimiento. Éstas son, por otra parte, entidades con una tradición migratoria que se remonta a finales del siglo XIX, y que antes de 2000 concentraban 40% de las remesas de todo el país. Por último, Guerrero, el Distrito Federal, Puebla, Oaxaca y el Estado de México se beneficiaron de 33% del incremento del volumen global de las remesas. Estas entidades se incorporaron al flujo migratorio en los últimos 50 años, pero antes de 2000 ya concentraban 25% de las remesas en México.

De manera concreta, entre 2000 y 2006 el Estado de México recibió 3.4% del total, es decir, uno de los aportes más bajos, hecho que implica que su migración internacional no es de las más altas. Posiblemente su cercanía con el Distrito Federal asegura al mexiquense un trabajo que de otra manera iría a buscar más allá de la frontera nacional. Los municipios con una intensidad migratoria alta entre 2000 y 2005, según Muñoz Jumilla, fueron Almoloya de Alquisiras, Amatepec, Tejupilco, Tlalaya y Tonatico. Los municipios con una migración media son siete y el resto tienen baja o muy baja migración. En total, el movimiento migratorio en la entidad fue de 8.14% de su población total. El problema es que, según datos del Banco de México, las remesas por trabajo que ingresaron al país durante enero a noviembre de 2009 descendieron de manera pronunciada, lo que Samuel Ortiz atribuye a que la crisis económica ha golpeado fuertemente el sector de la construcción estadounidense, donde se emplea la mayor proporción de los migrantes mexicanos.

DE LA ESTRATEGIA DE CONTROL POLÍTICO
A LA CRISIS DE LA POLÍTICA SOCIAL

El modelo de industrialización en México hasta los años ochenta había generado un dinamismo económico en términos del PIB, no así de las condiciones de bienestar económico de la población. La ganancia de las industrias no correspondía a un incremento en la riqueza de las familias ni resolvía el problema histórico del país de las desigualdades económicas y sociales. Por ello los gobiernos acompañaron las políticas de desarrollo industrial con otras políticas que permitieran mitigar las carencias de la población. La política social, hasta los años ochenta, se caracterizó por atender demandas sociales de forma limitada, mientras se conseguía aceptación política. Fueron las fórmulas utilizadas por el corporativismo político, que pretendía mantener el control social a cambio de repartir beneficios restringidos.

La política social corporativa, según Brachet-Márquez, consistió en la implementación de esquemas de seguridad social y asistencia. Puesto que las acciones formaban parte del modelo de desarrollo económico industrial, la seguridad social estaba orientada a prevenir los riesgos sociales ligados al trabajo y al capital. En consecuencia, la seguridad social se conformó con base en un sistema contributivo en el cual participaban el Estado, las empresas y los trabajadores. Para gestionar este sistema se crearon organismos públicos como el Instituto Mexicano del Seguro Social (IMSS) y el Instituto de Seguridad y Servicios Sociales de los Trabajadores del Estado (ISSSTE). Mientras tanto, el esquema asistencialista consideraba el apoyo, también limitado, a los sectores sociales pobres y excluidos del mercado laboral, pero éstos no podían obtener derechos exigibles.

Los aspectos que pretendía cubrir la agenda social del Estado eran la salud, la vivienda, la educación y los subsidios alimentarios para quienes carecían de seguridad social. Aunque el criterio de los apoyos, en el último caso, era el de la universalidad, la falta de coordinación entre los programas y las dependencias provocó una ineficiente atención a los sectores pobres de la población. Pero no sólo debido a la falta de coordinación, sino a la utilización de los recursos de asistencia social para mantener el control político y la permanencia del Partido Revolucionario Institucional (PRI) en el poder.

En el Estado de México se siguieron las pautas del gobierno nacional. Se diferenciaron los apoyos en los instrumentos de seguridad social y de asistencia, y además se dio preferencia a los apoyos en la ciudad, por el desarrollo industrial, en detrimento del campo. Según Guadarrama, las ayudas de la seguridad social se concentraron en los trabajadores asalariados y en los empleados estatales y municipales, mientras que las de asistencia se centraban en la protección a la infancia y en la integración familiar.

Para los trabajadores estatales se crearon organismos gubernamentales como el Instituto de Seguridad Social del Estado de México y Municipios (ISSEMYM), en 1969. Este instituto aseguraba la atención médica y los sistemas de pensión. Casi en el mismo momento, en 1970, se creó el Instituto de Acción Urbana e Integración Social (AURIS) para ayudar a los empleados públicos en la construcción y adquisición de viviendas, un organismo que desempeñó un papel fundamental en el proceso de urbanización y metropolización del estado.

No obstante, hacia principios de los años ochenta el modelo de seguridad social presentaba signos de crisis, que se expresaban en el crecimiento del personal público y en la escasez de recursos para su funcionamiento. La crisis y las medidas que se implementaron para paliarla repercutieron en el modelo de política social que había permitido a los diferentes gobiernos mantenerse en el poder, pero sin resolver los problemas de rezago social, pobreza y exclusión de amplios sectores de la población, particularmente la de zonas rurales.

Los problemas derivados de una política estatal que sostenía las tareas del crecimiento económico con recursos públicos llevaron al país a limitar la intervención del Estado en los sistemas de seguridad social y asistencialismo. A partir de los años ochenta, la agenda social estaría orientada a la atención de los sectores más rezagados de la población —las zonas rurales—, así como a transformar la seguridad social para que los trabajadores fueran responsables de sus riesgos, con lo cual el gobierno limitó sus aportaciones.

En el plano nacional, la política social se orientaría por los criterios de focalización y descentralización de los apoyos, lo cual se reproduciría en el ámbito estatal. La agenda social, ahora orientada hacia los sectores que se habían empobrecido durante el periodo anterior, estaría sustentada en los programas sociales del plano nacional. El más importante en los años ochenta fue el Programa Nacional de Solidaridad (Pronasol). Aunque este programa no estaba orientado exclusivamente a la atención de la pobreza rural —pues intentaba crear la infraestructura para el desarrollo en diferentes zonas del país—, su propósito fundamental era constituir un instrumento para mitigar el impacto negativo del proceso de globalización, como el desempleo, y atender la necesidad del fomento de la productividad y de las capacidades competitivas. Dado su éxito, el Pronasol se convirtió en el antecedente más importante de la política social hasta nuestros días.

Además de este programa federal, se realizaron algunas acciones particulares en la entidad. Por ejemplo, en 1986 se creó la Ley de Asistencia Social del Estado de México, que intentaba incorporar los nuevos criterios para la asistencia social. En 1994, como reacción frente a las movilizaciones del Ejército Zapatista de Liberación Nacional en el sur del país, se creó el ya mencionado Centro Estatal para el Desarrollo Integral de los Pueblos Indígenas del Estado de México (CEDIPIEM).

El estado pretendía aplicar los mismos criterios nacionales de focalización de la política social y atender a la población rural, la más empobrecida en el país y en la entidad. La intención era abordar estos problemas a través de los programas y las acciones federales que sucedieron al Pronasol: Programa de Educación, Salud y Alimentación (Progresa, 1997) y Oportunidades (2002). El Estado de México intentaría hacer frente a los problemas de pobreza, que habían llegado en 2005 al extremo de que 12.6% de la población vivía en condiciones de alta y muy alta marginación, a través de la creación de una infraestructura normativa y de gestión gubernamental, más que de programas eficaces de superación de la pobreza.

Desde el año 2000 el gobierno del estado comenzó a reflejar, al menos en la formalidad, su preocupación por la política social. Así, en 2001 creó la Secretaría de Desarrollo Social y el Centro Estatal de Marginación y Pobreza (denominado desde 2008 Consejo de Investigación y Evaluación de la Política Social); en 2003, el Consejo Mexiquense de Seguridad Alimentaria; en 2004, la Ley de Desarrollo Social, y en 2008, la Ley del Adulto Mayor, entre otros organismos.

La alternancia con hegemonía.
Las variaciones electorales

A diferencia de otros aspectos de la política en el país —económica, social o administrativa—, en las que las acciones del gobierno federal determinaban el comportamiento de los gobiernos locales, para el caso de la alternancia electoral han sido estos últimos los iniciadores del proceso. En el Estado de México las fuerzas políticas que han tenido una participación constante y una influencia en los resultados electorales son los partidos políticos nacionales, como el Partido Acción Nacional (PAN), el Partido Revolucionario Institucional (PRI), el Partido de la Revolución Democrática (PRD), el Partido del Trabajo (PT), el Partido Verde Ecologista de México (PVEM) y el Partido Convergencia; otros partidos nacionales de menor influencia y que incluso han desaparecido, como el Partido Popular Socialista (PPS), el Partido Auténtico de la Revolución Mexicana (PARM), el Partido Demócrata Mexicano (PDM) y el Partido del Frente Cardenista de Reconstrucción Nacional (FCRN), y los de más reciente creación, como el Partido Nueva Alianza (Panal) y el Partido Social Demócrata (PSD). No hay una tradición de partidos locales, y los que han surgido participan en alguna elección para luego desaparecer al no cumplir con el porcentaje mínimo de votación que el órgano electoral tiene establecido; es el caso del Parlamento Ciudadano del Estado de México, el Partido Alianza Social (PAS) y el Partido Futuro Democrático.

En la entidad la presencia formal más notable de partidos políticos distintos al PRI se observa a partir de 1996, tanto en los ayuntamientos como en el Congreso local. Para entender la configuración de la alternancia revisaremos los resultados electorales, primero de ayuntamientos, después de los diputados de mayoría relativa y finalmente los que corresponden a la elección de gobernador.

Respecto a los ayuntamientos, los dos principales partidos de oposición (PAN y PRD) han ganado alcaldías, pero es posible observar que, si bien existe una tendencia a que una vez producido el cambio electoral en el ayuntamiento el partido ganador se instale por lo menos dos periodos (por ejemplo, en Atizapán de Zaragoza, Coacalco, Cuautitlán, Nezahualcóyotl, Nopaltepec y Toluca, entre otros), es menor el número de municipios en los cuales ha habido una alternancia de los tres partidos, como en los casos de Teoloyucan y Zacazonapan. Debe señalarse que la alternancia se ha dado respecto al PRI y que la mayoría de los ayuntamientos siguen siendo gobernados por ese partido.

Es necesario destacar que aunque el PRI ha mantenido el mayor número de municipios ganados, este hecho no se corresponde con el mayor porcentaje de población gobernada. En 2003 ganó 68 ayuntamientos, que aún representaban la mayoría del total de 124 municipios. En 2006 recuperó cinco municipios, quedándose con 73; sin embargo, el porcentaje de población a la que gobernó fue tan sólo de 25.6%, mientras que el PRD gobernaba a 44.8% de la población, del cual 21% lo hacía en alianzas con el PAN, el PT y Convergencia; por su parte, el PAN gobernó a 28.73% de la población, y en alianza con el PRD y PT, 1.2% más. En el lapso de 1990 a 2009, a pesar de un alto abstencionismo, las elecciones municipales mostraron una paulatina caída del PRI, mientras el PAN y el PRD subían en las preferencias electorales. El cuadro XIII.1 muestra este movimiento.

Por otra parte, se puede observar la mayor presencia del PAN en los municipios metropolitanos con una dinámica económica considerable, como Naucalpan, Tlalnepantla y Cuautitlán-Izcalli, así como Toluca, por citar algunos. Este hecho es consecuente con la estrategia que ese partido ha seguido desde los años ochenta,

CUADRO XIII.1. *Municipios ganados por partido (1981-2009)*

Año	PAN	PRI	PRD	Otros
1981	—	116	—	1[g]
1984	3	110	—	1[h]
1987	2	115	—	3[i]
1990	2	114	4	1[j]
1993	8	106	7	1[k]
1996	20	74	27	1[l]
2000	26	72	23	1[m]
2003	24	68[a]	23	9[n]
2003 (Extr.)	1	1[a]	1	—
2006	27[b]	55[a]	36[c]	18[o]
2006 (Extr.)	—	1	—	—
2009	13[d]	97[e]	9[f]	2[p]

[a] Alianza PRI-PVEM.
[b] Alianza PAN-PRD-PT, PAN-PRD y PAN-PT en tres municipios, respectivamente.
[c] Alianza PRD-PT en 10 municipios, PRD-Convergencia en dos y PRD-PT-Convergencia en uno.
[d] Alianza PAN-Convergencia en un distrito.
[e] Alianza PRI-Nueva Alianza-PVEM-PSD-PFD.
[f] Alianza PRD-PT en tres distritos.
[g] PPS.
[h] PSUM.
[i] Dos PPS y uno PMS.
[j] PARM.
[k] PFCRN.
[l] PVEM.
[m] PT.
[n] Cuatro PT, tres Convergencia, uno PAS y uno PSN.
[o] Tres Convergencia, dos PT, uno PAN-PT, uno PAN-PRD, uno PAN-PRD-PT, uno PRD-PT-Convergencia, 10 PRD-PT, dos PRD-Convergencia y dos PT.
[p] Alianza PT-Convergencia.
FUENTE: www.imocorp.com.mx, http://www.ieem.org.mx/numeralia/result_elect.html (2003, 2006).

cuando procuró intensificar su presencia en las zonas urbanas y en las ciudades medias del país. El PRD se ha caracterizado por ganar ayuntamientos también de composición urbana, pero de condiciones socieconómicas populares, como Nezahualcóyotl y Ecatepec, y algunos municipios rurales como Texcalyacac, Capulhuac e Ixtapan del Oro. El PRI ha mantenido el control de los municipios rurales como San Felipe del Progreso, Acambay, Zumpahuacán, Sultepec y Villa Victoria, entre otros, en los que ha prevalecido su hegemonía. Cabe citar el caso del municipio de Atlacomulco, que presenta una combinación de ruralismo y alto desarrollo económico, en el cual el PRI también ha sido hegemónico.

En el caso de las elecciones para el Congreso local, la presencia de representantes de diversos partidos políticos se ha ido incrementando paulatinamente. En 1996 el PRI mantenía la mayoría con 30 diputados, el PAN obtuvo 10 y el PRD cinco. En 2000, el PAN creció en más del doble al ganar 21 diputaciones de mayoría, mientras que el PRI obtuvo 18 y el PRD seis; en 2006 se registró el mayor crecimiento del PRD al ganar 17 diputaciones, en tanto que el PAN consiguió nueve y 19 el PRI. Con estos resultados es posible observar que 2006 fue el único año en que el PRI perdió la mayoría en el Congreso local, cuando se registró una presencia proporcionada de las tres fuerzas políticas. Esta situación se revirtió en 2009, cuando las elecciones para cambiar el Congreso arrojaron los resultados mostrados en el cuadro XIII.2.

CUADRO XIII.2. *Diputados por mayoría relativa (1993-2009)*

	1993	1996	2000	2003	2006	2009
PAN		10	21	11	9	2
PRI	26	30	18			39
PRD		5	6	10		3
PRI-PVEM				24	19	
Nueva Alianza						1
PRD-PT					17	

FUENTE: www.imocorp.com.mx, 2009: http://www.cddiputados.gob.mx/POLEMEX/POLEMEX.HTML (2009).

Por último, en el Estado de México el PRI ha conservado la gubernatura desde hace más de 80 años; sin embargo, los porcentajes de la votación han variado. Esta condición no le ha impedido mantenerse en el gobierno, pero su declive en la preferencia del electorado ha sido muy notoria desde los años ochenta, y en 1999 llegó a registrar el menor porcentaje (42.5%). A partir de la alternancia y cambio político en el país, el PRI en la entidad ha venido disminuyendo paulatinamente su porcentaje de votación, pasando de 82.4% en 1981 a 72.9% en 1987, 62.6% en 1993 y el ya mencionado 42.5% en 1999, aunque registrando una recuperación de casi siete puntos en 2005, para acumular 49.17%. El cuadro XIII.3 muestra esta variación.

En suma, en los tres tipos de elección pueden observarse variaciones importantes de la votación, como consecuencia tanto

CUADRO XIII.3. *Votación para gobernador. Porcentaje de votos por partido (1981-2005)*

	1981	1987	1993	1999	2005
PAN	8.0	11.3	17.9		
PRI	82.4	72.9	62.6	42.5	
PRD			8.7		
PARM	1.9	1.5	1.0		
PCM	3.1				
PDM	1.3	1.5	1.0		
PPS	1.9	2.5	1.6		
PST	1.5	1.5			
PFCRN			2.6		
PT			0.9		
PVEM			3.6		
PRD-PT				22.0	24.3
PAN-PVEM				35.5	
PAN-Convergencia					24.7
PRI-PVEM					47.6

FUENTE: www.imocorp.com.mx.

del reacomodo de las fuerzas políticas en el interior del estado como de los acontecimientos nacionales.

Por su parte, la elección de ayuntamientos y diputados locales se realiza en la misma fecha, cada tres años, coincidiendo con la de diputados federales, y cada seis años también con la de senadores y presidente de la República. En otros estados hay una fuerte tendencia al voto diferenciado (en que el ciudadano no vota por el mismo partido en elecciones distritales, sean federales o locales, de ayuntamientos, de gubernatura y la presidencial); en el Estado de México también se observa esa tendencia, pero con una variación porcentual menor que oscila entre 1% y 8%. La excepción está registrada en las elecciones celebradas en 2000 y 2006, cuando la votación de ayuntamientos y diputados de un mismo partido tuvo como diferencia 16 puntos porcentuales.

Respecto a los impactos externos, producto de los acontecimientos políticos nacionales, podemos resaltar dos momentos que han tenido consecuencias importantes en la dinámica electoral local: el primero, en el 2000, con el llamado "efecto Fox", y el segundo, en 2006, con el llamado "efecto López Obrador". El primero, caracterizado por la amplia popularidad del candidato del PAN a la presidencia de la República, tuvo un impacto en todo el país, al cual el Estado de México no fue ajeno. El PAN ganó la presidencia de la República, con lo que terminó una larga etapa, de más de 70 años, de hegemonía priista; en la entidad el PAN duplicó el número de diputaciones ganadas y en ayuntamientos tuvo nuevos triunfos, 25% más respecto de los obtenidos en 1996, entre los que resaltó el triunfo en Toluca y en los principales municipios de su zona conurbada.

El "efecto López Obrador" se expresó en la enorme influencia y popularidad del ex jefe de gobierno del Distrito Federal. Su discurso, dirigido a los sectores de la sociedad empobrecidos y marginados tras las medidas del nuevo modelo económico neoliberal, tuvo un impacto que se reflejó en los resultados de las elecciones de 2006, en los que la diferencia con el candidato de Acción Nacional fue tan sólo de 0.56%. En la entidad, el PRD obtuvo 70% más diputados de mayoría respecto a la votación de 2003, al pasar de 10 a 17; en cuanto a los ayuntamientos, logró mantener su presencia en los municipios que había conquistado en 2003 y ganó uno más: Ecatepec. Este municipio adquiere relevancia por ser el más densamente poblado de la entidad y del país, y por registrar características socioeconómicas populares. Aunque algunos de los triunfos del PRD fueron en alianza con otros partidos, como el PT y Convergencia, se explican por la influencia y la popularidad de López Obrador.

En 2009 el PRI recuperó prácticamente la hegemonía en los ayuntamientos y en el Congreso, al obtener 97 de las 125 alcaldías y 40 diputados de mayoría de los 45 que integran la legislatura local. Estos datos ponen de relieve dos de los principales problemas para conseguir la consolidación democrática: uno es la volatilidad del voto y el otro, la ausencia de una cultura política partidista.

La volatilidad se observa en la desproporción de votos que obtiene un mismo partido entre una elección y otra (el PAN ganó 24 diputados de mayoría en 2006 y 12 en 2009), mientras la falta de cultura política partidista es consecuencia de que los partidos políticos recurren, con frecuencia, al pragmatismo, es decir, a la elección de candidatos que puedan ganar aunque no sean de su misma ideología, en lugar de candidatos que contribuyan a la formación de identidades ideológicas partidistas como elemento fundamental de una democracia.

Los límites a la jerarquía del gobierno federal sobre los estados. La vuelta al poder de los gobernadores

El control que ejercieron jerárquicamente los gobiernos priistas desde la federación hasta los ayuntamientos ha cambiado en los últimos 30 años. Las relaciones de poder en México se empezaron a modificar entre los tres órdenes de gobierno desde que los municipios empezaron a ser ganados por partidos distintos al PRI. Posteriormente, estos cambios se fueron profundizando cuando los partidos de oposición ganaron espacios en gubernaturas, y la mayor transformación ocurrió cuando el PAN ganó la presidencia de la República. A partir de entonces se ha observado un menor control de los estados por la federación y de los municipios por los estados.

Ya desde 1997 en el interior del PRI se generó una oposición al gobierno federal, y con la pérdida de la mayoría de este partido en el Congeso se presionó para modificar la distribución de los recursos presupuestales. La llegada de Fox a la presidencia en 2000 agudizó las demandas y las presiones hasta llevarlas al cuestionamiento de las formas de relación integubernamentales. Se puso de relieve la exigencia de hacer efectivas las reglas del diseño institucional que tienen como base el federalismo. Los principales cuestionamientos provenían de los gobernadores de los estados. Las relaciones con el gobierno de Fox llegaron al punto de la tensión debido a que una buena parte del Congreso apoyaba las demandas de los estados. La acción más concreta del cuestionamiento sobre las condiciones de control fue la creación, en julio de 2002, de la Conferencia Nacional de Gobernadores (Conago), que tuvo como antecedente la Asociación Nacional de Gobernadores (Anago), establecida en 1999 por mandatarios de extracción perredista y que tenía como objetivo presionar al gobierno zedillista para que hiciera modificaciones al diseño presupuestal.

La Conago, conformada por gobernadores priistas y perredistas, cobró fuerza frente al presidente Vicente Fox al lograr ser integrada a la Comisión Nacional Hacendaria (órgano que decide la política de recaudación y distribución de los recursos) con el propósito de que los recursos presupuestales ya no dependieran del control político del presidente y que los estados tomaran parte de las decisiones en los criterios para su distribución. Esta fuerza fue posible también por el apoyo del Congreso federal derivado de su ya alcanzada pluralidad política. En el caso del Estado de México, su presencia ha sido particularmente dinámica, a tal punto que el ex gobernador Arturo Montiel llegó a tener una posición de liderazgo en el interior de la Conago. Según Hernández, la conferencia de gobernadores ha logrado incidir en las decisiones acerca de la distribución de los recursos presupuestales y en la limitación del control político sobre los gobiernos estatales. Los avances conseguidos han sido relevantes; por ejemplo, en 2003 se determinó que hubiera

aumentos en los porcentajes generales de las participaciones federales; que se integrara al presupuesto federal un fondo hasta entonces contingente llamado Programa de Apoyo al Fortalecimiento de Entidades Federativas (PAFEF), que el gobierno central diseñaba y manejaba libremente, con lo cual, además de hacer una obligación presupuestal fija, trasladaba su integración al Congreso, y, por último, que los estados recibieran 50% del total de los ingresos extraordinarios por la venta de petróleo.

Aunado a lo anterior, utilizando la posición de las fracciones parlamentarias afines a los gobernadores, éstos han logrado tener influencia en el Congreso para presentar y argumentar requerimientos propios, lo que denota la fortaleza que los gobiernos locales han ido adquiriendo, como se observó recientemente con la presencia de varios gobernadores en la Cámara de Diputados federal para influir en el diseño del presupuesto federal de 2010.

HACIA EL FORTALECIMIENTO DE LA EDUCACIÓN

A partir de 1980 se observa, según Civera Cerecedo, que los maestros y su formación tuvieron una atención especial. Cuarenta y tres normales estatales y el Instituto Superior de Ciencias de la Educación del Estado de México (ISCEEM) integraban el sistema de educación normal en 1981. El interés por profesionalizar el magisterio y mejorar su formación se concretó en medio de la incertidumbre causada por los intentos de descentralizar el sistema y la aparición de la Universidad Pedagógica Nacional.

Entre los cambios que vivió el sistema educativo del Estado de México entre 1970 y 1990, el principal reto fue la expansión del sistema para cubrir una demanda que creció de manera extraordinaria. En el ciclo 1970-1971, la matrícula total de los niveles básico, medio y superior no llegaba al millón de alumnos; 10 años después comprendía a 2.2 millones, y para 1990 a 2.7 millones de educandos. De la población de cuatro a 24 años, 43 de cada 100 habitantes estudiaban en 1970, 55 en 1980 y los mismos 55 en 1990. Es claro que el sistema dejó de crecer en los noventa, según lo ha mostrado Aguado López. Sin embargo, una reforma importante se produjo en el gobierno de Ignacio Pichardo Pagaza, cuando los sistemas federal y estatal de educación primaria fueron unificados, con lo cual la atención de los alumnos creció de manera significativa.

Por otra parte, durante esta década la política educativa en México se orientó, además de la atención de la demanda, a buscar una modernización a través de la racionalidad. Desde los años noventa, pero con mayor vigor a partir de 2000, se depositó en la tecnología educativa la capacidad de modernizar la escuela, con programas como Edusat, Red Escolar y Enciclomedia, o de educación a distancia de secundaria y preparatoria. Mientras en secundaria se hicieron nuevos planes de estudio con un enfoque en las competencias y en los valores éticos y ciudadanos (junto con los programas de "escuela segura"), en bachillerato se favoreció la formación técnica, y en relación con la educación superior se reorientaron planes y programas de estudio y se introdujeron la evaluación y la certificación como base de las relaciones entre el Estado, las instituciones y las universidades.

Todas estas políticas, según Civera, han representado cambios profundos, aunque no siempre exitosos y perseverantes, en el sistema educativo. En 1992 la entidad tenía una matrícula escolar de 3'038 982 estudiantes; 15 años después, en el ciclo escolar 2006-2007, ésta ascendía a 4'293 195. De representar 10.2% de la matrícula nacional, pasó a 12.2%. Al inicio de cursos 2008-2009, el número de estudiantes era de 4'427 497, atendidos en 23 064 escuelas.

Pero el porcentaje de población que no asiste a la escuela también creció en forma alarmante, a pesar de que se nota un incremento en la creación de escuelas de educación media superior de diferentes tipos, como el Colegio de Bachilleres, los bachilleratos tecnológicos y otros (más de 80 en tres años), así como la apertura de turnos vespertinos. Lo anterior ha estado acompañado de las labores del Instituto de Educación Media Superior y Superior a Distancia del Estado de México, creado en 2007 con el fin de aprovechar medios tecnológicos para desarrollar programas educativos a distancia, una modalidad que seguramente crecerá en el futuro pero que ahora tiene una cobertura limitada, al igual que la Universidad Autónoma del Estado de México (UAEM). Esta última, en tal modalidad, tenía ocho planteles, cinco en Toluca y tres en Amecameca, Tenancingo y Texcoco, en los que se atendía a 15 235 estudiantes en la modalidad escolarizada y sólo a 58 en la no escolarizada.

La investigación científica en ciencias sociales y humanidades está representada por El Colegio Mexiquense, A. C., institución planeada durante el gobierno de Alfredo del Mazo González y fundada en 1986 por Alfredo Baranda, gobernador en aquel entonces. Pensada dentro de los lineamientos de El Colegio de México, es una institución dedicada principalmente a la investigación original o básica. Es el complemento al esfuerzo social más importante que realiza la UAEM en el campo de las ciencias sociales. Desde entonces, la historia, el desarrollo urbano, la economía, la administración pública, la demografía, la sociología y la antropología tienen cabida en sus diversos programas de investigación, además de tratar de estudiar e impulsar la docencia en el conocimiento de la realidad municipal y las ciencias sociales.

La cultura y la educación técnica

La década de 1980 será la más importante en cuanto a la institucionalización de la actividad cultural, pues a mediados de ella se crea el Instituto Cultural Mexiquense, que funciona en el Centro Cultural Mexiquense; se trata de una institución fundada en 1987 que engloba expresiones histórico-antropológicas, cultura popular y arte moderno expuestos en diversos museos de competencia internacional, además de cobijar a la Biblioteca Pública Central y al Archivo Histórico del Estado de México. Como parte del instituto funcionan los museos de la Acuarela, el Felipe Santiago Gutiérrez y el José María Velasco. En el ámbito nacional, el Estado de México ocupa el segundo lugar en número de museos; de los cerca de 60 existentes, 27 son administrados por el Instituto Mexiquense de Cultura. Un antecedente del instituto es la desaparecida Dirección de Patrimonio Cultural y Artístico del Estado de México. En este panorama de expansión y dinamismo no hay que olvidar a la Asociación Mexiquense de Cronistas Municipales, A. C., que cumple un papel importante en la conservación de la memoria histórica y en el impulso de las actividades culturales en los municipios del estado.

En el Estado de México se ha intentado también promover e impulsar actividades y espacios culturales. Si bien existe un señalamiento en los planes y programas de gobierno sobre este rubro del desarrollo, no se observa que se le atribuya la importancia que se concede a otras áreas. Los gobiernos de la entidad, desde 1970, incluyen de manera retórica aspectos de la cultura estatal sin que, luego, eso se traduzca en acciones de amplio alcance. Es quizás la creación del Instituto Mexiquense de Cultura en 1987 el primer intento de aglutinar, conducir y coordinar las diversas expresiones culturales de la entidad, tales como museos, bibliotecas, centros regionales de cultura, archivo histórico, el patrimonio histórico y arqueológico, y la publicación de obras relacionadas con la cultura estatal, entre las acciones más significativas.

Se identifica también el interés por promover la música, especialmente la que con el componente formativo se manifiesta en la creación de la Orquesta Sinfónica en 1971 y el Conservatorio de Música en 1991, este último para ofrecer una alternativa de educación artística musical y como posible proveedor de talentos. La Orquesta Sinfónica del Estado de México se fundó con el objetivo de difundir la música clásica como medio de unión e identificación entre los mexiquenses. Con residencia en la ciudad de Toluca y sede en la Sala Felipe Villanueva, la orquesta se caracterizó desde el principio por su empeño en llevar su mensaje a todos los municipios del estado. De reciente creación es la Orquesta Sinfónica de Toluca. Estos conjuntos fueron creados por el gobierno del Estado de México y por el municipio de Toluca, respectivamente.

Junto a ellos, es importante el papel que cumplen centros importantes de cultura como bibliotecas, archivos y casas de la cultura. En 2006 había 644 bibliotecas repartidas en todo el estado.

Estas bibliotecas albergan un acervo de más de 2.5 millones de volúmenes. Han registrado una afluencia de usuarios de nueve millones. El estado cuenta con una infraestructura en la que sobresalen las bibliotecas de la Red Nacional de Bibliotecas Públicas: la Municipal Profesor Heriberto Enríquez Rodríguez, la Biblioteca Pública Central Estatal, la Biblioteca Pública Municipal Valle Ecatepec, la Biblioteca Pública Municipal Ruta de la Independencia y la Biblioteca Pública Municipal José María Morelos y Pavón.

El Archivo Histórico del Estado de México forma parte, igualmente, del patrimonio cultural del estado. En 2006 estaba integrado por 125 archivos históricos municipales y uno estatal con cerca de 20 millones de documentos. Las casas de la cultura, creadas para promover las expresiones artísticas y culturales, y para constituirse en lugares de inicio o desarrollo de habilidades musicales, pictóricas o artesanales, han sido emplazadas en los municipios con el fin de acercar estos servicios a la población. De ser administradas por el Instituto Mexiquense de Cultura, en 2000 se decide descentralizar sus tareas a los ayuntamientos del estado. Los resultados de este proceso todavía no se conocen.

El Estado de México ha intentado construir, desde los años ochenta, una infraestructura de museos que acerquen a la población a las diversas manifestaciones culturales, así como al pasado histórico. Hasta 1980 existían 13 museos dedicados a las artes plásticas y al pasado colonial, como el Museo Nacional del Virreinato o los museos arqueológicos localizados en sitios como Teotihuacan, Tlatilco y Teotenango, entre otros. El número de museos creció hasta 27 en 2006. Muchos de éstos ocupan edificios históricos como la casa de Isidro Fabela. Algunos están dedicados a promover la obra plástica de pintores mexiquenses, como el Museo José María Velasco o el Museo Felipe S. Gutiérrez, entre los más relevantes. Dentro de esos 27 museos se cuentan también algunos centros culturales como el de Sor Juana Inés de la Cruz.

En los años ochenta los gobiernos federal y estatal impulsaron la educación tecnológica de acuerdo con el propósito de enlazar el sistema educativo con el productivo y de desviar la demanda educativa hacia la educación técnica y tecnológica. El gobierno del estado lanzó un programa de capacitación técnica dentro de las industrias y la SEP abrió ocho planteles del Conalep, con lo cual —afirma Alicia Civera— se dio inicio al desarrollo de un subsistema que fue creciendo a lo largo de los últimos 26 años. Siguiendo esa política, la educación tecnológica creció y al inicio del ciclo escolar 2006-2007 había 19 institutos y universidades tecnológicas estatales.

APROVECHAMIENTO TURÍSTICO DEL ESTADO

El aprovechamiento turístico en el Estado de México ha sido guiado en las últimas cuatro décadas por los lineamientos establecidos de manera muy marcada en cada uno de sus periodos gubernamentales, junto con las tendencias mundiales y nacionales que han contribuido a la orientación de políticas en la materia. Los recursos culturales, en especial las zonas arqueológicas y las artesanías, fueron en la década de los setenta los insumos básicos para atender prioritariamente a un turismo interno que se desarrollaba de manera masiva durante el fin de semana, situación que empezó a cambiar con la creación de zonas turísticas integrales para incrementar la presencia del turismo extranjero. En 1978 entró en vigor la Ley de Turismo del Estado de México.

El factor económico, es decir, los ingresos derivados de esta actividad y la generación de empleos, era la base sobre la cual se regían las acciones, que en los ochenta continuaban estrechamente vinculadas con factores como el fomento a la identidad mediante la promoción del patrimonio cultural. A finales de esa década empezó a permear en México y en la entidad la tendencia conservacionista de los recursos naturales, lo cual significó la reconversión hacia las áreas naturales de la tradicional oferta turística, en dos sentidos: atender un turismo más exigente que demandaba nuevas formas de recreación, lo que dio auge al turismo "de aventura", del que surgió el denominado ecoturismo, más apegado a valores como el respeto a los recursos naturales de los sitios donde tiene lugar esta actividad. Más aún, el turismo sostenible es vislumbrado como una opción para integrar al hombre y a la naturaleza en esta práctica.

De manera paralela, el gobierno promovió modalidades como el turismo de negocios para atender lugares como Naucalpan o Tlalnepantla, ubicados en la zona conurbada con el Distrito Federal, a los cuales no se les atribuía ningún atractivo turístico. El mismo lineamiento lo reprodujo en municipios con mayor vocación turística, como Ixtapan de la Sal, que desde los años cuarenta ha sido objeto de un fuerte impulso. En 2004 fue creada la Secretaría de Turismo y Desarrollo Artesanal, cuyo antecedente fue la dirección del ramo. Aparejada al cambio del milenio —señala el Instituto de Administración Pública del Estado de México—, la promoción turística de la entidad se sustentó en una política de concertación de patrocinios de la iniciativa privada y en la celebración de acuerdos y convenios con el gobierno federal, los gobiernos municipales y los de otras entidades, con el propósito de generar instrumentos innovadores para posicionar al estado como un atractivo competitivo. A la vez, el reconocimiento del espacio local y de la importancia del municipio ha contribuido al impulso de otras modalidades como el turismo rural y el turismo indígena; en este último los pobladores de comunidades indígenas toman parte del proceso en la prestación de servicios al visitante y no se limitan a un papel pasivo, como en décadas pasadas.

En cuanto se refiere a los destinos, al visitante se le ofrece una ruta turística cargada de historia, tradición y cultura. En la capital del estado, en el centro de Toluca, se empiezan a recorrer los famosos portales que fueron construidos desde el siglo XIX en terrenos clericales (el antiguo cementerio de San Francisco). En ellos se tiene una gama de tiendas donde se puede adquirir prácticamente de todo, pero lo más importante son el famoso chorizo y el licor de frutas, además de los ricos dulces y las sabrosas tortas. Después se pasa a la catedral y al templo de la Santa Veracruz, famoso por su Cristo Negro. Los edificios de los poderes públicos: la Cámara de Diputados al oriente, el Palacio de Gobierno al norte y el Palacio de Justicia al poniente, se encuentran alrededor del "zócalo" o plaza cívica. Hay muchas plazas, jardines y museos en el centro histórico de la ciudad. Junto a la plaza principal se encuentra el ya célebre y monumental vitral obra de Leopoldo Flores y

de muchos artesanos del estado. La zona arqueológica de Calixtlahuaca es el otro centro de atracción. Además, pueden mencionarse
las Grutas de la Estrella, los ya mencionados balnearios de Ixtapan
de la Sal y de Tonatico, las ruinas de Tenango y Malinalco; también
la presa de Valle de Bravo y el principal sitio turístico: las ruinas
arqueológicas de Teotihuacan. Sin embargo, la infinidad de pueblos e iglesias que existen a lo largo y ancho del estado son atractivos por su arquitectura tanto civil como religiosa.

Los problemas del medio ambiente

La historia de la humanidad es de alguna manera la historia de la
destrucción del medio ambiente y los recursos naturales, con buenas o con malas razones. Entre los rasgos ambientales básicos que
hay que tomar en cuenta está que la zmvt pertenece a la Cuenca
del Lerma, mientras que la zmvm se ubica en una cuenca que originalmente era cerrada, pero que se abrió y ahora vierte aguas negras hacia la cuenca del Río Pánuco. Estas cuencas sufren presiones diferenciadas de la población. Por un lado, la exigencia de agua
para consumo residencial e industrial en el caso del Río Lerma y
en mucho menor medida en el caso del Río Balsas, y, por otro, la
descarga de aguas pluviales y negras que generan la población y
las actividades económicas localizadas en la zmvm, que son desa-
lojadas por el sistema de drenaje y saneamiento hacia el Valle del
Mezquital, en Hidalgo.

Desde los inicios del siglo xx y aun antes se perdieron extensas
zonas madereras que eran explotadas para diversas actividades,
pero las compañías mineras hicieron lo mismo, e incluso en tiempos de guerra se destruyeron regiones completas de árboles, dice
André Latapí, para que los "enemigos no se escondieran". El ejido
en tiempos más recientes trajo serios problemas ambientales porque se practicaron cultivos intensivos en un mismo suelo, con lo
cual numerosos ejidos ahora presentan problemas de erosión. Al
mismo tiempo, la expansión de la industria en la zona del Lerma y
los municipios conurbados a la Ciudad de México ha demandado

grandes cantidades de agua y energía eléctrica, lo cual si bien ha traído el desarrollo de grandes obras hidráulicas e hidroeléctricas, ha cobrado un alto costo en la pérdida de las mejores tierras agrícolas, en la desecación de las cuencas naturales y en su contaminación, problema que se puede extender con la enorme y rápida expansión del suelo urbano. A lo largo del siglo xx la superficie boscosa del estado se redujo a menos de la mitad y los usos del agua durante los últimos 50 años han desequilibrado ecosistemas naturales, concluye Latapí. ¿Pero entonces la disyuntiva es el desarrollo social contra la vida natural? Debemos pensar que los recursos están en función de la gente y no la gente en función de los recursos. La gente se multiplica y los recursos se acaban, vieja ley que ahora es más visible que nunca.

Sobre la situación actual, Boris Graizbord ilustra los problemas inmediatos y los factores que presionan al medio ambiente. Disminuyendo velozmente, la entidad cuenta con una cobertura de bosque de cerca de 400 000 ha, equivalente a una tercera parte de la superficie estatal. Las dos terceras partes restantes están cubiertas por pastizales y vegetación no ligada a los cultivos. Lo anterior refleja la historia de la relación reciente entre población y recursos en el territorio estatal.

Frente a las dos grandes concentraciones metropolitanas (zmvm y zmvt), el resto del Estado de México se caracteriza por poseer regiones dispares y localidades rurales dispersas, así como algunas pequeñas localidades urbanas en el surponiente. En la región norponiente el desarrollo urbano está acompañado por la actividad industrial (Atlacomulco), en contraposición a la actividad preeminentemente agropecuaria del surponiente. Estas actividades humanas demandan recursos, en especial hídricos. Se estima que poco menos de 20% del agua superficial y casi 70% de la subterránea son consumidas por el sector urbano de la entidad, mientras que el sector agropecuario utiliza más de 80% de la proveniente de fuentes superficiales y cerca de 20% de la de las fuentes subterráneas. Las actividades industriales (manufactureras) utilizan el 10% restante del agua tomada de fuentes subterráneas. La proporción que se desperdicia de este recurso en la entidad y el país en general resulta alarmante; se estima para la entidad un desperdicio de 70% en el sector agropecuario y de 30% en el urbano.

El cambio climático afecta asimismo al régimen de lluvias, lo que no permite recargar las presas ni los acuíferos, tal como ha sucedido en los últimos años en la zona del Cutzamala. Por otro lado, el medio ambiente se ve afectado también por cambios en los patrones y hábitos de consumo, así como por procesos demográficos que modifican la estructura de la población. Ejemplo claro es la generación de residuos sólidos urbanos, pero también la contaminación del aire y el desecho de residuos tóxicos y peligrosos producidos por la actividad económica industrial y de servicios. El aire es el medio que más atención ha recibido desde hace menos de tres décadas.

El consumo de agua de la industria estatal alcanza 7.3% del volumen total. Sin embargo, en el Valle de México representa 50% la extracción y sobreexplotación del acuífero por pozos que alimentan en especial a la industria papelera, cervecera, cementera y alimentaria en general, localizada de manera concentrada en los municipios metropolitanos de la ZMVM. El sector residencial no se queda atrás en la presión que ejerce especialmente por agua, pero también por otros servicios que consumen energía: transporte, gas y electricidad.

Entre 1990 y 2005, puntualiza Graizbord, el incremento neto de viviendas fue de 1'217 500, pues pasó de 1.9 a 3.1 millones el total de viviendas habitadas. Por región, aquellos municipios que registraron el mayor incremento neto fueron Chimalhuacán (190 355), Ecatepec (187 063), Tultitlán (135 423) y Naucalpan (101 625) en la ZMVM, y Toluca (129 861) y Lerma (48 719) en la ZMVT, principalmente. Este incremento significó mayor volumen de agua, más plantas de tratamiento de aguas residuales, más generación de residuos sólidos urbanos, más infraestructura para su disposición y control adecuado, mayor presión sobre el suelo no urbanizable o de conservación, mayor demanda de transporte, mayor volumen de consumo de energía eléctrica y, por ende, más contaminación y en general mayor deterioro ambiental, y un reto enorme para mantener la calidad de vida de una creciente población.

XIV. LAS LECCIONES DE LA HISTORIA

U N CONJUNTO DE INTERROGANTES Y PROBLEMAS nos deja este recorrido por la historia mexiquense. Sin duda, el problema de la caída de su economía es el más relevante, porque justamente después de 1992 inicia un descenso que se espera que pronto se revierta a una etapa de crecimiento, como se espera también que la inversión de capitales extranjeros, que ahora es irregular, recobre su participación dinámica. El sector agrario necesita nuevos apoyos, pues de eso depende el mejoramiento del nivel de vida de los pobladores para que disminuya la migración a las ciudades más importantes. Es necesario impulsar la producción de alimentos, apoyar al productor directo y establecer nuevas estrategias de mercado. De otra manera, el sector de los servicios, el ambulantaje y la pobreza seguirán ensanchando su brecha y, con el desempleo en ascenso, el habitante del campo y la ciudad quedará atrapado entre la caridad y el abandono.

Por otra parte, el conteo demográfico de 2005 muestra un incremento de la población mayor de 60 años junto con la expansión de la población joven. A esto se suma el hecho de que la población cada vez más envejecida, en las circunstancias actuales, no cede su lugar a la población joven, con lo cual el desempleo formal en este sector de su población será un problema cuya presión cada vez será mayor sobre los recursos. Surge también la necesidad de poner atención al rápido deterioro del medio ambiente, determinado por el crecimiento de la población, así como la de controlar el uso de recursos y su organización, planeación y conservación, aunque el desorden del espacio urbano y la falta de transporte parecieran destacar entre las problemáticas que necesitan una solución o una planeación más urgente, porque son fruto de una dinámica que empezó con el proceso de industrialización y las previsiones y los programas anteriores han sido rebasados.

Es necesario, por otro lado, cerrar la brecha de la desigualdad en la educación, que no ha disminuido a pesar del esfuerzo privado y público para fortalecer el sector. El problema no es que no se haya hecho lo que se debiera o que no se haya hecho lo suficiente; el problema es que el crecimiento acelerado de la población, la migración y la concentración en las zonas de mayor atracción demandan una planeación permanente y continua así como la inversión de capitales nacionales y extranjeros, pero sobre todo pensar en que los esfuerzos públicos y privados realizados a lo largo de la historia necesitan redefinirse en función de toda la complejidad que la experiencia acumulada pueda proporcionar.

En cuanto al comportamiento político, el panorama que se anuncia tiene que ver con una nueva configuración de partidos, alianzas y, en general, actores políticos. Pero un partido no parece constituir, por ahora, una opción ideológica para el ciudadano; más bien es una posibilidad de empleo, lo cual es una manera de explicar el número de alianzas entre partidos contrastantes, pero sobre todo pareciera que se debe conciliar ese pasado corporativista, aún fuerte y legítimo, con el proyecto de libre mercado, que no logra incorporar a todos los miembros de la sociedad. Mundos paralelos parecieran moverse sin un destino común. ¿Han cambiado los partidos? ¿Ha cambiado la sociedad? Sin duda, las nuevas generaciones deben afrontar un cúmulo de problemas, plantear nuevas perspectivas y esperanzas, con base en lo que se ha hecho y en lo que se tiene, con lo propio y lo lejano, pero pensando siempre en esa gran totalidad que es México.

CRONOLOGÍA

1519   Los españoles llegan al Valle de México.

1522-1527   Conquista española en el actual Estado de México: Chalco, Texcoco, Jaltocan, Cuautitlán, Toluca, Malinalco.

1523   Fray Pedro de Gante funda la primera escuela para indios en Texcoco.

1529   Hernán Cortés recibe por cédula real el Marquesado del Valle de Oaxaca.

1550   Se designa a Toluca como capital de la alcaldía mayor de Matalcingo. Los dominicos llegan a Amaquemecan.

1555   Los agustinos se establecen en Acolman.

1576   Los jesuitas llegan a la Nueva España y fundan posteriormente el Colegio de Tepotzotlán.

1651   Nace en San Miguel Nepantla sor Juana Inés de la Cruz.

1737   Nace José Antonio de Alzate.

1756   Se inicia la secularización de los conventos en los valles de Toluca y México.

1810   Las tropas comandadas por Miguel Hidalgo y Costilla llegan a Ixtlahuaca, Toluca y Metepec. Los insurgentes de Hidalgo dan la batalla en el Monte de las Cruces.

1812   Cortes de Cádiz. Morelos vence a los realistas en Tenancingo. Ignacio López Rayón redacta en Zinacantepec los Elementos Constitucionales.

1815   Morelos es fusilado en San Cristóbal Ecatepec.

1820   Reinstalación de las Diputaciones Provinciales de la Nueva España.

1821   Los trigarantes vencen a los realistas junto a Toluca.

1824   Erección del Estado de México. Melchor Múzquiz, primer gobernador.

1827   Primera Constitución del Estado de México, promulgada en Texcoco.

1828   Fundación del Instituto Literario del Estado de México en Tlalpan, siendo gobernador Lorenzo de Zavala.

1830   Traslado de los poderes del estado a Toluca.

1835   Debido al centralismo, el Estado de México deja de serlo para convertirse en Departamento de México.

1846   El gobernador Francisco Modesto de Olaguíbel reinstala en Toluca los poderes del estado.

1849   Desmembración de varios distritos del sur del Estado de México para formar el estado de Guerrero.

1853   El Estado de México se convierte nuevamente en Departamento de México.

1861   Constitución liberal del Estado de México.

1863   Las tropas de la intervención francesa llegan a Toluca.

1867   El republicano Vicente Riva Palacio retoma la ciudad de Toluca.

1869   Desmembración de distritos del norte del estado para formar el estado de Hidalgo y de distritos del sur para formar el de Morelos.

1870   Tercera Constitución del Estado de México.

1882   Inauguración del ferrocarril México-Toluca.

1889   José Vicente Villada inicia su gobierno, que duraría 15 años.

1893   Muere Felipe Villanueva, distinguido músico y compositor nacido en Tecámac.

1909   Se publica el libro *Los grandes problemas nacionales,* de Andrés Molina Enríquez.

1911   Molina Enríquez lanza el Plan de Texcoco.

1912   Muere José María Velasco, eximio pintor nacido en Temascalcingo. Terremoto en Acambay y Temascalcingo.

1914   Tratados de Teoloyucan sobre la entrada del Ejército Constitucionalista a la Ciudad de México. Gustavo Baz, gobernador zapatista.

1915   Programa de reformas de la Convención Revolucionaria en Toluca.

1917   Agustín Millán, gobernador carrancista, promulga la cuarta Constitución del Estado de México.

1920   Comienza a gobernar el obregonista Abundio Gómez.

1921	El Estado de México registra 884617 habitantes.
1923	La Escuela Nacional de Agricultura se traslada a Chapingo.
1928	Los cristeros de Benjamín Mendoza obtienen varios triunfos. Muere Laura Méndez de Cuenca.
1929	Filiberto Gómez, líder del Partido Socialista del Trabajo, inicia su gobierno.
1930	El Estado de México tiene 990112 habitantes.
1935	Huelga magisterial, siendo gobernador José Luis Solórzano.
1940	El Estado de México registra 1'146034 habitantes.
1941	Se crea el escudo del Estado de México.
1942	El gobernador Alfredo Zárate es herido de muerte. Isidro Fabela, gobernador del estado.
1944	Ley de Protección a las Nuevas Industrias.
1945	Alfredo del Mazo Vélez inicia su gobierno.
1950	El Estado de México registra 1'392629 habitantes.
1951	Salvador Sánchez Colín inicia su gobierno.
1956	Creación de la Universidad Autónoma del Estado de México. Muere Horacio Zúñiga.
1957	Gustavo Baz, gobernador por segunda vez.
1963	Juan Fernández Albarrán inicia su gobierno.
1967	Muere Ángel María Garibay.
1969	Carlos Hank González, gobernador constitucional.
1970	El Estado de México registra 3'797861 habitantes.
1973	Surge Cuautitlán-Izcalli.
1975	Jorge Jiménez Cantú inicia su gobierno.
1980	El Estado de México tiene 7'542300 habitantes.
1981	Alfredo del Mazo González, gobernador constitucional.
1986	Alfredo Baranda, gobernador sustituto.
1987	Mario Ramón Beteta inicia su gobierno.
1989	Ignacio Pichardo Pagaza, gobernador sustituto.
1993	Emilio Chuayffet Chemor, gobernador constitucional.
1995	César Camacho Quiroz, gobernador sustituto.
2000	Arturo Montiel Rojas, gobernador constitucional.
2006	Enrique Peña Nieto, gobernador constitucional.

ESTADO DE MÉXICO
IMÁGENES DE SU HISTORIA

Investigación y gestión iconográfica
Laura Villanueva Fonseca
Manuel Miño Grijalva

Reprografía y fotografía
Miriam Teodoro González

Texto y selección de imagen
Yovana Celaya Nández
Manuel Miño Grijalva

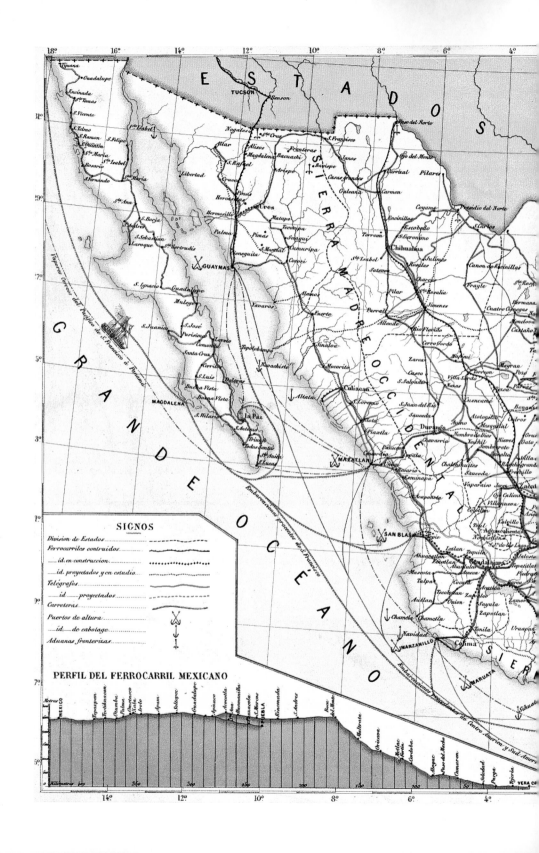

SIGNOS

Division de Estados
Ferrocarriles contruidos
id. en construccion
id. proyectados y en estudio
Telégrafos
id proyectados
Carreteras
Puertos de altura
id. de cabotage
Aduanas fronterizas

PERFIL DEL FERROCARRIL MEXICANO

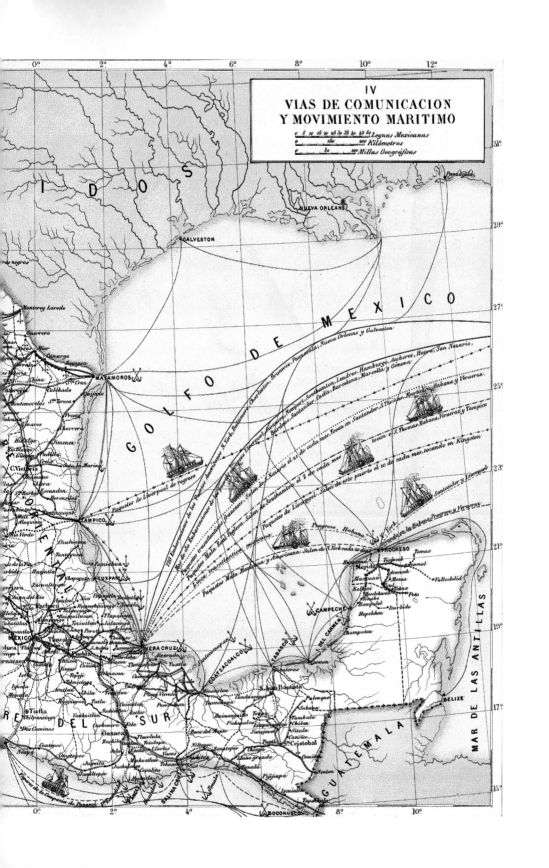

IV
VIAS DE COMUNICACION
Y MOVIMIENTO MARITIMO

1. Volcán Popocatéptl, 2007

2. Peña, región mazahua
3. Monte de las Cruces

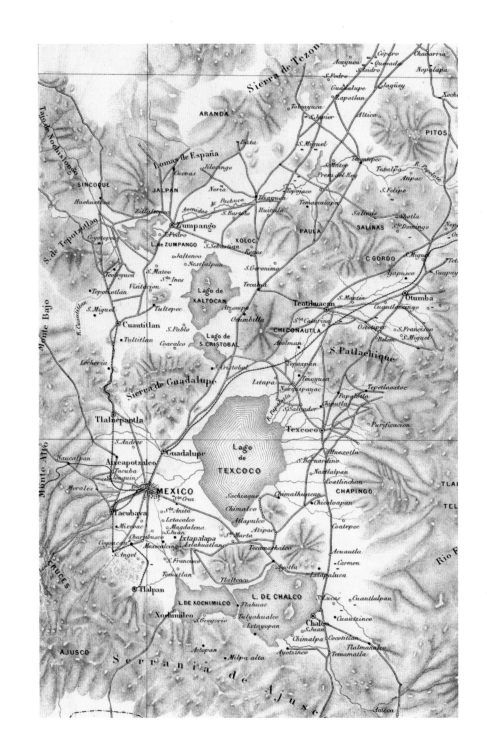

El territorio del Estado de México está definido por sus valles, mesetas y altas montañas, donde predomina buen clima templado durante la mayor parte del año y subhúmedo en el verano. En su geografía destacan los volcanes Popocatépetl (5 500 msnm), Iztaccíhuatl (5 220 msnm) y Xinantécatl o Nevado de Toluca (4 680 msnm), así como los cerros El Mirador, Telapón, Atlamasha, Jocotitlán, La Corona, La Catedral, La Calera, Las Palomas, Las Navajas, Cervantes, El Gavilán, El Picacho y Pelón, todos con una altura superior a los 3 500 metros sobre el nivel del mar.

4. Sistema lacustre y cordillera neovolcánica

5. Iztaccíhuatl y Popocatépetl, al frente el Tepozteco, vistos desde Cuernavaca, 1866

6. Nevado de Toluca
7. Mercado de Amecameca, *ca.* 1925

Los volcanes dominan el valle del Anáhuac; desde tiempos prehispánicos se conviertieron en referencia indiscutible para el territorio mexiquense.

En el Estado de México se localizan las principales cuencas de ríos muy importantes para la agricultura y la industria mexicanas, como Lerma, que nace en los alrededores de Almoloya del Río y cuyo destino final es el Océano Pacífico, y el Tula-Moctezuma-Pánuco, alimentado por las corrientes de los ríos Cuautitlán, Salado, Taxhimay y Rosas, a los que se une también el canal artificial que da salida a las aguas negras de la cuenca de México. Al sur del estado hay corrientes como el Río Temascaltepec, el Bejucos y el Tilostoc; este último es el origen del denominado sistema Cutzamala, que aporta 25% del agua que se consume en el Distrito Federal y en la zona metropolitana. Estas corrientes son parte de la cuenca del Río Balsas. Hay que mencionar también la Laguna de Zumpango y los lagos Brockman y Nabor Carrillo. En cuanto a las presas, destacan las de Villa Victoria, Valle de Bravo, Huapango, Taxhimay, Danxhó y Tepetitlán, entre otras.

En los variados paisajes de la entidad, la flora varía; en la sierra hay densos bosques de pino, encino, cedro blanco, oyamel y zacatonal; en el valle pueden verse pastos, vera dulce, nopal, damiana y ocotillo. Por lo que toca a la fauna, en la depresión del Balsas habitan ratas almizcleras, comadrejas, tejones, tlacoyotes y zorrillos. También cuenta con una parte de la Reserva de la biosfera de la mariposa monarca.

8. Mariposas monarca

Primeros pobladores

La historia de los primeros pobladores del territorio mexiquense comienza en el siglo VIII d.C., con los primeros registros del Imperio de Tula, habitado por los toltecas, cuya lengua era el náhuatl. La ciudad más representativa del imperio fue Cuautitlán, cuyo esplendor surge con la caída de la ciudad de Teotihuacan. Así, los toltecas empezaron a tomar el control de la zona y a imponer su cultura. Años después, la llegada de guerreros chichimecas, como los matlatzincas, otomíes y mazahuas, significó la caída de Tula y la creación de numerosos centros ceremoniales y sociales pertenecientes a cada una de estas tribus, quienes adoptaron muchas costumbres y formas sociales de los anteriores moradores del valle.

9. Vista posterior de la Pirámide del Sol, zona arqueológica de Teotihuacan

10. Vista de la Calzada de los Muertos desde la Pirámide de la Luna, zona arqueológica de Teotihuacan

11 y 12. Pirámide de Quetzalcóatl, La Ciudadela,
zona arqueológica de Teotihuacan

13. Zona arqueológica de Malinalco

14. Llegada de Xólotl a la cuenca de México y delimitación
de la tierra chichimeca, *ca.* siglo XII, *Códice Xólotl*

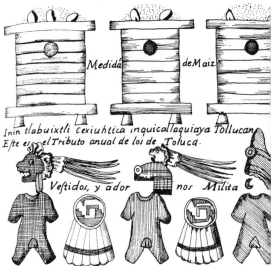

Medida   de Maiz.

Inin tlabuixtli cexiuhtica inquicallaquiaya Tollucan
Este es el Tributo anual de los de Toluca.

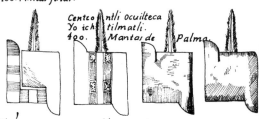

Vestidos, y ador   nos   Milita

Centzontli Ychtilmatli:
coaunauac.
400. Tilmas finas.

Yeczontli Ychtilmatli.
1200. Tilmas.

Centco   ntli ocuilteca
Yo ich   tilmatli.
400.   Mantas de   Palma.

Ynin Nappoualtica Ynquicallaquiaya Tollocatl.
Esto es lo que cada Ochenta dias pagaban los de To.

Tolucca. y otros Pueblos figurados en esta Orla

Tollacan.   Tlaca

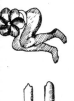

Metepec.

15. Toponímico de Ozumba diseñado por el maestro tlaxcalteca Desiderio Hernández Xochitiotzin. Por su ubicación, justo en las faldas del Popocatépetl, Ozumba tiene una fisonomía acuosa, marcada por sus cañadas, que en tiempos de lluvia se llenan y atraviesan el municipio de norte a sur, dibujando hilos ondulantes que semejan largos cabellos de agua. Tanto el nombre en náhuatl como el símbolo reproducen con fidelidad esta imagen: *atl*, "agua"; *tzontli*, "cabello"; *pan*, "en", es decir, "en los cabellos de agua". En el pictograma la cabellera acuática remata con la riqueza del agua de lluvia, caracolitos y chalchihuites —donitas de piedra verde preciosa—, que vuelven divino todo lo que tocan

16. Tributos que pagaba la provincia de Toluca a la Triple Alianza, en orden descendente: trojes con maíz, frijol y *huautli*, trajes y escudos para guerreros y diversos tipos de mantas, *Matrícula de Tributos*, siglo XVI

17. En los códices, los altos jerarcas de la época prehispánica son representados con una tilma hermosamente decorada y sentados en un *icpalli* disfrutando suculentos platillos y tabaco. *Códice Florentino*, siglo XVI

Una de las últimas tribus en llegar al territorio fueron los aztecas o mexicas, quienes tardaron 100 años en construir uno de los más grandes imperios del mundo prehispánico, cuya sede fue la grandiosa ciudad de Tenochtitlan. Debido a los crueles métodos de conquista de los aztecas, muchas de las tribus sometidas aguardaban el momento de la venganza, el cual llegó con el arribo de los españoles.

Conquista y colonización española

La conquista del valle de México por el ejército de Hernán Cortés tuvo poderosos aliados en territorio mexiquense, como el pueblo de Chalco, cuya más importante hazaña en la guerra fue apoderarse del templo de Huitzilopochtli. La participación del pueblo de Chalco no se limitó a Tenochtitlan; continuó acompañando a Cortés en su avance en tierras del norte. El proceso de conquista y colonización fue resultado de alianzas y acuerdos que permitieron a algunos pueblos mantener ciertos privilegios dentro del nuevo orden social, político, económico y religioso que se implantó con los españoles.

18. Recibimiento de los españoles por señores indígenas, *Códice Florentino*, siglo XVI

19. Nezahualcóyotl, "coyote ayunador", gobernante del señorío de Texcoco, *Códice Xicotepec*,

20. Conquista del señorío de Chalco. En el glifo toponímico, con el templo ardiendo en llamas, destacan las volutas de humo, que simbolizan caída y destrucción, *Códice Mendocino*, siglo XVI

El pueblo de Texcoco no siguió la misma política que el de Chalco. A la llegada de los españoles, el gobierno del señorío de Texcoco estaba en manos de Cacama, quien se encontraba amenazado por los numerosos hijos de Nezahualpilli que se disputaban el poder. En estas condiciones, la conquista de Texcoco resultó una empresa relativamente fácil para Cortés, no obstante la importancia militar que el señorío había ostentado. Una vez lograda la pacificación, el sistema de encomiendas se estableció en territorio mexiquense y la provincia de Texcoco-Aculhuacan fue dividida. La incorporación del resto de los pueblos al sistema español fue paulatina, y si bien no hubo grandes dificultades para conseguir su sometimiento, sí presentaron oposición por su habilidad guerrera; destacan entre ellos los pueblos asentados al norte de los lagos y, de manera especial, las cabeceras de Jilotepec y Cuauhtlalpan, de tradición otomí, pueblos en los que Cuauhtémoc depositó sus esperanzas para recuperar su reino.

21. Capilla abierta del convento de Tlalmanalco,
obra hecha por indígenas del siglo XVI, *ca.* 1885

Evangelización

Detrás de las autoridades españolas llegaron misioneros franciscanos, dominicos, carmelitas y agustinos, quienes pronto se dieron a la tarea de edificar conventos y templos que hoy constituyen parte del gran acervo arquitectónico de México.

22. Interior del Templo del Carmen en Toluca, siglo XIX

Iglesias y conventos se convirtieron en los nuevos referentes en torno a los cuales se estructuraron los nuevos pueblos. Para una efectiva evangelización, las órdenes religiosas se apoyaron en la política de congregar pueblos, lo que facilitó tanto su labor como el cobro del tributo para la autoridad real.

23. Iglesia de Chalco, sigo XIX
24. Iglesia de Metepec

La evangelización no resultó una tarea sencilla; además de la dispersión de los pueblos, que se intentó remediar con las congregaciones, los misioneros se enfrentaron a una multiplicidad de lenguas, como náhuatl, otomí, matlatzinca, mazahua, ocuilteca y, en las fronteras con Michoacán, tarasco. Para superar esta dificultad se elaboraron vocabularios, gramáticas y técnicas especiales; por ejemplo, para un mismo grupo se utilizaron indios que hablaban español, latín y la lengua de quienes iban a ser instruidos, para que transmitieran la doctrina cristiana.

25. Iglesia del Señor del Sacro-Monte
de Amecameca, siglo XIX

26. Acueducto del padre Tembleque. Fue construido
durante el siglo XVI para llevar agua de Zempoala
a Otumba. Tiene 66 arcos que alcanzan
una altura máxima de 38.5 m y una extensión
de 1 020 m. La arquería sólo corresponde a 3%
de la obra completa; el resto es subterráneo
y mide en total 48 km. Aún conserva piedras
grabadas que identifican a los pueblos indígenas
que participaron en su construcción

27. Templo de San Francisco Javier, Tepotzotlán. La orden misionera de la Compañía de Jesús arribó a la Nueva España en 1572. Ocho años después se estableció en Tepotzotlán para apoyar el proyecto evangelizador y encargarse de la educación de los hijos de españoles

28. Virgen de Loreto, pintura colonial, Templo de San Francisco Javier, Tepotzotlán

29. Retablo churrigueresco del Templo
de San Francisco Javier en Tepotzotlán,
una de las obras más representativas
del barroco mexicano,
realizada en el siglo XVIII

La aceptación de la nueva doctrina se reflejó en las imponentes construcciones que los indios edificaron; las que se hallan en el pueblo de Tepotzotlán son clara muestra de ello. Destaca el templo de San Francisco Javier, del siglo XVIII, una de las construcciones más representativas del estilo churrigueresco en México. La ornamentación de su fachada se prolonga a los dos cuerpos de la torre, donde el uso de la columna estípite es lo más sobresaliente. Por su majestuosidad, el templo de San Francisco alberga desde 1919 el Museo Nacional del Virreinato, que conserva alrededor de 15 000 piezas del periodo y una colección de 20 pinturas del célebre artista novohispano Cristóbal de Villalpando, así como creaciones de Juan Correa, Martín de Vos y Miguel Cabrera. En Tepotzotlán también se puede admirar el templo de San Pedro Apóstol, cuya portada atrial neoclásica posee retablos barrocos pintados por Miguel Cabrera. En el segundo tramo de la nave principal está la Capilla de la Virgen de Loreto, con una portada de corte clásico; su interior es una réplica de la Casa de Loreto. En la parte posterior del templo se encuentran el Camarín de la Virgen y la Capilla el Relicario de San José, reconocidos como máximas expresiones del arte de la Nueva España.

30. El recinto albergó el Colegio Noviciado de San Francisco Javier, uno de los colegios jesuitas más importantes de la Nueva España. Sus espacios aún hoy invitan a la contemplación y la serenidad, como el llamado Patio de los Naranjos

Por su tamaño y diseño arquitectónico, el templo de San Francisco es uno de los conjuntos más llamativos del estado. Fue construido por los frailes agustinos entre 1539 y 1560 siguiendo el estilo de fortaleza tan característico del siglo XVI. Su fachada, al fondo de un gran atrio cuadrangular, se compone de la portada del templo rematada por una espadaña, una capilla abierta anexa y la portería del convento. La portada constituye uno de los ejemplos más admirables de la arquitectura plateresca de la época, por la belleza tanto de sus columnas y de los detalles decorativos en el friso y en el arco de la puerta, como de la ventana del coro y de las esculturas que rematan el friso y flanquean a dos ángeles músicos.

31. Ex convento de Acolman,
hoy museo de arte conventual

32. Camino al Santuario de Chalma, Jalatlaco

Religiosidad popular

El mosaico cultural que los conquistadores encontraron en territorio mexiquense se alimentó del imaginario español, lo que resultó en un sincretismo de varias aristas. La multiplicidad de deidades fue sustituida por un panteón cristiano regido por un dios único; sin embargo, el santoral cristiano y las distintas advocaciones de Jesús y la Virgen María ampliaron el espectro religioso. Las peregrinaciones y procesiones anuales que los fieles realizan para agradecer los favores recibidos traspasan las fronteras del estado e incluso del país.

33. Peregrinación huichola hacia Teotihuacan, tramo Iztaccíhuatl, 1993

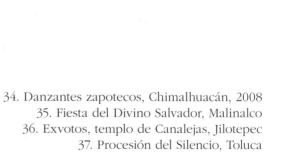

34. Danzantes zapotecos, Chimalhuacán, 2008
35. Fiesta del Divino Salvador, Malinalco
36. Exvotos, templo de Canalejas, Jilotepec
37. Procesión del Silencio, Toluca

Música, danzas, oraciones, mandas y bailes forman una romería en torno al santo patrono.

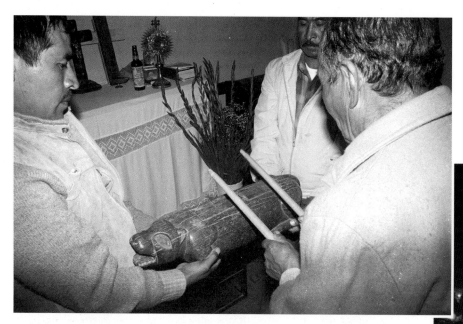

El *teponaxtli* fue un instrumento musical sagrado de los mexicas; tenía un carácter popular y connotaciones guerreras. Es un tronco ahuecado al que se le construyen dos lengüetas o pedazos de madera vibrante que son percutidos con mazos de hule; su sonido se convirtió en fundamento armónico para los cantos mexicas.

Una celebración importante es la del Día de Muertos, en la que pervive la antigua percepción indígena de la muerte como un estado consecuente y festivo en la vida de cada individuo.

38. Ceremonia tlahuica con *teponaxtli*, San Juan Atzingo, 1999
39. Festividad religiosa en la Iglesia de la Merced, Toluca
40. 2 de noviembre en el pueblo de Tlatelulco, Metepec

Economía

Durante el periodo colonial, prosperaron en el Estado de México las grandes haciendas ganaderas y azucareras, y en el sur se desarrolló la minería. El Estado de México se constituyó en un paso intermedio entre la capital y los pueblos del occidente, por lo que desarrolló una estructura agrícola y ganadera capaz de abastecer a la capital del virreinato y comercializar con las ciudades del occidente y el norte.

La política de congregación de pueblos dejó tierras libres que, mediante la solicitud de mercedes, los españoles obtuvieron para la formación de propiedades agrícolas y ganaderas. Se criaban caballos, bovinos y ovinos; esta última especie alcanzó mayor preponderancia, sobre todo en los pueblos de la parte norte de la región. A principios del siglo XVII Toluca empezó a adquirir fama por la producción de jamones y chorizo. La relación entre haciendas, ranchos y pueblos de indios no siempre fue pacífica, pues los primeros siempre pugnaron por incrementar su extensión, enajenando las propiedades de los pueblos.

41. El riego

La producción de pulque en Toluca y la región de los valles alcanzó un lugar destacado en el mercado. Los centros encargados de su elaboración en el siglo XVII se extendían a través de las regiones secas del norte, particularmente en Tequisquiac, Acolman, Chiconautla, Tecamac, Ecatepec, Jaltocan, Teotihuacan, Tequisistlán y Tepexpan, aunque también se producía en las zonas fértiles alrededor de Cuautitlán y Otumba, así como en las comunidades situadas hacia el sur, como Chalco, Tlalmanalco, Amecameca y Xochimilco. Cuautitlán, especialmente, era una de las zonas más fértiles del valle.

42. Tlachiquero
extrayendo el aguamiel

43. El tinacal, recipiente
donde se fermenta el pulque

44. Tlachiquero y acémila
para transportar el aguamiel

Otras actividades económicas de importancia fueron la minería, ubicada en el sur del estado, y el sector textil, especialmente los obrajes de lana y algodón de Texcoco. Durante el siglo XIX, el Banco de Avío intentó impulsar el desarrollo económico en Zacualpan de Amilpas, donde se procuró fundir el hierro; en Tlalnepantla, donde se fomentó la apicultura, y en Tlalpan, que contó con telares de algodón. Avanzado el siglo, y en tanto las condiciones políticas lo permitieron, la tradición agrícola prevaleció; la producción de aguardiente y cerveza así como las fábricas de textiles, vidrios y papel y la minería se destacaron como los sectores económicos más relevantes de la entidad, junto con otros sectores, como el procesamiento de embutidos y la producción de jabones.

45. Los trabajadores laboran en los profundos túneles
para extraer el mineral que será procesado
a nivel de tierra en las haciendas de beneficio

46. Hacendado criollo propietario
47. Parte superior de una hacienda agrícola, *ca.* 1906

En la actualidad, la economía mexiquense representa 9.5% del producto interno bruto nacional, lo que lo ubica como la segunda economía del país, después del Distrito Federal. El PIB estatal se compone de 28% por la industria manufacturera —principalmente de maquinaria y equipo—, electrónicos, automotriz, textil y maquiladora; 22% por el sector servicios; 20% por el comercio, hoteles y restaurantes, y 15% por servicios financieros y actividades inmobiliarias.

48. Hacienda de Chapingo, casa del general González, *ca.* 1880

Comunicaciones

Desde tiempos prehispánicos el valle de Toluca fue sitio estratégico para el abasto de la gran Tenochtitlan. Durante la administración virreinal se reforzó su papel, pues servía de paso a comerciantes rumbo a la Ciudad de México y Veracruz, o en dirección al occidente y las tierras del septentrión. A partir del siglo XVI, el crecimiento de Toluca estuvo íntimamente relacionado con la economía y la administración de la Ciudad de México. En Toluca se producían, procesaban y comercializaban alimentos para

49. Vista del poniente desde el camino de Chapultepec, cercanías de la Ciudad de México, finales del siglo XVIII

50. Acémilas con carga, Amecameca, *ca.* 1918

la capital del país y otras ciudades como Valladolid, Puebla, Zacatecas, Celaya y Pungarabato. La importancia que adquirió la región para la movilización de productos y hombres obligó a las autoridades a mantener una vigilancia sobre el buen estado de los caminos. El apoyo más importante ocurrió durante el siglo XVIII, cuando se pusieron en práctica varios proyectos para la reedificación del camino México-Toluca.

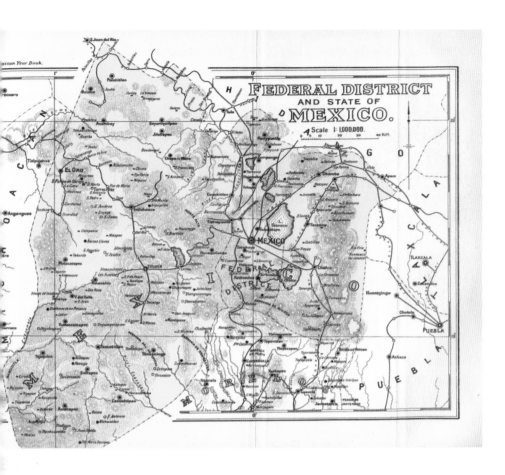

51. Burros con carga para realizar un viaje largo
52. Arriero mexicano dueño de recua
53. Tren de vía angosta

54. Mapa del sistema ferroviario del Distrito Federal
y el Estado de México, 1908-1914

55. Ferrocarril de México a Toluca, viaducto de Jajalpa, siglo xix
56. Estación de Ayotla, *ca.* 1882

El sistema ferroviario permitió agilizar el sistema de intercambio de mercancías y mejoró la posición geográfica del estado respecto del centro y el occidente. A la inauguración del ferrocarril México-Toluca, el 5 de mayo de 1882, le siguieron la vía férrea que cruzaba el occidente de la entidad rumbo a Michoacán; la ruta México-Cuautitlán-Teoloyucan-El Salto, así como el tramo México-Naucalpan. Los ferrocarriles darían impulso a la producción al revertir en poco tiempo capital disponible para nuevas inversiones. El mercado también se favoreció con la utilización de fuerza de trabajo a muy bajo costo. Durante el siglo XX la aparición del sistema automotriz representó un nuevo impulso a la integración del estado en materia de movilidad poblacional e intercambio de productos.

57. Los Remedios, *ca.* 1858
58. De paseo

Conflictos políticos

En septiembre de 1810, el cura Miguel Hidalgo y Costilla, al frente de un ejército de más de 6 000 hombres, llegó a la Intendencia de México; en su trayecto se le incorporaron inconformes de los pueblos de El Oro, Temascalcingo, San Felipe del Obraje Ixtlahuaca, con quienes llegó a la ciudad de Toluca. De ahí salieron rumbo a la capital. Metepec, Atenco y Santiago Tianguistenco se unieron a la multitud, de modo que al acercarse al Monte de las Cruces la comitiva llegaba a 80 000 personas. La victoria abría las puertas de la capital, pero al llegar a Cuajimalpa, Hidalgo decidió dar marcha atrás. Los acontecimientos siguientes —la derrota de Hidalgo, su posterior encarcelamiento y enjuiciamiento— iniciaron una nueva etapa en la guerra.

José María Morelos y Pavón se mantuvo en la lucha, con un ejército organizado y disciplinado; gracias a una estrategia definida de guerra ganó varias batallas al ejército realista. Sin embargo, su control del territorio novohispano fue limitado; en noviembre de 1815 fue aprehendido y fusilado en Ecatepec un mes después. La guerra entonces adquirió carácter de guerrilla. En el Estado de México los hermanos Rayón se destacaron en la organización de las tropas insurgentes. Otro que se mantuvo en la lucha fue Pedro Ascencio, invicto hasta mediados de 1821; quien organizaba sus partidas haciendo que los habitantes de los pueblos fueran simultáneamente soldados y campesinos; éstos cabalgaban a lomo de mula y caían de sorpresa sobre el enemigo por entre senderos abruptos, y con la misma presteza desaparecían.

59. Batalla entre insurgentes y realistas, 1812
60. Caricatura de realistas e insurgentes, 1824
61. Retrato de José María Morelos, óleo sobre tela de Pablo Oseguera, siglo XIX

Al consumarse la independencia de México y promulgarse la Constitución de 1824, el Estado de México se erigió en estado de la Federación. Esta entidad era la más grande y poblada de las 19 que entonces conformaban la República; abarcaba una superficie aproximada de 100 000 km², comprendiendo, además del territorio actual, los de Hidalgo, Morelos, el Distrito Federal y la mayor parte de Guerrero. Situado en el centro del país, cruce de infinidad de rutas y la región más poblada, contaba con 1'300 000 habitantes, que constituían 21% de la población total del país. El peso demográfico, territorial y económico que el Estado de México representaba para la Federación devino en tensiones políticas entre la entidad y el Estado.

62. Escudo nacional

63. Grabado del siglo XIX que muestra a un grupo de soldados lavando su ropa en un río

64. Guardias Rurales, Estado de México, *ca.* 1902

La policía rural, mejor conocida como los rurales, nació en 1861. Era una división de cuatro cuerpos de casi 800 hombres; su trabajo consistía en asegurar las principales rutas comerciales que conducían a la Ciudad de México. El imperio de Maximiliano eliminó dicha policía, pero al triunfo de la república fue reinstalada con casi 2000 hombres y convertida en un cuerpo de oficiales respetables que patrullaban la zona centro del país. Con su traje de charro, sombrero de ala ancha, bolero y pantalones de cuero con botonadura de plata a los lados, se convirtieron en un grupo de control político y militar ampliamente extendido durante el Porfiriato. Los rurales eran parte integral del gobierno de Porfirio Díaz; representaban la autoridad del presidente en el campo, en las fábricas y en las ciudades.

65. Madero
66. Madero hablando al pueblo, 1911
67. Los anhelos revolucionarios

Durante el Porfiriato el territorio mexiquense alcanzó estabilidad en materia política y económica; sin embargo, el desarrollo fue desigual. En 1909 Andrés Molina Enríquez, quien nació en Jilotepec y se había desempeñado como juez y maestro en el Instituto Científico y Literario y era un conocedor de leyes, historia y sociología, publicó *Los grandes problemas nacionales*. Era una crítica al sistema de peonaje, a la hacienda y a la concentración del poder político.

El apoyo a Francisco I. Madero provino de varios grupos, entre cuyos integrantes cabe mencionar a Valentín y Heriberto Enríquez, Cirilo Cancelada, Gabino Hernández, Loreto Bustos, Moisés Legorreta y José Medina. Por el sur aparecieron grupos alzados con Alfonso y Joaquín Miranda a la cabeza. Ante las noticias de estos alzamientos, el gobernador González ordenó que los rebeldes apresados fueran pasados por las armas; sin embargo, el movimiento se extendía con rapidez por la entidad.

Después de presentar infructuosamente su candidatura para gobernador del estado, el 23 de agosto de 1911 Andrés Molina Enríquez lanzó el Plan de Texcoco, en el que desconocía al gobierno de De la Barra, suspendía el orden constitucional y establecía el fraccionamiento de los latifundios así como la regulación de los salarios. Ante la incapacidad de Madero de realizar cambios agrarios, Molina Enríquez, Alfonso Miranda y Jesús Salgado se vincularon con el movimiento liderado por Emiliano Zapata, que ya había resurgido en Sultepec, Ocuilan y Ozumba, con José Trinidad Ruiz.

El zapatismo tuvo amplia aceptación entre los grupos rebeldes de la entidad, por lo que no fue sino hasta 1914 cuando los grupos constitucionalistas llegaron a territorio mexiquense en su paso hacia la capital del país. Los miembros del Ejército Constitucionalista entraron por Polotitlán, Jilotepec, El Oro y Otumba, pero la columna más importante, con Álvaro Obregón a la cabeza, se dirigió a Teoloyucan, donde se firmaron célebres tratados el 14 de agosto de 1914. En ellos se estipulaba la rendición total del ejército huertista y, en especial, la entrega de la Ciudad de México al Ejército Constitucionalista, que hizo su entrada el día 15 seguido por Venustiano Carranza, quien fungió como encargado del Poder Ejecutivo de la República. Entre la gente de confianza del Primer Jefe venía el abogado Isidro Fabela, nacido en Atlacomulco. El acuerdo entre ambos grupos se alcanzó gracias a las acciones del gobernador Gustavo Baz, que promovió la dotación de tierras.

68. Tierra para todos, reparto agrario

69. Delimitación de terrenos, *ca.* 1921

Desarrollo urbano

Desde la época prehispánica, la edificación de ciudades en territorio mexiquense ha sido reflejo de la estabilidad económica, política y social. Durante el periodo colonial no disminuyó la tradición urbana, y tanto obras religiosas como civiles aparecieron en el entorno.

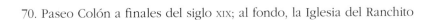

70. Paseo Colón a finales del siglo XIX; al fondo, la Iglesia del Ranchito

71. Jardín de la plaza principal de los Mártires, Toluca, en cuyo centro se levanta una estatua de don Miguel Hidalgo y Costilla, *ca.* 1880

72. Parque Morelos de Toluca, 1900-1910
73. Plaza, iglesia y tianguis de El Oro, *ca.* 1922

74. Palacio de Gobierno de Toluca, *ca.* 1880

75. Vista lateral de los portales
y de la Plaza González Arratia

Durante el Porfiriato, la estabilidad económica y política se reflejó en la edificación y el mejoramiento de inmuebles públicos, como ayuntamientos y escuelas, así como en la construcción de calles, caminos, puentes, acueductos, jardines con quiosco, hospitales, cárceles, bibliotecas, instalaciones eléctricas, vías telegráficas, baños, rastros, panteones, etc. De este periodo también datan las obras del desagüe del Valle de México.

Un problema que se ha agravado después de la década de 1950 ha sido el crecimiento desmedido de la zona metropolitana que comparte el Estado de México y el Distrito Federal. Los conflictos no sólo se limitan a la falta de planeación urbana, sino que abarcan sobrepoblación, pobreza y carencia de servicios como agua, luz y transporte, por mencionar algunos. En la actualidad los respectivos gobiernos han optado por establecer una dinámica de cooperación que se ha manifestado en la realización de operativos de seguridad, la intención de solicitar a la Federación la ampliación del Fondo Metropolitano y la planeación conjunta de proyectos de transporte público. Esta nueva determinación por parte de ambas entidades parece ser un primer paso para salvar la zona limítrofe e impulsar el desarrollo de toda el área metropolitana de la Ciudad de México.

76. Amecameca, *ca.* 1907
77. Torres de Satélite, Naucalpan

78. Vista actual de la ciudad de Toluca

79. Basura generada por las grandes urbes

Educación

En Texcoco existieron las mejores escuelas donde se enseñaba el náhuatl. Esta tradición cultural continuó con la escuela para niños indígenas fundada en 1523 por fray Pedro de Gante.

La fuerza de su talento colocó a tres mexiquenses en el plano más alto de la cultura e ilustración universal: sor Juana Inés de la Cruz, José Antonio de Alzate y José Mariano Mociño.

80. Representación de un señor tlaxcalteca al instruir a niños y jóvenes

81. Sor Juana Inés de la Cruz (1651-1695)
82. José Antonio Alzate (1737-1799)
83. José María Velasco (1840-1912)

La fama que sor Juana Inés de la Cruz alcanzó en vida fue inmensa: la impresión de sus obras en España —tres tomos varias veces reeditados entre 1689 y 1725— y numerosas polémicas libradas en la Península y en el virreinato son prueba irrefutable de su celebridad. La desbordante riqueza poética y filosófica del *Primero sueño,* así como las vastas ramificaciones de toda su creación han renovado el interés por ella y su obra, que volvió a ser frecuentada y admirada gracias a varios autores del siglo xx, entre los que se pueden mencionar Amado Nervo, Alfonso Reyes, Pedro Henríquez Ureña, Ermilo Abreu Gómez, Xavier Villaurrutia y Octavio Paz, entre otros.

JOSE ANTONIO ALZATE

Durante la primera mitad del siglo XIX, la educación avanzó lentamente; si bien se contaba ya con el Instituto Científico Literario, no fue sino hasta el Porfiriato que el gobernador José Vicente Villalba mostró un apoyo decidido a la extensión del sistema educativo en el ámbito urbano y rural. Para llevar la educación primaria a las comunidades más apartadas, Villalba instauró el sistema de maestros ambulantes; además,

promovió escuelas de artes y oficios y fundó la escuela regional de agricultura en Chalco. Los avances en materia educativa recibieron un nuevo impulso con el movimiento revolucionario; la atención a la población rural y obrera se volvió prioritaria. También se buscó que la educación universitaria ampliara sus opciones educativas en respuesta a los requerimientos de la creciente población.

84. Escuela primaria oficial José Ma. Morelos, *ca.* 1900
85. Edificio del Instituto Científico y Literario, *ca.* 1900
86. Escuela Normal de Profesoras, Toluca, *ca.* 1922

87. Escuela de Leyes de Toluca, 1900-1910

88. Escuela destinada al proyecto alfabetizador
impulsado por Cárdenas, 1944

89. Tienda escolar, 1927

ESCUELA "CAMPAÑA NACIONAL CONTRA EL ANALFABETISMO"

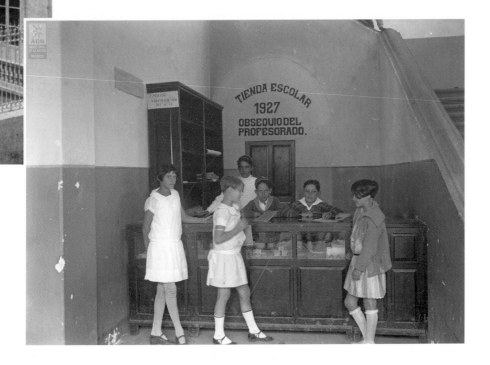

TIENDA ESCOLAR
1927
OBSEQUIO DEL
PROFESORADO.

90. Niños en clase de carpintería
91. Escuela nocturna para trabajadores, 1928
92. Clase de geografía
93. Una de las bibliotecas ambulantes fundadas por la SEP

94. Rectoría de la Universidad Autónoma del Estado de México
95. Museo Felipe Santiago Gutiérrez y Taller Luis Nishizawa

96. Detalle del Cosmo Vitral
de la autoría de Leopoldo Flores

Entre los intelectuales del siglo xx destaca la figura de Isidro Fabela, abogado, diplomático, literato, político e historiador. Fue contemporáneo y amigo de los fundadores del Ateneo de la Juventud en 1909. Convivió con Antonio Caso, Ricardo Gómez Robelo, José Vasconcelos, Martín Luis Guzmán, Alfonso Reyes, Carlos González Peña, Julio Torri, Genaro Fernández McGregor y su maestro Pedro Henríquez Ureña. Como literato, su producción se nutrió con su experiencia en el servicio exterior, como se aprecia en sus obras *Por un mundo libre, Los Estados Unidos contra la libertad, Intervención* y *Maestros y amigos.* Su labor diplomática la desempeñó en Francia, Inglaterra, España, Argentina, Chile, Uruguay, Brasil y Alemania. Fue gobernador del Estado de México de 1942 a 1945, y juez de la Corte Internacional de Justicia de La Haya de 1946 a 1952. Impartió clases de historia, literatura y derecho internacional. Fue nombrado doctor *honoris causa* por la Universidad Nacional Autónoma de México. A través de sus biografías dio a conocer a figuras importantes de la cultura. Siendo coordinador de la Comisión de Investigaciones Históricas de la Revolución Mexicana, se encargó de la edición de la *Historia diplomática de la Revolución Mexicana,* así como de la serie Documentos Históricos de la Revolución Mexicana. El 7 de octubre de 1960 se le otorgó la Medalla Belisario Domínguez del Senado de la República. Murió en la ciudad de Cuernavaca, Morelos, el 12 de agosto de 1964.

97. Isidro Fabela Alfaro (1882-1964)

En el ámbito musical, las bandas de aliento, los sonajeros, los concheros, la música indígena interpretada con *teponaxtle* y *huehuetl*, así
como los corridos y los sonetos, además de la Orquesta Sinfónica del
Estado y la Sinfónica Juvenil e Infantil mantienen viva la tradición.

98. Niño músico, peregrinación huichola
hacia Teotihuacan, Iztaccíhuatl, 1993

99 y 100. Músicos zapotecas, Chimalhuacán, 2008

Vida cotidiana

El Estado de México conserva un gran bagaje cultural, derivado de ser parte del valle de México y, sobre todo, gracias a los pueblos que lo han habitado a lo largo de su historia. Su tradición en la elaboración de artesanías, por ejemplo, se mantiene viva.

101. Hombre y mujer limpiando varas,
región mazahua, Estado de México, 1982

102. Hombres elaborando cestería,
región mazahua, Estado de México, 1982

103. Artesanías, Metepec
104. Árbol de la vida manufacturado en barro modelado

105. Tienda de artesanías, Metepec

Por lo que toca a la comida, en un día de mercado es común encontrar una gran variedad de comida y dulces: mixiote, barbacoa, chorizo en salsa verde, pipián, queso molido o de letras, requesón, guajolote en chile mexcalpique, samborojo tazarbo, acociles, escamoles, mosco (licores de frutas), tlacoyos, limones rellenos de coco, dulces de leche, fruta cristalizada, dulce de pepita y cacahuate, alegrías y garapiñas toluqueñas.

106. Los dulces de Toluca
107. Faraón de San Francisco, Tlalcilalcalpan, Zinacantepec

108. Niños de San Luis Mextepec, Zinacantepec

BIBLIOGRAFÍA COMENTADA

Obras generales

Las dos primeras partes de esta historia, es decir, la época prehispánica y la conquista española, tienen como base los capítulos "Historia prehispánica" y "La conquista española", de Rosaura Hernández Rodríguez. De la misma forma, ha sido de mucha utilidad para la reseña del siglo XVIII "La consolidación y el ocaso del sistema colonial", de Manuel Miño Grijalva. Ambos trabajos y el de María Teresa Jarquín Ortega "La formación de una nueva sociedad, siglos XVI-XVII" han sido publicados en la *Breve historia del Estado de México* (El Colegio Mexiquense/Gobierno del Estado de México, 1987, pp. 19-190). Estos trabajos han constituido la base de la edición de 1985 y de la presente edición.

Carlos Herrejón Peredo escribió su *Historia del Estado de México* (Universidad Autónoma del Estado de México [UAEM], Toluca, 1985) y, con María Teresa Jarquín, *Breve historia del Estado de México* (Fideicomiso Historia de las Américas/El Colegio de México/FCE, México, 1995), que cubren la explicación histórica de la época prehispánica hasta 1981. Alfonso Sánchez García escribió su *Historia del Estado de México,* publicada en 1969 por el Gobierno del Estado de México, en la que nos muestra un largo y útil recorrido del proceso estatal con mucha riqueza de detalles que las historias académicas no hacen. Finalmente, en 1998 apareció, de María Teresa Jarquín y Manuel Miño Grijalva (coords.), la *Historia general del Estado de México* (El Colegio Mexiquense/Gobierno del Estado de México, Zinacantepec, 1998, 6 vols.), en adelante *HGEM,* que reúne un conjunto de aportaciones pluridisciplinarias y es la base del presente resumen, de la cual, además, hemos utilizado capítulos que aún están inéditos. Para el contexto general, *México. Breve historia contemporánea* de Alicia Hernández Chávez (FCE, México, 2000) ha sido una referencia obligada.

Para los siglos XIX y XX hemos partido de historias más o menos generales del Estado de México, además de la *Breve historia* ya citada, como la de Martha Baranda y Lía García Verástegui, *Estado de México, una historia compartida* (Gobierno del Estado de México/Instituto José Ma. Luis Mora, México, 1987). A las mismas autoras se debe la antología *Estado de México. Textos de su historia* (Gobierno del Estado de México/ Instituto José Ma. Luis Mora, Toluca, 1987, 2 volúmenes).

Pero en general, aunque todas estas obras muestran un panorama enriquecedor de la comprensión del pasado mexiquense, el avance de la investigación determina que tengamos que renovar de manera permanente sus contenidos, que para efectos de este ensayo los hemos dividido en sus principales materias.

LA GEOGRAFÍA Y EL TERRITORIO

Esta parte se sustenta en el ensayo de Gerald L. McGowan y Porfirio García de León "Esbozo de la geografía del Estado de México" (*HGEM,* vol. 1, pp. 25-56). Han sido de utilidad también el texto de Bernardo García Martínez *Las regiones de México: breviario geográfico e histórico* (El Colegio de México, México, 2008) y la *Síntesis de información geográfica del Estado de México* (INEGI, Aguascalientes, 2003).

LA SOCIEDAD

Para la dinámica demográfica de finales del siglo XIX y principios del siguiente, véase Marta Vera Bolaños y Rodrigo Pimienta Lastra, "¿Cómo sabemos cuántos somos?", en Mílada Bazant y Carmen Salinas Sandoval (coords.), *Visiones del Estado de México. Tradición, modernidad y globalización* (Grupo Editorial Milenio Estado de México, México, 2007, pp. 93-114). Para el siglo XX, véanse Ivon Szasz, "La población, 1910-1990" (*HGEM,* vol. 6, pp. 93-121); José B. Morelos, "La demografía del estado de México, 1930-2030" (*HGEM,* versión actualizada, vol. 6), y Marta Vera Bolaños, "Vigilancia y control de las enfermedades transmisibles en el Estado de México, 1922-1940" (*HGEM,* vol. 6).

La conformación de la sociedad del estado ha sido estudiada por

Brígida von Mentz en "La estructura social" (*HGEM*, vol. 5, pp. 319-350) y Margarita García Luna en *Toluca en el Porfiriato* (Gobierno del Estado de México/UAEM, Toluca, 1985), así como en "Orden, paz y progreso al estilo villadista y gonzalista", en Mílada Bazant (coord..), *175 años de historia del Estado de México y perspectivas para el tercer milenio* (El Colegio Mexiquense, Zinacantepec, 1999, pp. 187-194), y Norberto López Ponce, "Las organizaciones obreras y artesanales". El mutualismo es visto por Gloria Guadarrama Sánchez, "La agenda pública y la importancia de la pobreza" (en prensa). Sobre el sector rural, véase Norberto López Ponce, "Los pueblos y la lucha por la tierra" (*HGEM*, vol. 5, pp. 411-438).

Para el movimiento obrero y el estado corporativo del siglo XX, véase Javier Aguilar García (coord.), *Historia de la Confederación de Trabajadores de México, CTM, 1936-1990*, vol. I: *El movimiento obrero y el Estado mexicano* (UNAM, México, 1991), y para la biografía de Fidel Velázquez y Rodríguez Alcaine, *www.ctmpiedrasnegras.org.mx/.../historia-de-la-ctm-nacional/*

La política

Las diversas explicaciones sobre el proceso de independencia y la formación del Estado nacional pueden estudiarse en Jaime E. Rodríguez O., *La independencia de la América española* (Fideicomiso Historia de las Américas/El Colegio de México/FCE, México, 1996); Antonio Annino y François-Xavier Guerra, *Inventando la nación. Iberoamérica. Siglo XIX* (FCE, México, 2003); Manuel Chust, *1808. La eclosión juntera en el mundo hispano* (FCE, México, 2007); Josefina Zoraida Vázquez, "Regionalismo y fundación del Estado mexicano. El caso del Estado de México", en Mílada Bazant (coord.), *175 años de historia...* (pp. 23-47); Josefina Macune Charles, "El Federalismo" (*HGEM*, vol. 4, pp. 137-162), y Carmen Salinas Sandoval, "Del Imperio al federalismo. Estado de México, 1823-1827", en Josefina Zoraida Vázquez (coord.), *El establecimiento del federalismo en México (1821-1827)* (El Colegio de México, México, 2003, pp. 445-474).

El ensayo de Pilar Iracheta Cenecorta "El Estado de México durante la última república federal" y el de María Teresa Bermúdez "Reforma e Imperio" dan cuenta de la coyuntura del estado en ese tiempo (*HGEM*, vol. 4, pp. 199-232 y 233-262, respectivamente).

Gerald L. McGowan, en "Las desmembraciones" (*HGEM,* vol. 4); Alicia Hernández Chávez en *Breve historia de Morelos* (Fideicomiso Historia de las Américas/El Colegio de ·México/FCE, México, 2002), y Rocío Ruiz de la Barrera en *Breve historia de Hidalgo* (Fideicomiso Historia de las Américas/El Colegio de México/FCE, México, 2002) describen el intenso proceso de formación de los respectivos estados.

El Porfiriato tiene una buena base de investigaciones. Romana Falcón, "Los jefes políticos, eslabones del poder" (*HGEM,* vol. 5: *República Restaurada y Porfiriato,* pp. 97-122), y Carmen Salinas Sandoval, "El gobierno municipal" y "Los poderes gubernativos" (*HGEM,* vol. 5, pp. 123-146 y 57-95, en ese orden), enfrentan la explicación de la dimensión política entre la última parte del siglo xix y la primera del xx. La segunda mitad del siglo xx ha sido estudiada por Álvaro Arreola Ayala, "La política mexiquense, 1930-1980" (*HGEM,* vol. 6), y Rogelio Hernández Rodríguez, *Amistades, compromisos y lealtades: líderes y grupos políticos en el Estado de México, 1942-1993* (El Colegio de México, México, 1998).

Para los diversos aspectos de la Revolución mexicana y los años de reconstrucción institucional son de gran utilidad los trabajos de Laura O'Doherthy, "La Revolución mexicana, 1910-1917" (*HGEM,* vol. 6); Ricardo Ávila Palafox, *¿Revolución en el Estado de México?* (INAH/Gobierno del Estado de México, México, 1988); Rodolfo Alanís Boyzo, *El Estado de México durante la Revolución mexicana (1910-1914)* (Secretaría de Administración del Gobierno del Estado de México, Toluca, 1985); Felipe Ávila Espinosa, "La revolución zapatista en el Estado de México durante el gobierno maderista", en Mílada Bazant (coord..), *175 años de historia...,* y Carlos Macías Richard, "La reconstrucción institucional, 1929-1935" (*HGEM,* vol. 6, pp. 71-87).

Sobre los diversos aspectos de la educación pública entre el Porfiriato y la Revolución, véanse René Roberto Becerril, "La educación" (*HGEM,* vol. 5, pp. 353-381); Mílada Bazant, "La educación moderna, fuente de identidad y de progreso, 1870-1910", en *Visiones del Estado de México* (Milenio Estado de México, México, 2007, pp. 269-289); Alicia Civera Cerecedo y Raquel Beato King, "Política educativa, 1910-1990" (*HGEM,* vol. 6, pp. 379-410); Alicia Civera Cerecedo, "La escuela en el Estado de México: de la revolución a la globalización" (en prensa), y Eduardo Aguado López, "La educación básica en el Estado de México, 1970-1990: la desigualdad regional", en Roberto Blancarte (coord.), *Estado de México: perspectivas para la década de los 90* (El Colegio Mexiquense/Instituto Mexiquense de Cultura, Toluca).

Como parte de la política pública, es importante el ensayo de Gloria Guadarrama Sánchez "La agenda pública y la pobreza" (*HGEM*, vol. 6), pues marca las pautas de una preocupación permanente del estado por enfrentar el problema de la pobreza a lo largo del tiempo.

LA ECONOMÍA

Para explicar el mundo virreinal o colonial, los trabajos más importantes son de John Tutino, "Las relaciones sociales en las haciendas de México: la región de Chalco en la época de la Independencia", en Manuel Miño Grijalva (comp.), *Haciendas, pueblos y comunidades. Los valles de México y Toluca entre 1530 y 1916* (Conaculta, México, 1991, pp. 186-229); Margarita Menegus Bornemann, "Los bienes de comunidad de los pueblos de indios", en Margarita Menegus y Alejandro Tortolero (coords.), *Agricultura mexicana: crecimiento e innovaciones* (Instituto Mora/El Colegio de Michoacán/El Colegio de México/Instituto de Investigaciones Históricas de la UNAM, México, 1999, pp. 89-126); Donald Frazer, "La política de desamortización de las comunidades indígenas, 1856-1872", en Bernardo García Martínez (comp.), *Los pueblos de indios y las comunidades* (El Colegio de México, México, 1991, pp. 219-156); Margarita Loera Chávez y Peniche, "1876-1910: una etapa de auge para la Villa de Calimaya en el Estado de México" (*Expresión Antropológica,* Nueva Época, núm. 33, mayo-agosto de 2008, pp. 20-35), y Margarita Menegus Bornemann, "Ocoyoacac, una comunidad agraria en el siglo XIX", en *Problemas agrarios en México, siglos XVIII y XIX* (El Colegio de México, México, 1995, pp. 144-189).

El capítulo de Anne Staples "La minería" (*HGEM,* vol. 4, pp. 311-334) es nuestra base para explicar dicho sector económico. Para otros aspectos, véanse Carlos Marichal, "La hacienda pública del Estado de México desde la Independencia hasta la República Restaurada, 1824-1870", en Carlos Marichal, Manuel Miño Grijalva y Paolo Riguzzi, *El primer siglo de la hacienda pública del Estado de México, 1824-1923* (El Colegio Mexiquense/Gobierno del Estado de México, México, 1994, pp. 101-190); Paolo Riguzzi, "Actividades, mercados y estructuras económicas en el Estado de México, 1824-1929", en Mílada Bazant y Carmen Salinas Sandoval (coords.), *Visiones del Estado de México...* (pp. 207-223), y "La Hacienda pública" (*HGEM*, vol. 5, pp. 289-316); Raúl Béjar Navarro, *Historia de la industrialización en el Estado de México,* Biblioteca Enciclopédica del Estado de México, Toluca, 1970, p. 157; María Eugenia Romero Ibarra, *Manuel Medina Garduño, entre el Porfiriato y la Revolución en el Estado de México, 1852-1913* (*INEHRM*, México, 1998, p. 69), y Sandra Kuntz Fiker, "Los ferrocarriles" (*HGEM,* vol. 5, pp. 267-288).

Para el siglo xx, véanse Pablo Mejía Reyes y Liliana Rendón Rojas, "La producción del Estado de México en la era de la economía global" (*HGEM,* vol. 6), y Paolo Riguzzi, "Crisis y reorganización del sistema fiscal, 1909-1930", en Mílada Bazant (coord.), *175 años de historia...* (pp. 199-202). Para la última parte del siglo xx han sido de mucha utilidad Jaime Sobrino, "La economía del Estado de México en el siglo xx" (*HGEM,* vol. 6); Henio Millán Valenzuela, "La economía mexiquense: víctima de su propio éxito", en Mílada Bazant y Carmen Salinas Sandoval (coords.), *Visiones del Estado de México...* (pp. 45-63), y Alejandro Tortolero Villaseñor, "La estructura agraria" (*HGEM,* vol. 5, pp. 149-181).

El problema ambiental ha sido tratado en este volumen con base en un trabajo de Boris Graizbord, Rocío González y José Luis González que aparecerá en la nueva versión de la *Historia general.* De Andrés Latapí hemos usado su ensayo "El medio ambiente en el Estado de México en el siglo xx" (*HGEM,* vol. 6, pp. 411-422). De mucha utilidad ha sido el capítulo de Alfonso Iracheta Cenecorta, "Planeación territorial en el Estado de México" (*HGEM,* vol. 6).

Estudian el empleo Emma Liliana Navarrete en "Del arado a la fábrica. Los trabajadores mexiquenses en el siglo xx", en Mílada Bazant y Carmen Salinas Sandoval (coords.), *Visiones del Estado de México...* (pp. 115-131); Luz María Salazar Cruz, "Participación y movilidad laboral femenina en el Estado de México, 2000-2007" (El Colegio Mexiquense, Zinacantepec, 2008); Guadalupe Hoyos, "La terciarización del Estado de México" (*HGEM,* pp. 315-342); Ryszard Rozga Luter y Lilia Angélica Madrigal García, "La industrialización" (*HGEM,* vol. 6, pp. 287-296), y José M. Aranda Sánchez, "La urbanización, 1960-1990" (*ibid.,* pp. 123-162).

El mundo rural y los problemas del campesinado han sido vistos por Dick Papousek, "La historia rural del Estado de México en el siglo xx" (*HGEM,* vol. 6, pp. 223-256); Daniel Hiernaux-Nicos, "Etnicidad y metrópolis: indígenas en el valle de Chalco", en Alicia Lindón y Jaime Noyola, *La construcción social de un territorio emergente. El Valle de Chalco* (El Colegio Mexiquense, Zinacantepec, 2000, pp. 311-338); Alejandro Canales, "El papel económico y productivo de las remesas en México. Una visión crítica", en *www.huellasmexicanas.com,* y Samuel Ortiz Velásquez, "el papel de las remesas en el neoliberalismo", en *www.apiavirtual.com*

La cultura

Ensayos comprensivos son los de Carlos Herrejón Peredo, "Una crónica olvidada: el Instituto Literario" (*HGEM,* vol. 4, pp. 435-477), y Anne Staples, "De las primeras letras a la cultura universal" (*HGEM,* vol. 4, pp. 407-433). El proceso de la cultura como conocimiento y la cultura material han sido ilustrados también a través de los textos de María de los Ángeles Chapa Bezanilla, "Las artes" (*HGEM,* vol. 4, pp. 479-502); Yolanda Sandoval Santana, "Manifestaciones de la cultura, 1900-1960" (*HGEM,* vol. 6, pp. 345-357); Alfonso Sánchez Arteche, "La cultura, 1960-1970" (*HGEM,* vol. 6, pp. 358-376), y Alfonso Sánchez García y Alfonso Sánchez Arteche, *Toluca. Monografía municipal, 1999,* col. *Diez obras maestras de tres pintores mexiquenses* (Gobierno del Estado de México/Instituto Mexiquense de Cultura/INBA, s. p. i.). También hemos usado información aparecida en *Wikipedia*. Para la historia del Club Toluca, finalmente, véase Juan Cid y Mullet, *Historia del Deportivo Toluca* (ed. conmemorativa del 60 aniversario, 1977).

AGRADECIMIENTOS Y SIGLAS

Agradecemos la generosa colaboración de instituciones, colegas, fotógrafos e innumerables personas que nos hicieron llegar imágenes provenientes de su trabajo etnográfico o de su colección particular.

En especial, queremos agradecer a Rosa Casanova, Alicia Hernández Chávez, Eduardo Matos Moctezuma y Manuel Miño, y a los fotográfos Javier Hinojosa, Alejandro Miño, Jorge Ortega, Miriam Teodoro González y Adam Wiseman.

AFMT-IIE-UNAM: Archivo Fotográfico Manuel Toussaint, Instituto de Investigaciones Estéticas, Universidad Nacional Autónoma de México

AGN: Archivo General de la Nación

AGN-CMPI: Archivo General de la Nación, Catálogo de Mapas, Planos e Ilustraciones

BFCE: Biblioteca del Fondo de Cultura Económica

CDI-FNL: Comisión Nacional para el Desarrollo de los Pueblos Indígenas, Fototeca Nacho López

Colmex-BDCV: El Colegio de México, Biblioteca Daniel Cosío Villegas

Conaculta-INAH-DMC: Consejo Nacional para la Cultura y las Artes, Instituto Nacional de Antropología e Historia, Dirección de Medios de Comunicación

Conaculta-INAH-Sinafo-FN: Consejo Nacional para la Cultura y las Artes, Instituto Nacional de Antropología e Historia, Sistema Nacional de Fototecas, Fototeca Nacional

Sagarpa-MMOYB: Secretaría de Agricultura, Ganadería, Desarrollo Rural, Pesca y Alimentación, Servicio de Información Agroalimentaria y Pesquera, Mapoteca Manuel Orozco y Berra

CRÉDITOS DE IMÁGENES

Mapa de la República Mexicana: Antonio García Cubas, *Atlas pintoresco e histórico de los Estados Unidos Mexicanos,* carta IV, "Vías de comunicación y movimiento marítimo", México, Debray Sucesores, 1885. Sagarpa-MMOYB.

1. Fotografía de Javier Hinojosa, 2007. Col. del autor.
2. Fotografía de autor no identificado, 1982. CDI-FNL. No. 68235.
3. Antonio García Cubas, *Atlas pintoresco e histórico de los Estados Unidos Mexicanos,* carta VI, "Orográfica", México, 1885. Sagarpa-MMOYB.
4. Antonio García Cubas, *Atlas pintoresco e histórico de los Estados Unidos Mexicanos,* carta "Valle de México", México, Debray Sucesores, 1885. Sagarpa-MMOYB.
5. Manuel Rincón, *Plano detallado de una parte de la Ciudad de Cuernavaca,* 1866 (detalle). Sagarpa-MMOYB. No. 702-OYB-7249-A
6. Antonio García Cubas, *Atlas pintoresco e histórico de los Estados Unidos Mexicanos,* carta VI, "Orográfica", México, 1885. Sagarpa-MMOYB.
7. Fotografía de Hugo Brehme, *ca.* 1925. Conaculta-INAH-Sinafo-FN, Fondo Hugo Brehme. No. 372839.
8. Fotografía de Javier Hinojosa, 2008. Col. del autor.
9. Fotografía de Mauricio Marat, 2009. Conaculta-INAH-DMC.
10. Fotografía de autor no identificado, s. f. AFMT-IIE-UNAM.
11. Fotografía de Mauricio Marat, 2009. Conaculta-INAH-DMC.
12. Fotografía de Mauricio Marat, 2009. Conaculta-INAH-DMC.
13. Fotografía de Javier Hinojosa, 2003. Col. del autor.
14. Lámina I, *Códice Xólotl,* 2 vols., edición, estudio y apéndice de Charles E. Dibble, México, IIE-UNAM, 1980. Colmex-BDCV.
15. Ilustración de Desiderio Hernández Xochitiotzin, s. f., en Berta Taracena, Carlos Blas-Galindo *et al., El árbol de la vida. Desiderio Hernández Xochitiotzin,* Gobierno del Estado de Tlaxcala, Tlaxcala, 1956. Colmex-BDCV.
16. Lámina 13 de la *Matrícula de Tributos,* en Ferdinand Anders, Maarten

Jansen y Luis Reyes García, eds., *Matrícula de Tributos. Códice Moctezuma*, 2 vols., México, FCE, 2003. BFCE.

17. Fray Bernardino de Sahagún, *Códice Florentino*, 3 vols., ed. facsimilar, Secretaría de Gobernación, México, 1979, Serie: Col. Palatina de la Biblioteca Medicea Laurenziana. Manuscrito 218-220. Colmex-BDCV.

18. Fray Bernardino de Sahagún, *Códice Florentino*, 3 vols., ed. facsimilar, Secretaría de Gobernación, México, 1979, Serie: Col. Palatina de la Biblioteca Medicea Laurenziana. Manuscrito 218-220. Colmex-BDCV.

19. Guy Stresser-Péan (estudio e interpretación), *Le Codex de Xicotepec*, Gobierno del Estado de Puebla-FCE-Centro Francés de Estudios Mexicanos y Centroamericanos, México, 1995. Colmex-BDCV.

20. Frances F. Berdan y Patricia Rieff Anawalt, *The Codex Mendoza*, vol. 3, University of Califoria Press, Los Ángeles, 1992, Colmex-BDCV.

21. Fotografía de Alfred Briquet, *ca.* 1885. Conaculta-INAH-Sinafo-FN, Fondo Felipe Teixidor. No. 476244.

22. *México pintoresco, artístico y monumental: vistas, descripción, anécdotas y episodios de los lugares más notables de la capital y de los estados...*, Reforma, México, 1880. Colmex-BDCV.

23. *México pintoresco, artístico y monumental: vistas, descripción, anécdotas y episodios de los lugares más notables de la capital y de los estados...*, Reforma, México, 1880. Colmex-BDCV.

24. Fotografía de Alejandro Miño, 2010. Col. del autor.

25. *México pintoresco, artístico y monumental: vistas, descripción, anécdotas y episodios de los lugares más notables de la capital y de los estados...*, Reforma, México, 1880. Colmex-BDCV.

26. *México pintoresco, artístico y monumental: vistas, descripción, anécdotas y episodios de los lugares más notables de la capital y de los estados...*, Reforma, México, 1880. Colmex-BDCV.

27. Fotografía de Héctor Montaño, 2010. Conaculta-INAH-DMC.

28. Fotografía de Héctor Montaño, 2010. Conaculta-INAH-DMC.

29. Fotografía de Héctor Montaño, 2010. Conaculta-INAH-DMC.

30. Fotografía de Héctor Montaño, 2010. Conaculta-INAH-DMC.

31. Fotografía de Héctor Montaño, 2010. Conaculta-INAH-DMC.

32. Fotografía de Jorge Ortega, en Gerardo Lara y Alfonso Sánchez Arteche, *Algarabía de las sombras. Obra fotográfica de José Ortega,* José

Alejandro Vargas Castro (ed.), Facultad de Arquitectura y Diseño de la UAEM-Consejo Editorial de la Administración Pública Estatal, Toluca, 2009. Col. particular.

33. Fotografía de Lorenzo Armendáriz García, 1993. CDI-FNL. No. 18585.

34. Fotografía de Jorge Ontiveros, 2008. CDI-FNL. No. 166 Zapoteco.

35. Fotografía de Jorge Ortega, en Gerardo Lara y Alfonso Sánchez Arteche, *Algarabía de las sombras. Obra fotográfica de José Ortega,* José Alejandro Vargas Castro (ed.), Facultad de Arquitectura y Diseño de la UAEM-Consejo Editorial de la Administración Pública Estatal, Toluca, 2009. Col. particular.

36. Fotografía de Jorge Ortega, en Gerardo Lara y Alfonso Sánchez Arteche, *Algarabía de las sombras. Obra fotográfica de José Ortega,* José Alejandro Vargas Castro (ed.), Facultad de Arquitectura y Diseño de la UAEM-Consejo Editorial de la Administración Pública Estatal, Toluca, 2009. Col. particular.

37. Fotografía de Jorge Ortega, en Gerardo Lara y Alfonso Sánchez Arteche, *Algarabía de las sombras. Obra fotográfica de José Ortega,* José Alejandro Vargas Castro (ed.), Facultad de Arquitectura y Diseño de la UAEM-Consejo Editorial de la Administración Pública Estatal, Toluca, 2009. Col. particular.

38. Fotografía de Fernando Rosales, 1999. CDI-FNL. No. 74421.

39. Fotografía de Jorge Ortega, en Gerardo Lara y Alfonso Sánchez Arteche, *Algarabía de las sombras. Obra fotográfica de José Ortega,* José Alejandro Vargas Castro (ed.), Facultad de Arquitectura y Diseño de la UAEM-Consejo Editorial de la Administración Pública Estatal, Toluca, 2009. Col. particular.

40. Fotografía de Jorge Ortega, en Gerardo Lara y Alfonso Sánchez Arteche, *Algarabía de las sombras. Obra fotográfica de José Ortega,* José Alejandro Vargas Castro (ed.), Facultad de Arquitectura y Diseño de la UAEM-Consejo Editorial de la Administración Pública Estatal, Toluca, 2009. Col. particular.

41. Antonio García Cubas, *Atlas pintoresco e histórico de los Estados Unidos Mexicanos,* carta VIII, "Agrícola", México, 1885. Sagarpa-MMOYB.

42. Fotografía de Adam Wiseman, 6 de junio de 2007. Col. del autor.

43. Fotografía de Adam Wiseman, 6 de junio de 2007. Col. del autor.

44. Ilustración de José Guio, en Carmen Sotos Serrano, *Los pintores de la expedición de Alejandro Malaspina,* Real Academia de la Historia, Madrid, 1982. Colmex-BDCV.

45. Andrew K. Gregg, *New Mexico in the Nineteenth Century. A Pictorial History,* University of New Mexico Press, Albuquerque, 1968. Colmex-BDCV.

46. Claudio Linati, *Trajes civiles, militares y religiosos de México (1828),* introd., estudio y trad. de Justino Fernández, pról. de Manuel Toussaint, Imprensta Universitaria, México, 1956. Colmex-BDCV.

47. Fotografía de J. Demon Cook, *ca.* 1906. AGN, Fondo Propiedad Artística y Literaria, J. Demon Cook, Haciendas y Plantaciones, foto 11.

48. Fotografía de autor no identificado, *ca.* 1880. Conaculta-INAH-Sinafo-FN, Fondo Felipe Teixidor. No. 608393.

49. Plano levantado por Diego García Conde, 1703-1807. Sagarpa-MMOYB. No. 929-OYB-725-A-3.

50. Fotografía de Hugo Brehme, *ca.* 1918. AGN, Fondo Propiedad Artística y Literaria, H. Brehme, Tema: Paisaje, foto 22.

51. Andrew K. Gregg, *New Mexico in the Nineteenth Century. A Pictorial History,* University of New Mexico Press, Albuquerque, 1968. Colmex-BDCV.

52. Ilustración de Felipe Bauza, en Carmen Sotos Serrano, *Los pintores de la expedición de Alejandro Malaspina,* Real Academia de la Historia, Madrid, 1982. Colmex-BDCV.

53. Adolfo Best Maugard, *Método de dibujo. Tradición, resurgimiento y evolución del arte mexicano,* Departamento Editorial de la Secretaría de Educación, México, 1923. Colmex-BDCV.

54. Mapa de autor no identificado, 1908-1914, en *The Mexican Year Book. A Financial and Commercial Handbook, Compiled from Official And Other Returns. Issued under the Auspices of the Department of Finance,* 6 vols., México [McCorquodale], 1908-1914. Colmex-BDCV.

55. Manuel Rivera Cambas, *México pintoresco, artístico y monumental,* vol. III, *Litografías de Luis Garcés,* Editorial del Valle de México, México, 1885. Colmex-BDCV.

56. Fotografía de Alfred Briquet, *ca.* 1882. Conaculta-INAH-Sinafo-FN, Fondo Felipe Teixidor. No. 456560.

57. Fotografía de Julio Michaud, *ca.* 1858. Conaculta-INAH-Sinafo-FN, Fondo Felipe Teixidor. No. 426293.

58. Ilustración de Diego Rivera, en Stuart Chase, *Mexico. A Study of Two Americas,* The Macmillan Company, Nueva York, 1933. Colmex-BDCV.

59. Ilustración de autor no identificado, 1812. AGN-CMPI. No. 3883.

60. Alejandro Valdés (impresor), 1824. AGN-CMPI. No. 4437.

61. Carlos Herrerón Peredo, *Morelos,* Clío, México, 1996. Col. La Antorcha Encendida. Colmex-BDCV.

62. Adolfo Best Maugard, *Método de dibujo. Tradición, resurgimiento y evolución del arte mexicano,* Departamento Editorial de la Secretaría de Educación, México, 1923. Colmex-BDCV.

63. Andrew K. Gregg, *New Mexico in the Nineteenth Century. A Pictorial History,* University of New Mexico Press, Albuquerque, 1968. Colmex-BDCV.

64. Fotografía de A. Brinquet F., *ca.* 1902. AGN, Fondo Propiedad Artística y Literaria, A. Briquet, Guardias rurales, Estado de México, foto 1.

65. Grabado de José Guadalupe Posada, en *Posada Monografía,* ed. facsimilar, Conaculta-Dirección General de Publicaciones-RM, México, 2002. Colmex-BDCV.

66. Fotografía de H. J. Gutiérrez Foto, 1911. AGN, Fondo Propiedad Artística y Literaria, H. J. Gutiérrez, Revolución, foto 33.

67. Ilustración de Diego Rivera, en Carleton Beals, *Mexican Maze. Ilustration by Diego Rivera,* J. B. Lippincott, Filadelfia, 1931. Colmex-BDCV.

68. Ilustración de Diego Rivera, en Carleton Beals, *Mexican Maze. Ilustration by Diego Rivera,* J. B. Lippincott, Filadelfia, 1931, Colmex-BDCV.

69. Fotografía de autor no identificado, *ca.* 1921. INAH-Sinafo-FN, 5841.

70. José Vicente Villada, *Memoria que el ciudadano General José Vicente Villada presenta a la Honorable Legislatura del Estado de México, acerca de sus actos como Gobernador Constitucional durante el cuatrienio de 1893 a 1997,* Toluca.

71. Litografía de Luis Garcés, en Manuel Rivera Cambas, *México pintoresco, artístico y monumental. Litografías de Luis Garcés,* Cosmos, México, 1880. Colmex-BDCV.

72. Fotografía de C. F. Clarke, en Marie Robinson Wright, *Mexico. A History*

of Its Progress and Development in One Hundred Years, George Barrie and Sons, Filadelfia, 1911, 511 pp. Colmex-BDCV.

73. Fotografía de autor no identificado, *ca.* 1922. AGN, Fondo Propiedad Artística y Literaria, CIF, El Oro, Estado de México, foto 18.

74. Litografía de Luis Garcés, en Manuel Rivera Cambas, *México pintoresco, artístico y monumental. Litografías de Luis Garcés,* Cosmos, México, 1880. Colmex-BDCV.

75. Fotografía de Alejandro Miño, 2010. Col. del autor.

76. Fotografía de P. S. Cox, *ca.* 1907. AGN, Fondo Propiedad Artística y Literaria, P. S. Cox, foto 2.

77. Fotografía de Miriam Teodoro González, agosto de 2010. Col. de la autora.

78. Fotografía de Alejandro Miño, 2010. Col. del autor.

79. Fotografía de Adam Wiseman, febrero de 1996. Col. del autor.

80. Miguel León-Portilla, *Huehuehtlahtolli, testimonios de la antigua palabra. Transcripción del náhuatl al castellano por Librado Silva Galeano,* SEP-FCE, México, 1991. Colmex-BDCV.

81. Antonio García Cubas, *Atlas pintoresco e histórico de los Estados Unidos Mexicanos,* carta V, "Instrucción pública", México, 1885. Sagarpa-MMOYB.

82. Ilustración de autor no identificado, s. f. Cortesía del doctor Manuel Miño.

83. *Autorretrato* de José María Velasco, *ca.* 1864. Cortesía del doctor Manuel Miño.

84. José Vicente Villada, *Memoria que el ciudadano General José Vicente Villada presenta a la Honorable Legislatura del Estado de México, acerca de sus actos como Gobernador Constitucional durante el cuatrienio de 1893 a 1997,* Toluca.

85. José Vicente Villada, *Memoria que el ciudadano General José Vicente Villada presenta a la Honorable Legislatura del Estado de México, acerca de sus actos como Gobernador Constitucional durante el cuatrienio de 1893 a 1997,* Toluca.

86. Fotografía de autor no identificado, *ca.* 1922. AGN, Fondo Propiedad Artística y Literaria, CIF, Toluca, Estado de México, foto 10.

87. Fotografía de C. F. Clarke, en Marie Robinson Wright, *Mexico. A History of Its Progress and Development in One Hundred Years,* George Barrie and Sons, Filadelfia, 1911. Colmex-BDCV.

88. Fotografía de Foto Mayo, 12 de diciembre de 1944. AGN, Colección fotográfica de la Presidencia de la República, Manuel Ávila Camacho, expediente 226, foto 11.

89. Fotografía de autor no identificado, 1927. AGN, Archivo fotográfico Enrique Díaz, Delgado y García, caja 18/23.

90. Fotografía de autor no identificado, s. f. AGN, Archivo fotográfico Enrique Díaz, Delgado y García, caja 8/3.

91. Fotografía de autor no identificado, 1928. AGN, Archivo fotográfico Enrique Díaz, Delgado y García, caja 28/20.

92. Fotografía de autor no identificado, s. f. AGN, Archivo fotográfico Enrique Díaz, Delgado y García, caja 8/3.

93. Fotografía de autor no identificado, en *Internacional. Revista de México,* año I, núm. 17, febrero de 1936, SRE, México. Col. particular.

94. Fotografía de Alejandro Miño, 2010. Col. del autor.

95. Fotografía de Alejandro Miño, 2010. Col. del autor.

96. Fotografía de Alejandro Miño, 2010. Col. del autor.

97. Fotografía de autor no identificado, en María Teresa Jarquín Ortega, *Isidro Fabela. Pensador, político y humanista (1882-1964),* El Colegio Mexiquense/Instituto Mexiquense de Cultura, México, 1996. Colmex-BDCV.

98. Fotografía de Lorenzo Armendáriz García, 1993. CDI-FNL, Serie: Peregrinación Huichol a lugares sagrados. No. 18725.

99. Fotografía de Jorge Ontiveros, 2008. CDI-FNL. No. 162 Zapoteco.

100. Fotografía de Jorge Ontiveros, 2008. CDI-FNL. No. 157 Zapoteco.

101. Fotografía de autor no identificado, 1982. CDI-FNL. No. 68264.

102. Fotografía de autor no identificado, 1982. CDI-FNL. No. 68287.

103. Fotografía de Alejandro Miño, 2010. Col. del autor.

104. Fotografía de Miriam Teodoro González, 25 de octubre de 2010. Col. de la autora.

105. Fotografía de Alejandro Miño, 2010. Col. del autor.

106. Fotografía de Alejandro Miño, 2010. Col. del autor.

107. Fotografía de Jorge Ortega, en Gerardo Lara y Alfonso Sánchez Arteche, *Algarabía de las sombras. Obra fotográfica de José Ortega,* José Alejandro Vargas Castro (ed.), Facultad de Arquitectura y Diseño de la UAEM-Consejo Editorial de la Administración Pública Estatal, Toluca, 2009. Col. particular.

108. Fotografía de Jorge Ortega, en Gerardo Lara y Alfonso Sánchez Arteche, *Algarabía de las sombras. Obra fotográfica de José Ortega,* José Alejandro Vargas Castro (ed.), Facultad de Arquitectura y Diseño de la UAEM-Consejo Editorial de la Administración Pública Estatal, Toluca, 2009. Col. particular.

ÍNDICE

Tercera parte
De la Revolución al final del Estado corporativo
(1913-1980)

Cuarta parte
El Estado de México en la globalización (1982-2009)

Estado de México. Historia breve, de María Teresa Jarquín,
Manuel Miño Grijalva y Cecilia Cadena Inostroza,
se terminó de imprimir y encuadernar en agosto de 2013
en Impresora y Encuadernadora Progreso, S. A. de C. V. (IEPSA),
calzada San Lorenzo, 244; 09830 México, D. F.
En su composición se utilizaron tipos ITC Garamond.
El tiraje fue de 1 000 ejemplares.

EL COSMO VITRAL Y JARDIN BOTA
DR. J
MATERIALIZAN
LEOI